卢 卡 奇 著 作 集

复旦大学马克思主义学院资助出版

［匈］格奥尔格·卢卡奇 —— 著

王宽相 —— 译

心灵与形式

中央编译出版社

图书在版编目（CIP）数据

心灵与形式 /（匈）格奥尔格·卢卡奇著；王宽相译．—— 北京：中央编译出版社，2025.1
ISBN 978-7-5117-4779-2

Ⅰ．①心⋯　Ⅱ．①格⋯②王⋯　Ⅲ．①哲学-文集　Ⅳ．①B-53

中国国家版本馆 CIP 数据核字（2024）第 110231 号

心灵与形式

策划统筹	张远航
责任编辑	郑永杰
责任印制	李　颖
出版发行	中央编译出版社
网　　址	www.cctpcm.com
地　　址	北京市海淀区北四环西路 69 号（100080）
电　　话	（010）55627391（总编室）　（010）55625174（编辑室） （010）55627320（发行部）　（010）55627377（新技术部）
经　　销	全国新华书店
印　　刷	北京文昌阁彩色印刷有限责任公司
开　　本	880 毫米×1230 毫米　1/32
字　　数	242 千字
印　　张	11.625
版　　次	2025 年 1 月第 1 版
印　　次	2025 年 1 月第 1 次印刷
定　　价	98.00 元

新浪微博：@中央编译出版社　　　微　信：中央编译出版社（ID：cctphome）
淘宝店铺：中央编译出版社直销店（http://shop108367160.taobao.com）
　　　　　（010）55627331

本社常年法律顾问：北京市吴栾赵阎律师事务所律师　闫军　梁勤
凡有印装质量问题，本社负责调换。电话：（010）55627320

出版前言

匈牙利当代思想家格奥尔格·卢卡奇（1885—1971）是20世纪具有世界声誉的马克思主义哲学家、美学家和文学评论家，曾被誉为西方马克思主义的创始人。遗憾的是，时至今日仍有相当一部分卢卡奇的经典著作尚未被翻译成中文，以致国内的卢卡奇研究大多是在涉及的文献比较有限和译文质量较成问题的中文译本的基础上进行的。鉴于卢卡奇在马克思主义发展史上的重要影响和地位，也为了进一步在深度和广度上推进我国的马克思主义研究，复旦大学马克思主义学院筹划编辑、翻译的一套比较完整系统的12卷《卢卡奇著作集》将陆续出版。

《卢卡奇著作集》包括卢卡奇从1911年起直至1971年逝世为止的重要论文和著作等文献资料。与以往的一些译本相比，本著作集的内容将更加丰富和系统。

本著作集主要依据的底本是历史上曾出版过的卢卡奇著作德文版、匈牙利文版以及新近发现的诸文稿，并适当参照了其他外文译本和现有的中译本。本著作集对卢卡奇的经典论著做了适当选编，这些论著本身是具有完整性的。各卷次拟安排如下：

第 1 卷《现代戏剧发展史》

第 2 卷（上）《心灵与形式》、第 2 卷（下）《审美文化》

第 3 卷《小说理论》

第 4 卷《历史与阶级意识》

第 5 卷《列宁、布鲁姆提纲》

第 6 卷《现实主义与文学理论》

第 7 卷《两个世纪的德国文学》

第 8 卷《青年黑格尔》

第 9 卷《理性的毁灭》

第 10 卷《社会主义与民主化》

第 11 卷《审美特性》（3 册）

第 12 卷《谈社会存在的存在论》（3 册）

鉴于各卷册编辑、翻译进度不一样，在初次出版时，没有标明具体卷册。我们的编译工作得益于国际卢卡奇协会主席吕迪格尔·丹耐曼（Rüdiger Dannemann）博士的鼎力支持。他多次帮助解决重要难题，并参与商定编辑和翻译这套著作集。

本编译项目得到复旦大学马克思主义学院的经费资助，特此说明。

中央编译出版社
2024 年 9 月

关于《卢卡奇著作集》
中译项目的致辞

在卡尔·马克思和马克思主义传统历经多年的遗忘和排挤①之后，作为20世纪最重要的马克思主义哲学家的格奥尔格·卢卡奇的思想研究，如今终于在一定程度上有所复兴。更为重要的是，现在这方面再添创举，中国将出版这位匈牙利理论家的比较全面的著作集。

从中文版《卢卡奇著作集》的选文范围和翻译水平来看，这是一个勇气与志向兼具的项目。该项目的编译难度之大，仅从德语著作集的出版历史即可管中窥豹，它的时间跨度超过半个世纪，并曾经历出版停滞和中途更换出版

---

① 至少对所谓的西方世界来说是如此。对此，可参阅以下书中编者序言：Rüdiger Dannemann, Axel Honneth（Hg.）：Ästhetik, Marxismus, Ontologie. Ausgewählte Texte. Berlin：Suhrkamp 2021。

商等阶段①。

我谨代表国际卢卡奇协会,祝愿业已开启的《卢卡奇著作集》中译项目能够排除编辑、翻译和出版中的重重困难,取得丰硕成果,尤其是在对格奥尔格·卢卡奇感兴趣的中国公众和学者中获得应有的共鸣。

该文集将成为一百多年来国际卢卡奇接受史②以及马克思主义哲学史上的一个里程碑。这不仅是进行必要的批判性自我反思的出发点,也是对寻求我们21世纪现存问题的理论解答的启发。

吕迪格尔·丹耐曼

2021年11月,德国埃森

(吴鹏 译)

---

① 参阅 Rüdiger Dannemann: Eine halbe Ewigkeit. Happy End: Nach 60 Jahren ist die deutsche Werkausgabe des Philosophen Georg Lukács abgeschlossen. http://www.neues-deutschland.de/artikel/1149551.georg-lukacs-eine-halbe-ewigkeit.html。

② 简短概述可参见 Rüdiger Dannemann: Umwege und Paradoxien der Rezeption. Zum 50. Todestag von Georg Lukács. *Zeitschrift für marxistische Erneuerung*, 2021, H. 126, S. 97–109。

译者说明

《心灵与形式》是卢卡奇早期最重要的成名作,是西方文化哲学的经典学术名著之一。该著作主要由11篇随笔组成。《心灵与形式》是20世纪文艺理论思想和美学理论的重要文献,反映青年卢卡奇在走向马克思主义之前的思想观点和方法论。因此,这部著作深受康德主义和黑格尔思想影响,也受到狄尔泰人生哲学的影响,不过他的研究坚持了历史唯物主义和辩证法思想。嗣后,他在马克思主义的指导下继续发展了这些思想,创立了自己完整的哲学、美学和文艺思想体系。

卢卡奇年轻时积极进取,获得了广博的知识面,先后取得了经济与政治科学博士以及哲学博士学位。在大学学习期间,他热心参与社会活动与剧团活动,成为社会主义知识圈的一员。那个时期,他的思想深受现实主义与反实证主义的熏陶。之后,在德国生活的很长时间里,他又受到新康德主义的影响。他在出版《心灵与形式》一书的时候还不足25岁，却能鼓起勇气用哲学的眼光来审视欧洲文学巨匠的作品。

19世纪末，自由资本主义在英、法、美、德等主要先进国家逐步向垄断资本主义转变，到20世纪初，其社会问题和内部矛盾以及国与国之间的争斗都达到十分严重尖锐的程度。资本主义世界的各种邪恶、否定人性的异化现象和全面危机更加明显地显露出来。面对这种现实，卢卡奇逐渐形成了从1910年起一段较长时期思想和创作的显著特点。这是卢卡奇思想发展的第一个时期，是以戏剧问题为主的客观性时期。

卢卡奇思想发展的第二个时期是一个接受更多思想影响、渐趋复杂、以随笔为中心的主观性时期。在这一段时期（大约从1908年至1911年）里，卢卡奇大部分时间在德国生活。他主要研究了德国古典哲学大师康德、费希特、谢林、黑格尔的著作，又研究了在现代德国哲学中享有盛名的新康德主义海得尔贝格（或称西南德，或巴登）学派主要代表人物文德尔班、李凯尔特、拉斯克的哲学以及胡塞尔的现象学方法论，并接受了他们的某些观点。

对此，卢卡奇曾说过："新康德主义关于意识内在性的学说非常适合我当时的阶级地位和世界观。我甚至没有对它进行任何批判的检验，就毫无抵抗地把它接受下来，作为提出每一个认识论问题的出发点。虽然我总是对极端主观的唯心主义怀有疑虑（既怀疑新康德主义的马堡学派，也怀疑马赫主义），因为我不能理解，怎么能把现实的问题简单地当作内在的意识范畴,然而,这没有导致唯物主义的结论,而是反而使我接近那些想以非理性主义和相对主义方式,甚至是以神秘主义方式来解决这个问题的哲学派别(文德尔班、李凯尔特、席美尔、狄尔泰)。"

卢卡奇的表述说明,新康德主义的某些观点对他产生了重大影响。他认为,他这一时期的基本特点是,与印象主义相反,以追求一种具体思想和理念的名义,创造一种充满歌德观念的哲学,即"无情的知性就是理性"。在匈牙利的抒情诗中,奥第的经历为这种无情提供了一个绝好的例证。当时,许多思想家把寻求精神上的绝对之物作为人类生活的唯一意义。在此背景之下,卢卡奇结识了奥地利散文家和文化哲学家 R. 卡斯纳(1873—1959)。卡斯纳推崇扫罗的描述,促使卢卡奇阅读神秘主义者(苏索、伯梅、M. 埃克哈特、普洛提诺)的著作。受到卡斯纳的激励,卢卡奇还发现了克尔凯郭尔,并对他产生了浓厚兴趣。

1908 年 5 月,卢卡奇携同好友到意大利的佛罗伦萨游历。14—17 世纪时,佛罗伦萨曾被称作欧洲的"文艺复兴摇篮"。这里产生过文艺复兴的"三颗巨星"——新时代的第一位伟大诗人但丁、诗圣彼特拉克、人文主义伟大作家薄伽丘;文艺复兴艺坛三杰——"旷世奇才"达·芬奇、"画圣"拉斐尔和艺术大师米开朗基罗;以及"欧洲绘画之父"乔托。这里还有乌菲齐画廊、比蒂宫、乔托钟楼等。佛罗伦萨之行使卢卡奇熟悉了文艺复兴时期的思想、文化和艺术,从而在很大程度上激发了他深入研究艺术和美学的意愿。这是他最伟大的经历之一。

不过,从这一段时期他所感兴趣的人物的思想观点来看,卢卡奇开始更多地受到唯心主义的影响,从卡斯纳那里接受一种有道德色彩的柏拉图主义。他的好友波佩尔1909年曾认为他是一位真正的柏拉图主义者,说他追求稳定的道德原理,也在艺术中追求道德是如何成为可能的。匈牙利卢卡奇著名研究家赫尔曼·伊斯特万也用"新柏拉图式的随笔"来说明卢卡奇这一时期的思想倾向。

1908—1910年间,卢卡奇写了11篇随笔,先后发表在《西方》杂志上,1910年用随笔集《心灵与形式》这一书名由布达佩斯弗兰克林·塔苏拉出版社出版,1911年11月底又由柏林埃贡·弗莱舍尔出版社出了德文版。这部著作写于西方社会开始发生严重危机和动荡之时,反映出那个社会无法克服的尖锐、复杂的矛盾,预言着大的灾难即将来临。《心灵与形式》这部著作就是具体、深入地探讨和论述这一问题的。

卢卡奇主要从新柏拉图主义中,也从新康德派的观点中吸取了不少东西,从而相信在一定程度上有一个超感觉的存在,这个存在就是"Seele"(一般译为"灵魂",就卢卡奇使用这个词的含义而言,译为"心灵"似更准确些)。另一方面,如果说《现代戏剧发展史》是卢卡奇研究"形式"的开端,那么,《心灵与形式》则是他进一步深入探讨"形式"的集中体现。这一点从本书中一些随笔的标题(《柏拉图主义、诗歌与形式》《形式面对生活的破碎》《渴

译者说明

望与形式》《瞬间与诸形式》《丰富内涵、混乱与形式》）上即可看出。这两方面的思想就构成了《心灵与形式》这本随笔集的书名。

此前，卢卡奇的这部著作中虽然已有少部分随笔篇流传，名为《心灵与形式》，但内容颇为欠缺。这次，借卢卡奇著作集出版之机，我们特地从德文原版全文翻译了这部名著 Seele und Formen，力求信、达、雅地展现本书的原貌。在这部随笔集中，卢卡奇采用各种各样的"形式"描写了同一时代的心灵，尤其是苦心孤诣地论述了"真正的生活"和"现实的生活"、艺术与生活、形式与生活等在对比时所表现出来的分裂关系。这部成名作在很大程度上代表着20世纪富有批判意识的随笔，同时又是卢卡奇一生尤其是早期最美好的著作之一。卢卡奇所说的形式，首先是指艺术。

卢卡奇指出："艺术应该是：借助于形式的暗示。"他认为"随笔是一种艺术形式"；"随笔总是论及一些已成形的东西"；"随笔追求的是真相"。总之，"随笔是一种艺术形式，是一种对特有的完整之生活进行彻底的特殊塑造"。"诗人的形式是诗句、是歌。"同时他又认为，形式"变成了一种世界观，一种立场，一种面对这一生活的态度；一种自行改变并重新塑造它的可能性"。"形式是批评家作品中的现实形式"，"形式是对生活的最高评判者"。形式是内容的"美学形态"，它通过作品的叙事时间、人物形象、事件及其场景之间的相互关系表现出来。而艺术的辩证反映则导致了艺术品"正确的形式"。

> 心灵与形式

在卢卡奇看来，文学作品即应被理解为一种给自己的生活感情或"心灵"以一种形式的尝试。因而，力求用一种形式来把握自己的心灵，是自然的和不可避免的。但是，形式同时又是对寻求表达的内容的一种放弃，一种限定。这好像在对通过形式来抑制心灵的追求中，也就是在艺术创作本身中，显示出人的精神在原则上不可能在"内部"和"外部"之间，即主观性及其表现之间建立一种真正的综合。

卢卡奇之所以在当时社会、思想、文化发生严重危机的情况下关注研究诸种形式，是因为它们使人有可能通过逃避、通过退回到艺术中去，通过悲剧性的放弃来拒绝现实。他看到，对本质和意义的寻求揭示出生活的一种难以克服的悲剧，即个人的命运对某些难以认识和难以理解的权力的依赖性，这些权力的力量爆发出无法解决的冲突。世界的统一正在通过某些形式而促成；然而，在精神生活本身贫乏和混乱的地方，形式的完美性不会赋予它以价值。据卢卡奇之见，同时代的艺术文化，或者致力于寻求"抽象的"形式，或者试图完全放弃任何形式。它们都不是形式的危机，而是在艺术中表达出来的"生活"的弱点，即它的非真实性。

卢卡奇进一步指出，艺术作品同随笔一样，面对生活，凭借形式赋予它以条理，同时也表达出对生活的态度。人的心灵通过形式（最高的形式是悲剧）同现实发生关系。卢卡奇尤其关注真实生活，并被这一问题所支配。在他看来，文学形式是某些心理内容的表达，随笔作家、评论家最重要的任务就在于，把任何形式重新同与它相适应的心理内容联系起来，反过来又把任何心理内容与仅能够充分表达它的形式联系起来。卢卡奇也注意到生活与艺术的区别。在他看来，生活与艺术之间的一个核心区别在于：生活是混乱的，而艺术则具有形式。

值得重视的是，卢卡奇尤其在《论浪漫主义的人生哲学》一文中较早完整地表达了浪漫派人生哲学的基本思想。他指出：浪漫主义人生哲学的本质"是被动体验能力占据主导地位"。他又说："浪漫主义的悲剧就在于，只有诺瓦利斯的生活才能变为文学创作；他的胜利是对整个浪漫主义学派的死刑判决。因为浪漫主义者想要用来征服生活的一切，只够用于一场美好的死亡；他们的人生哲学只是一种死亡哲学，他们的生活艺术是一种死亡艺术。因为他们致力于拥抱世界，这使他们成为各自命运的奴隶，或许诺瓦利斯今天在我们看来之所以如此伟大与如此完整，那是因为他成了一个不可征服之君主的奴隶。"

他还指出："歌颂死亡或许比歌颂生活更值得，也更伟大。"卢卡奇的杰出之处在于，他在前人揭示社会危难的基础上前进了一步，使日常生活同大写的"生活"（真正的生活，本真的生活）对立起来，并对日常生活进行了尖锐批判。"无论在哪里，无论在任何的生活表述中都面临的问题是：人们可以并且必须怎样生活呢？人们寻找着天才的伦理。（诺瓦利斯说："天才就是人的天生状态。"）除此之外还寻找着天才的宗教；因为单靠伦理只能是实现那个遥远目标与最终和谐的手段。而且各种古老的宗教、中世纪，还有歌德的古希腊文化、天主教都只不过是这种新渴望的临时象征而已，这种渴望以其强烈的、追求统一的意志把每一种感觉都升腾为一种宗教：一切大事与小事，友谊与哲学，诗歌与生活。"

他还指出："他们以不可思议的鲁莽天真冲向这一领域，这种冲动只会出现在那些意识处于病态的人身上，也只会出现在他们的一生中的某件事上，而且再次出现在此的时间也只有不多的瞬间。那是在炽热的火山上跳舞，是一个难以置信的、光芒四射的梦魇；许多年后，对此情景的回忆仍然留存在一个观察者的心灵中，作为一种令人迷惑的悖论。因为尽管他们梦想并四散所有的财富，'不过，整件事情里还是有一些不对头的地方'。一座通天精神塔被竖立起来，其全部底层结构除了空气以外别无他物；它的倒塌是必然的，可是当它坍塌的时候，它的建造者内心的一切也随之倒塌了。"

面对法国大革命的形势，卢卡奇感叹道："对德国来说，只有一条通向文化的道路：内在的道路、精神革命的道路；没有人会认真地思考进行一场现实的革命。注定要行动的人们不得不缄默或者沉沦，否则他们就会变成纯粹的乌托邦并在头脑中玩着大胆的游戏；在莱茵河彼岸本来会成为悲剧英雄的人们，在德国只能在文学创作中施展着自己的命运。"他又说道："只有伟大、真实的事物才与理念近在咫尺。当这个咒语说出之时，一切迂腐的、渺小的与不成熟的东西就分崩离析了，它便失去了其所篡取的本质、它自以为是的存在。'批评'它是根本不必要的，理念的氛围即足以将它理顺了。"

针对那个动荡不安的时代，卢卡奇在这本书的最重要的一篇随笔《悲剧的形而上学》中深刻地指出，日常生活是"生活是明暗交替的无政府状态：生活中没有什么是完全得以实现的，也没有什么东西能够走到头；新的声音，令人困惑的声音总是混入那些已经在从前就鸣响的大合唱中去。一切都在流动并且相互交融，不受拘束地形成不纯净的混合体；一切都在被摧毁，一切都在被打碎，任何东西都不会绽放到现实生活中去。生活：这就是能够活出一些滋味来。"

但是卢卡奇也看到，"一些东西放射着光芒，闪烁亮光出现在经验主义生活平庸的小径上；……偶然事件、伟大瞬间以及奇迹。""奇迹就是成就感。""可是，奇迹却是确定性的东西与已确定的东西：奇迹不可预测地闯入生活中来"。"戏剧是展示人与命运的一场演出。"而"在一个神的面前只有奇迹才是现实"。奇迹在有每一种诱因时都会出现。对这奇迹的期待、希望，正在给予生活以唯一真正的意义。"悲剧奇迹的智慧是极限的智慧。奇迹总是明确无误的，可是任何明确的东西都会分裂并导向世界的两个不同的方向。每次剧终都同时是一次抵达与一次终止。""每一个高潮都是一个巅峰与一个极限，是生与死的交汇点。悲剧的人生是所有世俗人生中最为独一无二的人生。这就是为什么他的生命极限总是与死亡相融合。现实生活永远不会到达极限，它只知道死亡是一种可怕的威胁、毫无意义的东西，是突然截断生命流的东西。神秘主义人生超越了极限，因此剥夺了死亡的任何现实价值。对于悲剧来说，死亡——极限本身——总是一个内在的现实。""体验生与死之间的极限是心灵对意识或自我意识的觉醒：心灵之所以意识到自己，是因为它是有限的。"

这里表明，卢卡奇把悲剧形式看成了真正的生活。所以，法国学者 G. 贝德士恰当地指出："青年卢卡奇把悲剧形式看作是生活之唯一的本真的形式。"匈牙利卢卡奇研究专家赫尔曼·伊斯特万更看重的是："在这一段时间里，他（卢卡奇）把悲剧形式看作是生活和艺术之唯一的本真的形式。当他从克尔凯郭尔出发把真正的、原本的生活和常人之存在方式加以区别的时候，把握住悲剧形式表现为生活事实和艺术事实这一点，先于后来海德格尔所实行的转变。"

由上述看来，揭示生活中的混乱、悲剧和死亡，仍是卢卡奇这一随笔时期的主要倾向。不过，卢卡奇也看到对奇迹的希望正在给予生活以唯一真实的意义。渴望也是他这一时期的核心关注（范畴）之一。《渴望与形式》就是专门研讨这一问题的。他颂扬唯一在象征中正成为现实的渴望。对卢卡奇来说，这一时期的难题就在于如何才能发展一种生活形式和过好生活，其中包含有应该达到的、柏拉图设立的理想,人的生活在某一意义上是象征性的。

卢卡奇无疑带有明显的神秘色彩。他认为,在上帝面前,只有奇迹才具有真实性,上帝的"眼光使任何事件失去所有时间性和地点性的东西"。与此同时,他还相信耶稣·基督、苏格拉底和神圣的弗朗西斯·封·阿西西。在他看来,弗朗西斯意味着革新和改革。然而,也许正因他对古代文化和现代思想有更多的了解,才促使他从更深的层次上展示反映社会危机的文化危机。要补充的一点是,卢卡奇之所以崇拜克尔凯郭尔,是因为他经历了一种曾经不可能经历的生活。

卢卡奇认为,克尔凯郭尔的诚实在于,"他看到了众多岔路,并且将他选择的路走到底","截然区别看待一切事物,系统区别于生活,一个人区别于另一个人,一个阶段区别于另一阶段。生活中的绝对事物容易看到,而任何微不足道的妥协不易发现。"在卢卡奇看来,克尔凯郭尔主要起一种提出问题的作用,他的深入寻求是想发现生活中的某种确定之物,绝对之物,即人类生活的唯一意义。然而,另一方面,卢卡奇也把克尔凯郭尔所谓的既不能改造也不能控制生活,在生活上正在破碎的形式,同富有真实性、意识和行为的悲剧性意义逐点对立起来。他批评克尔凯郭尔创造着并有利于(尽管他真诚地寻求真理)谎言,说他是表演无所谓之喜剧的演员。

卢卡奇还指出,一种正在破碎的希望没有能力达到作为规定作用的和被规定的奇迹,对这种希望的最后尝试之所以隐藏着这种希望的弱点，是由于这种弱点通过表态来代替行为。所以，卢卡奇关于克尔凯郭尔的随笔始于这样一句话："**一个姿态的生活价值。**"他把克尔凯郭尔视为这样一种人，他不是通过行动来创造奇迹——这种奇迹正在将依据经验的生活变为真正的生活，而是通过表态试图把二者联系起来，同时又不放弃前者。然而，这一点只能导致自欺，导致缺乏意识，这种缺乏正好是悲剧伟大的反面。

另外，卢卡奇评论其他人时也具体谈到文化创作及其对感情生活和人性的不同表达。例如在《新的孤独及其抒情诗》中，他指出了斯特凡·格奥尔格的平淡，没有扩大抒情诗的范围，同时他又认为格奥尔格善于用纯粹的抒情诗来反映也许至今从未在诗中表达过的生活现象。卢卡奇敏锐地觉察出他的"**现代知性的抒情诗表达了其非常特殊的生活感受与情绪，不再致力于——借助简单化与通俗化——表达其'普遍人性'的方面**"。

卢卡奇的这部著作表明，他深刻地觉察到资本主义社会中的矛盾、对立和危机。他的主导思想是，社会是表现在社会结构中的生活。而这些社会结构虽然是我们自己生产出来的，但它们既被客体化，就同自然界一样对我们来说是异己的。我们的生活已经丧失了最初的和谐，现在于"我"和世界、"是"和"应该"等的对立中进行，而感受和克服这些对立的地方是人们的"心灵"。它的自我实现应该开辟通往新的人类共同性，通往和谐的道路。

卢卡奇把艺术看作是实现这种和谐的手段，于是艺术就表现为关于形式和生活这两个范畴之间的关系的论题。对他来说,艺术的形式似乎包含着真正的生活和日常生活的矛盾,而在心灵和形式的神秘的、艺术的结合中,则实现着日常生活和真正的更高生活之间的瞬息即逝的统一。玛格丽特·祖斯曼评论道:"'从偶然到必然,这是每个被问题困扰的人要走的路。'在格奥尔格·卢卡奇的著作《心灵与形式》中,作者根据现今及过去的重要现象对这条道路做了激情与深刻的论述——不仅限于个别现象,它们对他而言一向只是灵魂通往绝对的典型路径的详解。"

正因为《心灵与形式》在一定程度上反映了20世纪初社会生活和思想文化的状况,所以才赢得了不少名人的高度评价。例如,德国批判现实主义的著名作家、诺贝尔文学奖获得者托马斯·曼称赞这本书是一部"完美而深刻的著作"。德国著名哲学家恩斯特·布洛赫赞颂"这部随笔集的作者是最好德语作家之一"。法籍日耳曼语专家菲利克·贝尔多肯定这一论著是"一部完整的哲学概论。其意义之深远、观察之敏锐,远远超出了一般的评论。它的作者是一位形而上学家,他重新创作了他所研究的著作,并从中吸取教益,又构成最值得重视的观点"。

美国学者E. 巴尔也认为,《心灵与形式》使卢卡奇扬名天下。2010年,卢卡奇的学生阿格妮丝·赫勒赞美老师的这部著作:"一位天才年轻人探求自己本身的著作","断言这本书是卢卡奇天才著作的有好些人,而且真不少"。2011年,艾斯特西斯(Aisthesis)出版社出版者认为:"这部随笔集也是卢卡奇通过该书题献给伊尔玛·赛德列尔之死曾经引起的一种深刻生命危机的表达。"（伊尔玛·赛德列尔曾是卢卡奇的女友。）

卢卡奇在《心灵与形式》中不仅早于海德格尔提出了与生存主义相近似的思想，而且先于海氏多处使用了带有生存主义寓意的关键概念"Dasein（定在）"，例如"**变为自我的心灵用陌生的眼光来审视自己至今的整个人生**"，"**信仰肯定了这种关联，并将其永远无法证实的可能性转化为整个定在的先验基础**"。因此，西方著名的卢卡奇研究家L.戈尔德曼断言，卢卡奇的这部著作不仅"带有同时代人生哲学传统的烙印"，而且是"现代生存主义形成的一个决定性的阶段"，尽管卢卡奇从未在海德格尔、雅斯贝尔斯或萨特本人的意义上是"生存主义者"，但在这一著作中代表一种本质上是康德的观点。戈氏特别指出，在资产阶级处于所谓完全"安全"中，但却是动荡的时代里，这部著作反映了外表还显得完好的社会大厦的内部脆弱腐朽，并预示了很快就要发生的灾难。

1914年，这种"安全"就瓦解了。用卢卡奇的说法，就是，"战争揭示了野蛮的毁灭文明的背后世界"。《心灵与形式》首先描述了这样一些形式，"这些形式使人有可能通过逃避、通过退回到艺术中，通过表态，通过悲剧性的放弃，来拒绝现实"。戈尔德曼特别关注《心灵与形式》中关于悲剧辩证法的随笔，因为在那里卢卡奇阐发了大写的"生活"（真正生活，本真生活）和"生活"（日常生活）

译者说明

之间的区别。戈尔德曼把这种对立看作是生存主义难点的早期例子,并把卢卡奇在《历史与阶级意识》中对它的社会解决,同海德格尔以本真的此在和非本真的此在①之间的二律背反的个人主义解决论战性地对立起来。

前民主德国的哲学研究所所长 M. 布尔指出,人们把卢卡奇《心灵与形式》中的《形式面对生活的破碎》这篇文章视为生存主义哲学发展的开始,同时也是生存主义哲学的开端,因为它不仅在它的表达力上,而且在它所表达的深度上,都使一切后来的生存主义流派的哲学大为逊色。戈尔德曼和布尔无疑看到了卢卡奇这一段时间的思想里包含有颇为相似或接近生存主义观点的某些重要之点,但要把它们视为生存主义的一个决定性的阶段或开端,似乎还值得进一步认真研究。赫尔曼·伊斯特万多年从事卢卡奇思想研究,他依据大量第一手材料,比较全面、准确地得出结论,卢卡奇的这一随笔时期以奥第为标志,并受到卡斯纳和克尔凯郭尔的激励,形成带有柏拉图主义色彩的主观性时期。

---

① "此在"是德文词 Dasein 汉译时多采用的译法,不过中国哲学界对此还是有些争议的。有人将这个词译作"亲在""定在""缘在"等。根据德国《杜登德语通用词典》上该词条第四种释义,(哲)仅为事物或人的经验存在,该词亦可以译为"瞬在"等。首先提出这个哲学概念 Dasein 的特殊用法的是德国哲学家海德格尔。他在自己的著作《存在与时间》(*Sein und Zeit*)中,把这个词定义为期望、理解、把握等构成存在的行为,而且它们本身就是一种特定的存在,也就是那种存在的样式。看来,我们只有通过对 Dasein 这样一种存在才能把握存在的本质,因为该概念既指人的物理存在,也包括人的心灵、情感和思想等方面。——译者注

由于卢卡奇认为,他自己必须像苏格拉底或弗朗西斯那样过一种象征性的生活并绝对地看成是悲剧性的,并把悲剧看作是象征性生活的正确表达,因此,悲剧的形而上学就合乎逻辑地成了他曾由此出发并把它进一步发展的哲学基础。卢卡奇本人在回忆这个时期时虽然指出那时他需要"抓住现象的多面性","总的线索(直至马克思)没有被抛弃"。他"要求客观性"(更多地强调规律)。但是,克尔凯郭尔在卢卡奇这一段时期里占有突出的位置,而且"倾向于把伟大的艺术绝对化"。所以,《心灵与形式》以及1910年发表的《文学方法论》都表明,卢卡奇一方面按照席美尔的榜样使"文学社会学"尽量同那些非常抽象的经济学原理分离开来,另一方面则把这种"社会学的"分析仅仅看作是对美学的真正科学研究的初期阶段。他正是"在这种方法和一种神秘主观主义之间闪烁不定"。

卢卡奇曾经把这一时期看作是带有新康德主义倾向的主观唯心主义时期,而《心灵与形式》的文笔极其做作,以后来的标准看是不能接受的。卢卡奇曾把这一阶段看作是他年轻时的失误,而一些卢卡奇研究者如 G. 利希特海姆和 M. 瓦特尼克认为,必须以某种保留的眼光来看待卢卡奇所做的自责,因为卢卡奇从来也没有真正成为一个康德主义者。新康德主义者认为宇宙是不可认识的,而卢卡奇在写作《心灵与形式》时似乎已经相信,至少在美学领域,人们有可能借直觉的直观活动来达到与终极实在的接触。这种情况也许是卢卡奇不久转向黑格尔客观唯心主义的原因之一。

尽管卢卡奇当时的思想多有悲观之色彩和偏颇之处，然而他的《心灵与形式》在一些方面从更深的层次上反映了那个时代真实的生动的思想状况和问题，因而对不少人，尤其是知识分子产生了非凡的魅力。据 L. 戈尔德曼之见，由于卢卡奇在这部著作中提出了"在什么条件下人类生活可能是真实的？根据什么行动方式、态度和环境，它失去其真实性？"这样的基本道德实践问题，因而他可能是我们这一世纪中第一个"从其充分的含义和迫切性的角度提出了涉及个人真实性和死亡之间的关系这个问题"的人。

从这种意义上说，"紧接着第一次世界大战和后来称为生存主义的欧洲哲学的复兴，可以说是从《心灵与形式》这部著作开始的"，因而它也可以看作是"欧洲思想史上一个决定性的阶段"。英国学者 G. 利希特海姆则把《心灵与形式》看作是"一部非凡的力作，尽管匈牙利人可能会对诗歌，而不是对柏拉图式的艺术论文给予更高的评价，但是，它仍为作者在匈牙利知识分子中赢得了声誉"。

这里还必须略提一下编入这一卷中的紧随《心灵与形式》之后直至1914年写《小说理论》之前写的一系列短篇论文和评论，这些创作可以算作卢卡奇进一步深入研究社会和文化问题必然在思想上得出的新论断和向马克思思想的逐步进展。卢卡奇在其颇为重要的《审美文化》中指出："文化就是：生活的统一；提升生活的统一的力量丰富着生活本身。"而"审美文化就是生活的艺术，就是来自生活的一种艺术。所有东西在独特自主的艺术家手里都只是物质而已，不管是他在作画、写诗还是在生活"。如果再加上随后不久写的《旧文化与新文化》一文，尤其是他给文化所下的定义是"文化（相对于文明而言）概念包括与直接维持生活无关的全部有价值的产品和能力。例如房子的内部美与外表美属于文化的概念，而它的坚固性和取暖性等则不属于"，那么可以说，正是卢卡奇在文化哲学和审美文化方面的这一系列新理念，才使得他被称为文化哲学的开创者之一和对西方左派、生存主义哲学以及批判理论等思潮产生一定影响的著名思想家。

卢卡奇出生在奥匈帝国时期的布达佩斯，父母家的日常生活中一般都用德语交流，因此，德语也是卢卡奇的母语之一。他的不少著作就是直接使用德语写就的。可是，语言是与时俱进的，是向前发展的。时经百年以上的发展与变迁，当时通用甚至时髦的一些词汇与表达已经老旧，而且随笔或评论里涉及众多当时的人与事，这些都给翻译工作带来相当的难度。我除了认真研读原文、仔细推敲并且细心查找资料参考外，也得到了中、德友人的热情帮助，为此在这里对他们表示深切的谢意。

在本卷中，译者翻译人名遵循的原则是：阅读本书的学者与读者比较熟悉的人名（如歌德、尼采、格林、莎士比亚、但丁、柏拉图、苏格拉底等）不予列注。除了已经约定俗成的译名外，德国、奥地利与瑞士人名一律遵照商务印书馆出版的《德语姓名译名手册》翻译。原书中一些加重的词汇与冠词使用黑体字标示出来。对于一些生疏的人名，译名后在括号内附加原文，以方便读者辨识与查阅资料。顺便提一句，卢卡奇的这些早期著作对于研究欧洲文学史的学者与读者也有很好的参考价值。

经由燕宏远教授的推荐，我得以接手《心灵与形式》11篇随笔，"威廉·狄尔泰"至"对两本书的评论"，以及附录等共17篇的翻译工作。燕教授是我的老同学和挚友，他在修订译稿的过程中提出了十分专业和中肯的意见，我在此表示衷心的感谢。以上各篇随笔与评论，除极个别两篇曾经在国内书刊上发表过外，绝大多数篇章都是第一次从德文翻译过来的。学海无涯，学无止境，译者虽然十分认真并尽心地做了自己的工作，但是译文中难免仍会有某些贻误或欠妥之处，恳请海内外学者批评、指正，特此预致谢意。

王宽相　写于 2024 年 4 月

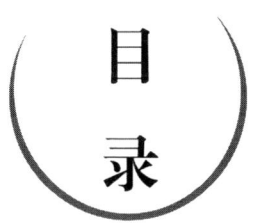

关于随笔的形式与本质
　　——致莱奥·波佩尔的一封信 ·················· 1
柏拉图主义、诗歌与形式
　　——论鲁道夫·卡斯纳 ························ 32
形式面对生活的破碎
　　——论索伦·克尔凯郭尔与雷吉娜·奥尔森 ········ 48
论浪漫主义的人生哲学
　　——兼论诺瓦利斯 ···························· 72
市民生活方式与为艺术而艺术
　　——论特奥多尔·施托姆 ······················ 94
新的孤独及其抒情诗
　　——论斯特凡·格奥尔格 ····················· 134
渴望与形式
　　——论查尔斯-路易斯·菲利普 ················ 155

瞬间与诸形式
　　——论里夏德·贝尔-霍夫曼 ………… 181
丰富内涵、混乱与形式
　　——一段关于劳伦斯·斯特恩的对话 ………… 208
悲剧的形而上学
　　——论保罗·恩斯特 ………… 256
论精神上的贫乏
　　——一段对话与一封书信 ………… 295
威廉·狄尔泰 ………… 317
利奥波德·齐格勒 ………… 320
犹太神秘主义 ………… 324
学校里的艺术教育 ………… 327
对两本书的评论 ………… 332

【附录】

格奥尔格·卢卡奇的著作：《心灵与形式》 ………… 335

关于随笔的形式与本质

——致莱奥·波佩尔[*]的一封信

我的朋友!

打算收录在这本书中的数篇随笔摆在我的面前,扪心自问,我是否该出版这样一些作品,它们可以自成新的统一体而单独成书吗?因为我们现在争论的问题重要的不是这些随笔会为"文学史"研究可能提供什么东西,而只是其中的某些东西能否构成一种新的、自有的形式以及该原则均可适用于每篇文章。假如这种统一性的确存在的话,那么它又是什么呢?我绝不是在试图阐述它,因为这里谈及的并非我本人与我的书。我们面前的问题是一个更为重要、更为普遍的问题:是否存在此种统一性的问题。属于该类别的真正的伟大著作在多大程度上已经成形了,并且

---

[*] 莱奥·波佩尔(Leó Popper, 1886—1911),匈牙利艺术历史家、画家、作曲家与美学家。他撰写过有关美学理论与哲学的随笔。莱奥·波佩尔是格奥尔格·卢卡奇的挚友。——译者注

这种形式在多大程度上是独树一帜的；表达见解的方式及其形态在多大程度上将作品从科学领域里突显出来，使其与艺术相比肩，可是并不模糊两者之间的界限；使它能对生活做出概念上的重新排序，但是又使生活远离哲学的冷漠终极之完美境界。然而，这是此类著作唯一可能的深度辩解，当然同时也是对其最深刻的批评。因为首先要用在此确立的标准对其进行衡量，而确定这类目标将是表明它们与实现目标之间还有多远的第一步。

那就是说：批评、随笔（或者如你目前所称的那样）作为艺术作品，作为艺术门类。我知道：你认为这个问题很乏味，而且你觉得它的所有论据与反论据都早已用之殆尽了。因为王尔德[①]与克尔[②]仅仅已令一种早在德国浪漫主义时代知名的聪慧变得家喻户晓，其最终的含义被希腊人与罗马人完全下意识地视作不言而喻了：批评是一门艺术，而不是什么科学。然而我相信——而且只是如此才是我敢于用上述意见打扰你的缘由——所有这些无休止的争论几乎没有触及实际问题的本质；问题在于随笔是什么，随笔意图表达的是什么以及这种表达的诸种手段与方式何如。我认为，人们在此过于片面强调了"写得好"；随笔在文体

[①] 奥斯卡·王尔德（Oscar Wilde，1854—1900），爱尔兰作家、诗人兼剧作家，英国唯美主义艺术运动的倡导者。——译者注

[②] 阿尔弗雷德·克尔（Alfred Kerr，1867—1948），原名阿尔弗雷德·肯珀（Alfred Kempner），德国作家、剧评家兼记者。他是极具影响力的德国批评家。——译者注

上可与文学创作等值,因此在这里谈论价值差异是不公平的。或许吧,可这是什么意思呢?即使我们将批评在这样一种意义上视为艺术作品,我们仍旧丝毫没有触及它的本质。"写得好的东西是一件艺术作品",写得好的广告或新闻也算艺术作品吗?在此,我看到此类批评里有什么东西使你感到不安:混乱;否定形式,即自认信心满满的知识分子可利用一切可能为所欲为。可是,当我在此言及随笔为一种艺术形式时,我是以秩序的名义(即几乎纯粹是象征性地与非本意地)来讲的;仅凭感觉认定随笔具有自己的形式,能以最终的法律严格性将其与所有其他形式的艺术区分开来。我现在试图将随笔视作艺术形式而尽可能准确地将之区分开来。

因此,此处谈到的并非是它与文学创作的相似之处,而是谈论区分彼此的地方。任何相似之处在此仅为背景而已,而据此产生的差别愈为明显;只因为如此我们也要提到它们,以便我们现在只谈论当前真正的随笔,而不是那些有用的,可是被毫无道理地称之为随笔的文章,后者永远不能为我们提供信息、事实与"关联"之外的东西。我们究竟为什么要阅读随笔呢?很多人是因为文章具有启示作用,然而有些人却完全被其他东西所吸引。区分它们并不困难:今天我们在剧评中所看到的与进行评价的"悲剧经典"与莱辛[①]

[①] 戈特霍尔德·埃弗拉伊姆·莱辛(Gotthold Ephraim Lessing,1729—1781),德国著名戏剧家、戏剧理论家,启蒙运动时期最著名作家与文艺理论家之一。主要作品有《关于当代文学的通讯》《拉奥孔》及《汉堡剧评》等。——译者注

的剧作截然不同，不是吗？温克尔曼①的希腊人对我们来说似乎是奇特的，几乎是不可理解的，而且我们不久将会对布克哈特②的文艺复兴或许产生相似的感觉。但是我们仍然会阅读它们——为什么呢？其实，有些批评性的著作，就像自然科学的一种假说，像一种机器零件在出现更新的、更好的结构之前，从那一刻起就失去了其旧有的全部价值。可是假如——如我所希望并且期望的那样——有人会写就一部新的戏剧，一部支持高乃依③而反对莎士比亚的戏剧，它怎么可能对莱辛的作品造成损害呢？而布克哈特与佩特④、罗德⑤与尼采等人能够做些什么来改变温克尔曼的希腊梦吗？

克尔写道："当然，假如批评是一门科学，那么无法估量的成分太强了。批评充其量是一门艺术。"而且倘若它是一门科学的话——使它变成那样不是完全不可能的事——

---

① 约翰·约阿希姆·温克尔曼（Johann Joachim Winckelmann, 1717—1768），德国考古学家与艺术史学家。温克尔曼的艺术评价成为美学的基础。——译者注

② 雅各·布克哈特（Jacob Christoph Burckhardt, 1818—1897），杰出的文化历史学家，他的研究重点在于欧洲艺术史与人文主义。最著名的著作是《意大利文艺复兴的文化》。——译者注

③ 皮埃尔·高乃依（Pierre Corneille, 1606—1684），17世纪上半叶法国古典主义悲剧的代表作家，法国古典主义悲剧的奠基人，与莫里哀、拉辛并称法国古典戏剧三杰。——译者注

④ 华特·霍瑞肖·佩特（Walter Horatio Pater, 1839—1894），英国随笔家与批评家，代表作是《文艺复兴》。——译者注

⑤ 埃尔温·罗德（Erwin Rhode, 1845—1898），德国重要的古典语言学家。——译者注

那这一点对我们的问题会有所改变吗？我们在此谈论的不是替代品，而是某种原则上新的东西，一种完全或近似实现一些科学目标所未触及的东西。科学通过内容影响我们，而艺术则通过形式；科学为我们提供了一些事实及其相互关联，而艺术给予我们的是心灵与命运。它们在此就分道扬镳了；这里既无替代品，又无过渡可言。即使在原始的、尚未分清类别的时代里，科学与艺术（以及宗教、伦理与政治）是彼此不分并且混为一体的，而科学一旦分离出来并独立门户之时，事先所做的一切准备便失去本身的价值。只有当某种事物将其所有内容分解为形式并成为如此纯粹的艺术之时，它才不再是多余的；而它过往的科学性就被完全遗忘了，并且失去意义。

于是就有了一门艺术科学；可是，还有另一种完全不同的、表达人类秉性的方式，其表达方式主要是关于艺术的文章。通常我就这样讲，因为有许多文章是由这类感觉而产生的，却与文学或艺术没有丝毫关系；在提出同样的生活问题的地方，如在那些自称为批评的文章里仅针对生活本身直接提出问题；它们不需要文学或艺术作为中介。而最伟大的随笔作家的文章恰恰归于这一类：柏拉图的《对话》与神秘主义者的著作，蒙田①的《随笔集》

---

① 米歇尔·德·蒙田（Michel de Montaigne, 1533—1592，又译为蒙泰涅），法国律师、政治家，在北方文艺复兴时期最有标志性的哲学家、人文主义思想家、文学家与伦理学家，也是随笔形式的创始人。他以《随笔集》三卷留名后世。《随笔集》在西方文学史上占有重要地位，作者另辟新径，不避嫌大谈自己，开卷即说："吾书之素材无他，即吾人也。"——译者注

与克尔凯郭尔①的虚构日记及中篇小说。

从上述状况发展到文学创作,其间经历了一系列无穷微妙的过渡阶段。请想一想欧里庇得斯②的《赫拉克勒斯》剧中的最后一幕:当修斯出现并发现所发生的一切(赫拉对赫拉克勒斯的可怕复仇)时,悲剧就已到了剧终。此刻插入了悲伤的赫拉克勒斯与他朋友之间有关生命的对话;问题听起来与苏格拉底式的对话相似,可是发问者的态度更死板,更缺乏人情味儿,他们的发问更为抽象,而且比柏拉图的《对话》中的直接体验更为跳跃。请想一想《迈克尔·克莱默》的最后一幕、《美丽心灵的自白》、但丁著作、《凡夫俗子》与班扬③的作品吧——我还需要给你举出更多例子吗?

你肯定会说:《赫拉克勒斯》的结尾是平淡无奇的,班杨的戏也是……肯定是,然而为什么呢?《赫拉克勒斯》是平淡无奇的,因为它是每种戏剧风格的一种自然后果,即内心的一切活动都反映在人们的行为、动作与姿态里,从

---

① 索伦·奥贝·克尔凯郭尔(Søren Aabye Kierkegaard, 1813—1855,又译为齐克果、祈克果、吉尔凯高尔等),丹麦哲学家、神学家、随笔家及作家,一般被视为存在主义之创立者。——译者注

② 欧里庇得斯(希腊语:Ἐυριπίδης,前480—前406)与埃斯库罗斯及索福克勒斯并称为希腊三大悲剧大师。有人说他是最伟大的悲剧作家,也有人说悲剧在他的手中衰亡。总之欧里庇得斯的作品对于后世的影响是深远的。——译者注

③ 约翰·班扬(John Bunyan, 1628—1688),与莎士比亚齐名,同属英国文艺复兴后期的著名作家,是英国著名作家、布道家。著作《天路历程》可说是最著名的基督教寓言文学出版物。——译者注

而使感官可见与可触。在这里,你看到复仇的赫拉正在靠近赫拉克勒斯,你看到赫拉克勒斯在此之前沉醉在获胜的狂喜之中,你看到了,他被她刺中而陷于疯狂后的愤怒姿态以及暴怒后他的狂野绝望,因为他明白自己出了什么事。可是,以后发生的一切你什么都没看到。修斯来了——而你正徒劳地试图通过概念以外的方式来确定接下来会发生什么:你所耳闻与眼见的不再是真实事件的真切表现方式,事件的发生对你内心来说就是一个无关紧要的事情,是否真发生了什么。你只见到:修斯与赫拉克勒斯一起离开舞台。此前出现的问题是:诸神事实上会是什么样的;我们可以相信哪些神灵,而不能相信哪些;人生是什么,男子汉承受痛苦的最好方式是什么?导致这些问题的实际体验却消失到九霄云外了。假如重返真实世界来寻求答案的话,它们不再是现实生活中所提出问题之答案;也不再是对下述问题之解答,即在这种特定生活境况下这些人现在会做些什么或者不得不放手。这些答案是以陌生人眼光来审视每件事实的,因为答案来自**剧中人生**(**dem** Leben)与**剧中之众神**(**den** Göttern),并且几乎无法了解赫拉克勒斯的痛苦及其根源,即赫拉的复仇。我知道:戏剧也对**剧中人生**(**das** Leben)提出自己的问题,而那里给出的答案也是**剧中的命运**(**das** Schicksal);从最终意义上讲,问题及答案在此也与某一特定之事相关联。然而,真正的戏剧家(只要是真正的诗人,是诗韵原则的真正维护者)会看到**一个人生**(**ein** Leben)如此内涵丰富并充满活力,以至于它几乎不知不觉地就变成了**剧中人生**（**das** Leben）。可是，这里的一切都变得不那么扣人心弦，因为主宰这里的是另一种原则；因为在此提出问题的那个人生，在问题的第一次出现的那一瞬间，随即失去了一切实体上的东西。

因此，心灵的现实有两种状态：一种是**剧中**人生，另一种是**实际**人生。两者都是真实的，可是永远不会同时起作用。任何人在每次体验时都包含着两种成分，不过其强度与深度总是各异而已；即使在回忆中，时而前者居多，时而后者占先，可是忽然间我们所能感觉到的仅剩下一种形式了。自从写好了**一个**人生故事并且表演者想要理解并整理着这个人生，他们的体验中总是存在着这种二元性。优先与优势的竞争大多只在哲学上的争论中，争斗的声音听起来总是有些不同；因此，大多数人是分辨不清与无法分辨的。最清楚的似乎是，这个问题在中世纪的时候就提出来了，那时的思想家们分成两个阵营，其中之一主张普遍性，即概念（柏拉图的理念，你若认同的话）是唯一的真实的现实；而另一方则仅将它们视为文字，即概括唯一真实的、各个事物之名称。

同样的二元性也表现在表达方式上：这里的不同在于是图像表达还是"意义"表达。一方的原则是图像的创造，另一方则认为是意义的约定；一方只认事物的存在，另一方则只认事物之间的关联，即只有概念与价值。文学创作本身不必了解事物背后的东西；对它来说，每件事物都是严肃的、独特的与具有不可比性的。这就是为什么它也不会提出这些问题：人们不对纯粹事物提出问题，只针对事物之间的关联发问；因为——如在童话中——每个问题都可能再激发出类似的事物。主人公站在交叉路口或正在酣战中，可是交叉路口或战斗并非是可供提问与解答的命运，它们干脆就是字面意义上的战斗与交叉路口而已。当主人公吹起了唤醒的号角，期盼会出现预期的奇迹，这是一个事物，它却重新调整着众多的事物。可是，在真正深刻的批评里，事物是既无生命又无图像的，只有一片空白，只有一些东西，却没有图像能将其充分地表现出来。"所有图像的缺失"是所有神秘主义者的目标，而苏格拉底轻蔑地对法德鲁斯[①]说，那些诗人从来没有歌颂过真实的心灵生活，也永远没有资格为此唱起颂歌。"因为心灵之不朽部分曾经栖居过伟大的存在是无形无色与不可捉摸的，并且只有心灵的主使者、精神才能看到它。"

你可能会反驳：我说的作家是一个空洞的虚设概念，我的批评家亦如此。你说得对，他们均为虚设，然而或许并不完全空白。他们均为虚设，因为即使苏格拉底也必须以其世界的图像来说话，而无法提供当时的形象以及形象背后的东西，而且德国神秘主义者的"图像缺失"一词也仅是个比喻而已。同样，没有对事物的整理就没有文学创作。马修·阿诺德[②]

[①] 法德鲁斯（Phaidros，前5世纪中叶—393），哲学家苏格拉底之友，曾参与哲学辩论。柏拉图的《对话》中的一章以其名命名。——译者注
[②] 马修·阿诺德（Matthew Arnold，1822—1888），英国近代诗人、评论家、教育家。最著名的诗作是《多佛海滩》，主要表现维多利亚时代的信仰危机。著作有《文化与无序》与《文学与教条》等。——译者注

曾称之为"生活的批判"。它代表着人与命运及世界之间的终极关系,可以肯定的是,它源于最深刻的见解,尽管它的出处往往不为人所知晓。即使它时常拒绝所有质疑与观点,难道否决全部质疑不是一种发问吗?而它有意识的拒绝不是在表达一种看法吗?我进一步讲:图像与含义的分离也是一种抽象,因为含义总是由图像所涵盖着的,并且从图像背后发出的光泽贯穿着每一幅画面。每幅图像都出自我们的世界,这种定在所引发的喜悦已外露于形色;然而,它让自己与我们想起某个地方的某个事物,想起其出处,想起对心灵深处来说重要并意义重大的唯一事物。是的,从纯粹意义上讲它们只是抽象的东西,人类感知的这两个极端,然而只有借助这种抽象,我才能在书面上表述出这两个方面。而那些最坚决地拒绝图像的、最强烈地追求图像背后含义的是批评家、柏拉图主义者与神秘主义者的著作。

综上所述,我已经说明了为什么这种感觉需要一种自身的艺术形式,为什么它的每一个陈述在文学创作的其他形式中总是显得格格不入。你对已有的各种形式提出了很高的要求,或许是唯一完全通用的要求,可是它却无情地拒绝了任何例外:作品内容全都出自一个模式,每个部分安排得观其一点即知其余。并且因为每件作品既要力求统一又应展现多元性,这就是每个人的风格问题:即在众多事物中保持平衡,在单一素材中层次丰富。在一种艺术形式中可行的东西换一种形式却行不通:此处是形式内在分离的实际与明确的证明。你还记得吗？你是怎样向我解释某些具有强烈风格的壁画上人们的生命力的吗？你说过，这些壁画是在柱子之间绘制的，即使其中描绘的人物的神情像木偶一样僵硬，并且每个面部表情都只是一个面具，然而所有这些仍然比充当画框的圆柱更生动，它们一起构成了装饰上的统一。因为只有保持统一，才能更生动一些；可是若能唤起生命的幻觉则更加生动。这里的平衡问题是这样来达到的：世界与仙界，图像与透明度，理念与发挥应各置于天平两侧的托盘上而保持着平衡状态。问题越深入——只要对比一下悲剧与童话——图像就变得更加线性了；所有内容被压缩到更狭小的面积上；颜色变得更加暗淡无华；世界的丰富内容与多样性也大打了折扣；人的面部表情就越像戴上面具一般。可是，还有一些体验用最简单与最恰到好处的姿态来表现也显得太多了，或者同时太少了。有些问题虽然用如此轻微的声音提出，以至于对它来说几乎无声的剧情都构成了粗野的噪声，并非伴奏的乐声；还有命运关系，它们本是纯属命运本身的关系，以至于任何人为的东西都只会打破它们抽象的纯洁与威严。此处所言的并非是精度与深度；这些都属于价值范畴，因此它们只是在形式之内起作用的；从统一万物的世界观的立场来看，我们谈论的是形式与构成万物的本质分开的基本原则。我想长话短说，假如把各种形式的文学创作与由三棱镜折射的阳光相比较，那么随笔家的作品就是紫外光。

由此可见，有些经历是无法用姿态来表达的，人们仍然希望找到一种表达方式。从我在以上的陈述中，你已经知道我指的是什么体验以及它们的所属类型。我指的是情感体验、直接现实与本能的定在原则所具有的知识性、概念性；毫无保留的单纯世界观是一个精神事件，是生活的动力。接踵而来的问题是：生活、人与命运是什么？然而，这只能是个问题而已；因为这里并非能提供像科学或者像——在更纯粹之高度上——哲学那个高度上给出的那个"答案"，它更像是在各种诗歌、象征、命运与悲剧中的解答。当一个人经历这样的事情时，外在的一切都以僵直的状态等待着他做出决断，这个决断是通过感官无法操控的无形力量的斗争所产生的。假如一个人既不想自嘲地强调自己的不足，又不想自暴自弃，那么他想借此表达一些东西的任何姿态都会让人曲解了他的经历。一个经历过这种情况的人不会表达任何外在的东西，那么一部文学作品怎么能够塑造出他的形象呢？

所有著作都用命运关系的象征来表述世界；命运的问题决定着所有的形式问题。这种统一与共存是如此强烈，以至于单一元素永远不会单独出现，而分离的状态在此也只能出现在抽象之中。因此，我试图在此做的划分实际上似乎只是在强调它们的不同：文学创作从命运的描述中塑造它的形象、它的形式，那里的形式总是仅表现为命运；在随笔家的著作中形式变为命运，即创造命运的原则。而这种差异意味着：命运将事物从万物世界中突显出来，强

关于随笔的形式与本质

调其重要因素,而剔除非本质的东西;可是形式圈定了一个素材,它原本会像空气一样化解在宇宙中。换句话说,命运与其他一切事物均来自同一个源头,它是万物之一,而形式——从外部看,似是完成的东西——确定了与非实体的界限。因为决定事物的命运是它们自身的血肉,所以在随笔家的作品中找不到命运。因为命运一旦离开了它的独特性与偶然性,就像这些著作中任何其他无形体的事物一样虚无缥缈;因此,恰巧不能给它们一种形式,就像它们本身没有任何自然倾向与浓缩成形式的可能性一样。

这就是为什么这些著作要谈论形式。批评家是在形式中看到宿命的人,他最强烈的体验是形式间接地、无意识地包含着的心灵内容。形式是他的伟大体验,是作为直接的现实之图像,是他作品中的真实生动的东西。这种形式源于对生活符号的象征性观察,就从这种体验的力量中获得了生活的本身。它变成了一种世界观,一种立场,一种面对这一生活的态度,一种自行改变并重新塑造它的可能性。因此,事物变成形式的那个时刻即是批评家的命运之时刻;这个瞬间是形式内外的所有感觉与体验变成形式的瞬间,是融合与浓缩为形式的瞬间。它是外在与内在、心灵与形式结合那一神秘的瞬间。它就像悲剧里主人公与命运抉择的时刻一样神秘,有如中篇小说中偶然与宇宙的必然相遇一样,像抒情诗里心灵与背景在这里相遇并发展成为一种新的,无论过去还是将来均无法分隔的统一体。形式是批评家作品中的现实,它是他向生活发问的声音:这是文学与艺术成为批评的典型与自然的素材之真实的、最深层的原因。因为在这里，抒情诗的终极目标可以成为出发点与起点；因为在这里，形式即使用最抽象的术语似乎也是肯定的与有形的东西。可是，这只是随笔的典型内容，而不是唯一的主题。因为随笔家需要的形式只是活生生的经验，而且只需要它的生机，只需要它所包含的活生生的心灵—现实。可是，这种现实可以在对生活的每个直接的、感官的表达之中找到，从中读出并深入其中进行解读；通过这种体验方式，人们可以体验与塑造生活本身。而正因为文学、艺术与哲学是公开而又直接追求形式的，并且在生活本身中它们仅仅是某类人与体验的理想需求，因此，批判的体验能力之强度要求相对偏弱一些，这是针对已有形式与生活经历相比较而言的。因此，仅做初步与最粗浅观察的话，形式想象之现实在此似乎没有生活中那么复杂。但是，仅做初步与最粗浅观察的结果似乎是如此，因为生活的形式不像诗歌的形式那么抽象。在诗歌里，形式也只有通过抽象才能明了地显现出来，其真实性在此也并不比体验到的力量更强。仅就其素材是来自生活或是别处来划分诗歌是肤浅的；因为抒情诗形式的创造力打破并打散了一切旧有的东西，包含已成形的东西，一切东西在他们手里都变成了未经成形的原材料。在我看来，在此做出区分也是十分肤浅的。因为这两种观察世界的方式都只是对事物的看法而已，并且它们都可以适用于任何地方，尽管确实存在着某些事物，它们自然而然地从属于一种特定的立场,而另一些事物则只能通过最激烈的斗争与最深切的体验才能迫使其屈就。

正如在任何真正重要的关系中一样,自然的素材效果与直接的实用性在这里也是一致的:促使随笔家写成作品的体验,在大多数人那里只在看图或读诗的时候才会体会到;他们几乎也不具备能够推动生活本身的力量。因此,大多数人不得不相信,随笔家的作品只是为了解释书籍与图像而写就的,以帮助他们进行理解。然而,这种关系是深刻的与必要的,而正是这种在随机性与必然性的混合中不可分割的、有机的东西才是那些幽默与讽刺的源头,我们将在每一位真正伟大随笔家的作品中找到它们。那些奇特的幽默是如此强烈,以至于谈论它几乎不再合宜;因为假如不是每个瞬间谁都可以本能地感受到它,即使及时给予任何提示都将是徒劳的。我觉得在此具有讽刺意味的是,批评家总是谈论生活的终极问题,然而此地使用的语调却好像只在谈论图像与书籍,好像谈及的仅是伟大生活中那些空洞、漂亮的装饰品;而在此谈论的也不是核心问题,而仅涉及华而无实的表面。每篇随笔似乎就这样尽可能地远离生活,而且脱节的现象似乎越来越大,我们就越焦虑与痛苦地感觉到两者的真正本质实际上是可以接近的。伟大的随笔家蒙田爵士在他的著作中对"随笔"进行奇妙而贴切的描述,他的感受或许是相似的。因为一种傲慢的礼貌就是这个词汇的简单谦虚。这位随笔家抛弃了自己的、引以为自豪的希望,即有时以为已经接近终极希望——它却只是他所能提供的、对他人诗歌的解释，以及充其量对他自己的概念的阐释。可是具有讽刺意味的是，他让自己适应了这类琐事，适应了生活中最深刻智力工作之永恒琐事，而且他仍然以讽刺意味的谦逊强调这一点。在柏拉图的著作中，概念性被具有讽刺意味的生活细微现实所围绕。阿里斯托芬①服用银杏导致打喷嚏却治愈了他的打嗝症，然后他才能开始创作深刻的爱神赞美诗。当希波撒莱斯②询问可爱的吕西斯③时，他带着担忧的目光注视着苏格拉底。小吕西斯带着幼嫩的幸灾乐祸心理要求苏格拉底用同样的问题去折磨他的朋友美涅克塞努④，就像后者曾用问题折磨过他一样。粗暴的监护人来了，打破了那令人眼花缭乱的对话，将男孩们拖回家去了。可是，苏格拉底最开心的是："苏格拉底与两个男孩都想交个朋友，可是却无法说出朋友到底是什么。"然而，即使在某些新随笔家的庞大科学参考资料中（请想一想魏宁格⑤），我也看到了类似的讽刺意味，

---

① 阿里斯托芬（Aristophanes，前384—前322），古希腊喜剧作家。他被看作是古希腊喜剧尤其是旧喜剧最重要的代表。相传写有44部喜剧，有"喜剧之父"之称。——译者注
② 希波撒莱斯（Hippothales），曾参与哲学辩论。柏拉图的《对话》中的一章以其名命名。——译者注
③ 吕西斯（Lysis），曾参与哲学辩论。柏拉图的《对话》中的一章以其名命名。——译者注
④ 美涅克塞努（Menexenus），曾参与哲学辩论。柏拉图的《对话》中的一章以其名命名。——译者注
⑤ 奥托·魏宁格（Otto Weininger，1880—1903），奥地利哲学家兼作家。知名著作有《性与性格》等。其友人拉帕波特整理他的格言式随笔，发表题为《关于终极事物》。——译者注

关于随笔的形式与本质

以及一种有如狄尔泰学派①那样以小心谨慎的保留方式所表达的异样表述。在所有伟大的随笔家的任何一篇著作中，我们总是可以找到相同的讽刺意味，当然形式有所不同而已：中世纪的神秘主义者是仅有的、不带内在讽刺意味的人，然而我就没有必要向你说明其中的原委了。

就批评而言，大多数随笔论及图像、书籍与思想。随笔与所表述的事物之间是什么关系？有人总是说：批评家必须说出事物的真相，可是作家处理其素材却不受属实的约束。我们既不想在此提出彼拉多②的问题，也不想查明该作家是否被迫恪守内在的真实性，以及任何批评的真实性是否可以更加强烈，甚至可能比这样的批评更为激烈。不是的，因为我在此实际上看到了一个差异，也只有在这里，只有在抽象的两极上，差异才是完全纯净、清晰且没有中间过渡阶段的。当我撰写关于卡斯纳③的文章时，我已经提到它了：随笔总是论及一些已成形式的东西，或者最多只论及一些曾经存在的东西；因此，随笔的本质决定了它只

---

① 狄尔泰学派（Diltheys），是以威廉·狄尔泰为首的一个有影响的学派。现代西方哲学的一些重要流派，如雅斯贝尔斯的精神病理学、胡塞尔的现象学、海德格尔的存在主义、伽达默尔的解释学都带有狄尔泰论述的烙印；社会学方面，韦伯、曼海姆等也受到狄尔泰的影响。威廉·狄尔泰（Wilhelm Dilthey，1833—1911），德国历史学家、哲学家、神学家、心理学家与社会学家。——译者注

② 莱昂蒂乌斯·彼拉多（Leontius Pilatus，约 1310—1365），西欧首位希腊语教授，将《荷马史诗》译成拉丁语的第一人。——译者注

③ 鲁道夫·卡斯纳（Rudolf Kassner，1873—1959），奥地利作家、随笔家、翻译家与文化哲学家。——译者注

心灵与形式

是将某个时间曾经存在的东西重新拿出来进行整理,而不是无中生有地编造出新东西来。而且因为随笔只是重新整理,并没有让未成形的东西变成一些新的形式,它也还受到原有东西的约束,所以它总是要谈论它们的"真相",为其本质寻找到表达方式。差异的最简捷的表述或许可以是这样:文学创作自生活(与艺术)中汲取它们的主题;艺术(与生活)为随笔提供评论的对象。或许它们的差异借此就已表达清楚了:随笔的悖论几乎与肖像的悖论如出一辙。你一定看到个中的原因了吧,不是这样吗?在一幅风景画面前你永远不会自问:这座山或这条河实际上是他画出来的这个样子吗?可是在每一幅肖像画面前,逼真与否的问题就会不由自主地冒出来。因此,稍微审视一下这个逼真与否的问题,这种愚蠢与肤浅的发难必然使真正的艺术家感到绝望。你站在委拉斯开兹①肖像面前说"多像啊"时,你会觉得,你确实针对图像说了点儿什么。像吗?像谁呢?当然谁也不像。你根本不知道图像表现的是谁,或许根本无法知晓它;再说了,你未必会对此有兴趣。然而你感到:它像。在其他画像面前你感觉到的仅为颜色与线条,而你没有上述的感觉。因此,真正重要的肖像画除去给了我们所有其他的艺术感受之外,也向我们展示了:一个曾经真实在世之人的生活,这些感受让我们觉得他的生

---

① 迭戈·罗德里格斯·德席尔瓦-委拉斯开兹(Diego Rodriguez de Silva Velasquez, 1599—1660),文艺复兴后期、巴洛克时代、西班牙黄金时代的一位画家,对印象派的影响也很大。——译者注

关于随笔的形式与本质

活与肖像展示给我们的线条与颜色一模一样。只因为我们看到画家在人们面前为这种表达的理想状态而奋力拼搏，因为这场抗争的表象与口号不可能不是一场逼真之争，这才是为什么我们称它为生活的暗示；尽管世界上不会有人能与画像相似。因为即使我们认识所描绘的那个人，可以把他的肖像称为"像"或"不像"——难道这不是一种抽象吗？声称这就是某人的某个时刻或其表情：这是其本色吗？假如我们熟知他数以千计的时刻或表情，当我们看不到他的时候，我们怎么知道他生活中无从计量的大部分时间呢？我们怎么知道这个熟人内心燃烧的火光以及这种内在的光芒在别人身上的反映呢？你瞧啊，这就是我对随笔"真相"的大致设想。这里也是一场追求真相的斗争，追求生活体现的斗争，生活内容要从一个人、一个时代、一种形式中读取出来；然而它只取决于我们工作与想象力的强度，看我们能否从写就的文字中获取对此人一生的暗示。因为最大的不同之处是：文学创作给我们的是它对所表现的那个人的生活幻象；任何人或任何东西都无法用来衡量创作出来的人或事。随笔的主人公曾经生活在某个时刻，所以他的生活必须塑造的充实；这种生活也只能如此地存在于作品中，就如同诗歌中的一切。随笔必须从自身出发，为其观点的说服力与有效性创造一切前提条件。因此，两篇随笔是不可能相互矛盾的：即每篇随笔创造各自不同的世界，而且它为了达到更高的概括性虽也略有超越，然而在语气、色彩、着重点上总是停留在所创造的世界里；因此，它的超越并非有意所为。这里也根本没有一个衡量生命力与真相的客观、外在的标准，可以用来衡量格林、狄尔泰或施莱格尔①所论及的歌德的真相与"真实"的歌德相差几何。不真实的是，因为许多歌德形象——彼此不同的又与我们心目中迥异的——已在我们心中唤起了对此人生活的坚定信念，而失望的是我们在别人身上看到了自己的面目，他们微弱的气息无法给自身注入自我炫耀的生命力。说得对，随笔追求的是真相；然而，就像索尔②外出一样去寻找父亲的几头母驴，却发现了一个王国，真正能够寻求真相的随笔家在他的旅程结束时将到达未曾搜寻的目标：生活。

真相的幻觉！不要忘了，文学创作是多么艰难而缓慢地——就在不久之前——放弃了这个理想，它的消失是否真的有益是非常值得怀疑的。人可否希望自己实现想要达到的目标，他是否应朝着他的目标笔直地前进，这是非常值得怀疑的。请想一想中世纪的骑士史诗、希腊悲剧与乔托③，你就会明白我这里所说的意思了。我们在这里谈论的

---

① 卡尔·威廉·弗里德里希·施莱格尔（Karl Wilhelm Friedrich Schlegel，通常只称弗里德里希·施莱格尔，1772—1829），德国文化哲学家、作家、文艺批评家、历史学家与古典语言学家。他是耶拿早期浪漫主义重要代表人物之一。——译者注

② 索尔（Saul），《圣经》中以色列的第一位君主，使徒保罗（Paul）的原名。——译者注

③ 乔托·迪·邦多纳（Giotto di Bondone，1266—1337），意大利画家、雕塑家与建筑师，被认定为意大利文艺复兴时期的开创者，被誉为"欧洲绘画之父"。——译者注

关于随笔的形式与本质

不是普通的真相,不是自然主义的真相,人们更应该称它为日常生活琐事,而我们在此谈论的是神话的真相,它的魔力让古老的童话与传说历经数千年而不衰。真正的神话作家只追求主题的真谛,他们既不能又不想动摇其实用主义的现实。他们认为这些神话是神圣与神秘的象形文字,并认为把它们解读出来是其使命。难道你看不到每个世界都有自己的神话吗?弗里德里希·施莱格尔早就说过,德国人的民族之神不是赫尔曼①与沃丹②,而是科学与艺术。诚然,这种说法对德国人的整个生活并不恰当,可是它更适合描述每个民族与每个时代之生活的一部分,正是我们现在不断谈论的那一部分。这种生活同样既有其黄金时代,又有失落的天堂;我们在那里既能看到充满了奇迹般冒险的丰富生活,也发现至暗罪孽的莫名其妙之惩罚;光耀的英雄出现了并且与黑暗势力激烈抗争;在此睿智巫师的智慧之言与美貌妖妇的诱惑逸言也都会将每个弱者引向毁灭;这里也有原罪与救赎。生活中的所有争斗这里都有——只是一切取自不同的素材,好像来自另一种生活。

我们要求作家与评论家为我们提供生活的象征,要求对尚存的神话与传说提问时应采用我们的形式。假若一个

---

① 赫尔曼(Hermann,前17—21年,或称Arminius,阿米尼乌斯),罗马时代著名的日耳曼政治家、军事家与民族英雄,以在日耳曼战争中大败罗马帝国而闻名。——译者注

② 沃丹(Wodan,也称Odin),日耳曼神话里的主神,亦称战神、死神、诗歌与文字神。——译者注

> 心灵与形式

伟大的评论家将我们的渴望置于对佛罗伦萨早期画作或者希腊裸体躯干雕像的梦幻中,妄图这样为我们从中汲取我们曾在其他各处徒劳寻求的东西时,而后他却说起科学研究的新成果、新方法与新事实,难道这不是一个微妙与深刻的讽刺吗?事实总是存在的,一切总是包含在其中,然而每个时代需要异样的希腊人,异样的中世纪与异样的文艺复兴。每个时代都会创造出自己必要的东西,只有紧随其后的来者相信父辈的梦想都是谎言,因此人们必须用自己的新"真相"与之抗争。可是,文学创作影响的历史沿袭了同样的过程,在批评方面祖父梦想的传承问题也很难被当今活着的人所触及,更不要说更早逝者的梦想之传承了。于是,涉及文艺复兴的各异"观点"可以并列存在,正像一首新诗"菲德拉"①,或者一位新作家的一首"西格弗里德"②,或一首"忧郁诗"一样,他们永远不会触碰前辈们的著作的。

诚然,有一门艺术科学,也必定要有一门艺术科学。最伟大的随笔家恰恰是那些最离不开科学的人:他们所创造的东西必定也是科学,即使他们对生活的看法偶尔已经超越了科学的范畴。通常,他们的自由翱翔受到枯燥素材

---

① 菲德拉(Phädra),希腊神话里雅典国王修斯的第二任妻子,她是太阳神赫利欧斯的孙女。——译者注
② 西格弗里德(Siegfried,一译为西格弗里特),来自各种日耳曼传奇人物,尤其是德国民间史诗《尼伯龙根之歌》之中的英雄人物。他具有超人的力量,曾杀死过一条龙。——译者注

关于随笔的形式与本质

无法触及之事实的约束，看法常常失去了所有的科学价值，因为它毕竟只是一种想象，而却比让人萌生自由、任意设想的事实来得早。直到现在，随笔的形式仍未走完自立门户之路，而其姐妹门类文学创作却早已走完了这条路：一条从原始的，与科学、道德及艺术分界不清的统一体中发展出来的路。然而，这条路的开端是如此惊天动地，以至于后来的发展很少能与之匹敌，最多有几次得以接近而已。我说的当然是柏拉图，他是曾经在世并写作的最伟大的随笔家，他直接从他面前的生活中摄取了一切，而因此不需要任何居间的媒介；他提出了别人未曾提出的问题，最深层的问题能够直接涉及现实生活。这种形式的最伟大之大师也是所有创作者中最快乐的：人们生活在他的近旁，他们的本性与命运就是他的形式之范式本性与命运。或许它也会是这种范式中最枯燥的记录，不仅仅是因为它奇妙的形态——这里将这种生活与这种形式如此牢固地协调在一起了。然而，柏拉图与苏格拉底相遇，并让他来塑造其神话，用他的命运当作一种手段来向生活提出有关命运的问题。可是，苏格拉底的生活是随笔的典型形式，它是为任何类型文学创作的其他人生所无法比拟的；而唯一例外的只有俄狄浦斯的悲剧。苏格拉底是贯穿到最后一个问题的中心人物，每个其他生动的现实对他来讲都不如他向普通人提的问题那么生动。倾注一生所得之概念，他是以最直接的生命能量来经历的，而其他一切均只为这个唯一的真实现实之比喻，只是作为这些经历的一种表现方式才具有价值。他的生命回荡着最深沉、最隐藏的渴望之声,充满了最激烈的斗争;然而,渴望只是**书中的**渴望而已,它的表现形式是试图把握渴望的本质并且理解它,并把它用概念表达出来,而斗争只是单纯的舌战,只是为了更准确地界定一些概念。然而,渴望充满了整个生活,争斗总是言辞上的你死我活。尽管如此,似乎充满生活的渴望却并不是生活的本质,并且那些生死搏斗也不能用非死即活来表达。假如这是可能的话,那么苏格拉底的死将是一种殉道或者悲剧,因此可以用史诗或戏剧来表现,而柏拉图则完全清楚他为什么会将年轻时写的那些悲剧付之一炬。因为悲剧性的生活只应由结局来做剧终,结局才能对一切赋予意义、含义与形式,而正是结局却总是任意的并带着讽刺意味的:在每一个对话中——而且贯穿于苏格拉底的一生。提出一个问题并不断深入发问,希冀所有问题都会从这个问题上得到解决,可是最后一切均仍旧没有解决。从外部;从与问题无关联的现实出发,可能的答案还会牵出新的问题,还可能碰上中断了一切的情况。这种中断不是结局,它并不是从内部来的,可是它仍然是最深刻的结局,因为它不可能从内部产生一个终局。对于苏格拉底来说,每个事件都只是更清楚地看清概念的一个机会,他在法官面前的辩护只是为了论证虚弱的逻辑学家之荒谬以及他的死亡?死亡在这里不算数,它不能用概念来表达,并打断伟大的对话、唯一的真实现实,打断对话恰恰如此粗暴残忍,而且仅仅来自外部,正如那些粗鲁的监护人打断了与吕西斯的对话那样。可是，人们只能以幽默的方式来看待这种打断，它与被打断的事物其实几乎没有什么联系。可是，本质的东西总是被这样的事情以这种方式所打断，这也是一种深刻的生活象征，因此，更具深刻的幽默感。

希腊人认为他们现有的每种形式都是现实的、充满活力的，而不是抽象的。因此，早在阿尔西比亚德斯①在世时就已清楚地看到（许多世纪之后，尼采曾再次尖锐地强调过），苏格拉底是一种新型的人，因为他难以捉摸的本质与他之前曾经在世的所有其他希腊人有着极大的不同。可是在同一对话中，苏格拉底也说出了他这类人的永恒理想，既不是原汁原味的人类情感，又不是作家最深层的本质所能理解的：同一类人应该既写悲剧又写喜剧；悲剧与喜剧完全取决于所选择的立场。这位批评家在此表达了他最深刻的人生感触——立场优先，概念先于感觉——他表达了最深刻的反希腊思想。

如你所知：就连柏拉图也是一位"批评家"，尽管这种批评对他来说——与其他所有事物一样——只是一种即兴表达与一种讽刺的表达手段。对于稍后时代的批评家来说，这种批评已成为他们作品的内容，他们只谈论文学创作与艺术，而从未提及苏格拉底，其实苏格拉底的命运可以用

---

① 阿尔西比亚德斯（Alkibiades，前450—前404），是雅典杰出的政治家、演说家，统帅。阿尔西比亚德斯是雅典大政治家伯里克斯贵族系的最后一名著名成员，这个家族在伯罗奔尼撒战争之后衰败。——译者注

作他们的最后跳板。然而，苏格拉底早已谴责了这些批评家。他曾对普罗塔戈拉①说过："因为在我看来，将一首诗用作对话的主题，与那些邀请没受过教育、粗俗的人到家里开宴会的主人有太多相似之处……因此，像现在这样的对话，当人们到场时，就像我们大多数人都会宣称的男人之间的对话，不需要外界的声音，也不需要作家……"

对我们来说幸运的是，现代随笔也并不谈论书籍与作家——可是这种缺如却让它更成问题了。现代随笔太居高临下，忽略与联想得太多，无法表现或解释一部作品；每篇随笔在标题旁边都有隐匿的字样，写着这样的话："……借此引发"。因此，随笔对于尽心效力已经变得太过丰富与太过独立了，可是太过智慧，其形式过于多样，甚或无法从中获得一个形象。相对于可靠地谈论书籍而言，现代随笔的问题是不是更多了，而且离开生活的价值更远了？

一旦某件事出了问题——而出现问题的并非是这种思维方式及其表现形式，而且问题始终都在那里——那么拯救只能等待问题最大程度地尖锐化的时候，使问题得到根本的解决。现代随笔已经失去了给予柏拉图与神秘主义者力量的生活背景，它也不再对书籍的价值与相关的言论抱有天真的信念。问题的态势几乎严重到使思考与表达都必然出现轻浮的地步——对于大多数批评家来说，问题态势

---

① 普罗塔戈拉（Protagoras），曾参与哲学辩论。柏拉图的《对话》中的一章以其名命名。——译者注

也变成了生活心态。由此显而易见的是,解决这个问题是必要的,也因此是可能的与现实的。现在随笔家必须反思自己,找到自身并依靠自力来重塑自身。随笔家谈及一幅画或一本书,可是又立即放弃了——为什么呢?我相信,因为对这幅画与这本书的理念在他心中占据了压倒地位,因为他完全忘记了眼前次要的具体东西,而只把它当作开端,当作跳板来加以利用。**那样的**文学作品比任何文学创作都更古老、更伟大,也更多、更重要:这是文学批评家旧有的生活心态,只有在我们这几个时代里它才得以变成了自觉的心态。批评家被派到世界各地,通过谈论来清晰地揭示事物之巨细,并宣布应依照在此所观察与掌握的价值观标准来判断每种个别现象。这一理念早于它的所有表述,它是一种精神价值,本身就是世界推动者与生活塑造者:这就是为什么这类批评总是谈论到最具活力的生活。理念是衡量一切存在事物的标尺;因此,由已经创造的东西所"……借此引发"并揭示其理念的批评家,也会写出唯一真实而深刻的批评:只有伟大、真实的事物才与理念近在咫尺。当这个咒语说出之时,一切迂腐的、渺小的与不成熟的东西就分崩离析了,它便失去了其所篡取的本质、它自以为是的存在。"批评"它是根本不必要的,理念的氛围即足以将它理顺了。

但是就在这里,随笔家的生存可能性究其深层根源已格外变得有问题:只有通过已知理念的判断力,他才能把自己从相对与空泛中解救出来——可是谁能赋予他这种决断权呢?几乎可以准确地说,随笔家把决断权抓到手里;他从自身出发创造了自己的判断价值。可是,自满与自负的认知造成的斜视使其远离正确之路,他得出的近似判断使其必然坠入更深的深渊。事实上,因为这位随笔家已在心中确立了判断的尺度,然而他并没有将其用来指导生活与行动:这个人是美学价值的伟大定义者,他永远是即将到来的、还未出现的、唯一为判断负有使命的并且担当此重任的人。这位随笔家的名字叫叔本华,他为自己的(或一位其他作者的)《作为意志与表象的世界》出版时写下了"帕雷加"。帕雷加是一个浸礼会教徒,出走沙漠为即将到来的人布道,一个不值得他为其解开鞋带的那个人。假如那个人不来——他不是没有理由了吗?假如那个人来了——他不是因此变得多余了吗?难道不这样试图为自己进行辩护,他会变得很成问题了吗?他是纯粹先驱者的类型,似乎非常值得怀疑的是,这样一个人,只由自己决定,也就是说不管他宣告的命运如何,是否可以声称一种价值及其有效性。与那些拒绝在伟大的救赎体系中实现自己的人站在一起,这是很容易的:每个真正的渴望都可以轻而易举地超越那些拘泥于既定事实与体验的粗俗状态的人;渴望的存在足以决定这场胜利。因为它暴露了一切看似正面与直接的东西,揭示了它作为琐碎的渴望与廉价的满足,指出了那些人也会不自觉地向往的标准与秩序,他们之所以成为这样的人,只是因为他们不可能做到否认懦弱与虚荣而已。随笔可以冷静且自豪地用其零碎的内容抗衡科学

关于随笔的形式与本质

准确性与印象派①新鲜感的细微完美,可是,一旦伟大的美学来临,它最纯粹的实现、最有活力的成就即变得虚弱无力了。然后,所有他的创造都只是最终成为无可争议之标准的一种运用;那么,他本人只是暂时的与偶然的东西,即使在建立一个系统之前,其结果再也不能纯粹从自身来证明是合理的。在这里,随笔似乎是真实的,完全只是先导而已,对随笔来说,没有什么独立的价值可寻。可是,这种对价值与形式、对标准、对秩序与目标的渴望不只有了一个可以到达的终点。它自身由此即被扬弃了,并且变成了狂妄的废话。每个真正的终点皆为一个真实的终点:一条道路的终点。道路与终点虽然不是统一的东西,也不是彼此平行排列的同类东西,可是它们却可以共存:假如不反复走过这条路,终点是不可想象与无法实现的;它不是停滞不前,而是一种到达,不是歇脚,而是一种攀登。因此,随笔似乎被认为是一种达到最终目的之必要手段,是该等级体系中倒数第二的层次。可是,这只是它的成就的价值,它存在的事实还有另一种更独立的价值。因为那种渴望可能在已知的价值体系中实现,所以就被扬弃了,可是它不仅是等待实现的东西,而且是它自身价值与定在的精神事实:对整体生活的原始而深刻的态度,最后一类

---

① 印象派(Impressionismus),印象主义一词在德国文学中被认为"不精确",因此没有持续的科学共识。印象派的运动,即对瞬间印象的主观再现,除了从1890年到1910年的绘画与音乐之外,也包括文学作品。——译者注

不再被扬弃的体验可能性。因此，它不仅需要实现，实现后随即则被扬弃，而且也需要拥有一种形态，从而将其最本质的、不可再行分割的本质拯救出来并使之成为永恒的价值。随笔即可带来这种形态。请想一想"帕雷加"的那个例子吧！它们在系统之前或是之后，不仅是时间上的差异：这种时间—历史差异只是它们类型分离的一种标志。系统建立之前编写的"帕雷加"是从自身创造自己的前提条件的，系统建立之后是从渴望中创造了整个世界——显然——是为了创造一个范例、一个提示，它们内在地与不可名状地包含着系统及其与现实生活错综复杂的联系。因此，它们总是发生在系统之前，即使系统业已创建起来，它们也不会仅仅是一个运用实例，而总是一种创新，实际的体验中的跃动。这种"运用"既创造了判断的标准，又创造了被判断的东西，它包含了整个世界，以便将曾经存在的、独一无二的东西提升到永恒。随笔起着评判的作用，然而不是其判词（犹如在系统内），而是其判断的过程才是本质的、决定价值的东西。

只有现在，我们才能够写下开场白：随笔是一种艺术形式，是一种对特有的完整之生活进行彻底的特殊塑造。只有现在将它称作艺术品并且不断强调它与艺术的不同之处，听起来才不矛盾、模棱两可与虚假：随笔以与艺术品相同的姿态面对生活，然而只有姿态、这种观点的主导权可以是相同的，否则它们之间就没有任何瓜葛。

我只想在此向你谈谈随笔的可能性，以及这些"知性

关于随笔的形式与本质

诗"的本质与形式,就像年长的施莱格尔①所述的"海斯特休伊斯"②诗一样。随笔家业已做了很长时间的自我反思,是否已带来了或是可以带来一个完美的结局:这里不是做出表述或判断的地方。这里只讨论了可能性,只讨论了本书试图走的道路是否真的是一条大道;不是谈论某人已经走过以及他是如何做到的。最起码:本书沿着这条路走了多远,它的批评十分尖锐并毫无保留地包含在它所提出的观点中。

1910 年 10 月于佛罗伦萨

---

① 年长的施莱格尔即指弗里德里希·施莱格尔的兄长。他名叫奥古斯特·威廉·施莱格尔(August Wilhelm Schlegel,1767—1845),德国文学史家、文学批评家、翻译家、古语言学家兼印度语言文化研究学者。——译者注

② 海斯特休伊斯(Frans Hemsterhuis,1721—1790),曾为荷兰启蒙时代哲学家与作家。——译者注

柏拉图主义、诗歌与形式

——论鲁道夫·卡斯纳

"因为无论何时何地我都会遇到一些人，他们能出色地演奏一种乐器，甚至也能以自己的方式谱曲，可是在生活中，他们却对音乐以外的东西一无所知。这不是很奇怪吗？"这就是在鲁道夫·卡斯纳的所有文章中公开地或以某种方式隐晦地提到的问题。即使是他最短的评论也想要回答这个问题，在所分析的每个人（主要是诗人、批评家与画家）身上他都仅仅对此感兴趣，他只强调导致这个问题的成因。是什么导致了一个人如何生活；艺术与生活是如何相互联系的，它们是如何相互影响的；一个较高级的生物是如何从两者中成长出来的，或者为什么这种情况没有发生。风格是否寓于人的一生中呢？假如是这样的话，风格是如何展现自己的以及展现在哪些方面呢？生命中有没有一种伴随始终的强烈旋律，它决定着必然发生的一切，它又导致一切自行化解？在这个旋律中，所有相背的东西却又能够力求得到统一？一部伟大的人生之作会使作家功成名就吗？在艺术方面，凭一件铸造的大作就能名垂青史吗？

卡斯纳的批评作品中展现的都是什么样的人呢？之所以提出这个问题，是因为卡斯纳在当今评论家中的——负面——地位。他是现今在世的批评家中唯一活跃的；唯一亲自登门造访贵府的人，他会自己选择想要牺牲的东西，他只招那些能对他的问题给予答复的人的魂；他不是对偶然印象十分敏感的感光板式的人物。卡斯纳是一个非常自信的正面批评家。他选择的写作对象都是正面的：他从未写过论战的东西，也从未对论战气氛做过批评。不好的、不具艺术性的东西对他来说根本不存在，他根本看不到，更不用说他想与之抗争了。他对人的描述都是正面的：对失败的事物不感兴趣，失败与成功之分界线仅在于与所讨论的人的天性密不可分的时候，仅在于视其构成对象最高价值的负极的时候，将之视作其一生的伟大象征行为的背景。当他观察对象时，这些人们的其他一切东西都从他们身上滑落了。因为拥有了如此的暗示力，所以他看不到某些东西，以至于他的目光可以剥去人们的躯壳，而我们从那一瞬间起就可将躯壳视为糟粕，只有他看作核心的东西才是重要的。卡斯纳的主要优势之一在于，他看不到如此多的东西。日常生活与刻板的史学类别对他而言根本不存在。比如他在谈论狄德罗[①]时，

---

① 德尼·狄德罗（Denis Diderot, 1713—1784），法国作家、戏剧家、翻译家、哲学家、启蒙思想家、文学艺术理论家、百科全书派代表人物等。第一部法国《百科全书》主编。还有《对自然的解释》《达朗贝与狄德罗的谈话》《关于物质与运动的原理》等。——译者注

就看不到文学史已将他定位为百科全书主义者，没有看到狄德罗是平民阶层戏剧的创始人、许多新观点的先驱，也没有区分狄德罗的有神论、自然神论与无神论，还有心理学家经常强调的植根于日耳曼式的迷雾甚至也从他的视线中消失了。在他以这种方式扫除了我们眼前所有的平庸之风之后，他为我们树立了一个新的狄德罗，一个永不止息的、永恒追求的第一个印象派与个人主义者，对其而言，每种观点、每种方法都只是一种发现自己或理解他人，或者也只想与他们进行接触的手段。狄德罗高估了整个世界，因为这是他提高自己的唯一手段。充满矛盾的狄德罗经常喋喋不休，经常说着片言只语，然而在某些非凡的伟大瞬间——而且只有在这些瞬间——却发现了一种符合我们渴望之节奏的风格。

我们就来谈谈卡斯纳评论过的人。他的作品中出现的人有两类，即生活在艺术界的两种主要类型：从事创作的艺术家与批评家，或者若用卡斯纳的术语则是诗人与柏拉图主义者。他严格地用保守、几近教条的原则将两者鲜明区分开来。他与现代感性、界限模糊与风格混乱为敌，它们会导致"有想象力的人吟不成诗"，把诗写成了散文。因为每种类型的心灵都有不同的表达方式：诗人写诗，柏拉图主义者写散文——最重要的是——"诗歌有韵律，散文就没有"。

诗人写诗句，柏拉图主义者写散文。诗人生活在严格安全的规范架构中，而后者享有自由，常会遇到危险与漩涡。一个在闪光而迷人的自我完美中,另一个身居永恒的相对波澜之中。一个有时候手执物品观察着,可是大多时候他强劲的翅膀已超越事物高翔而去;另一个虽总是贴近物品,却始终远离它们,他看似可以拥有它们,却不得不永远都在渴求之中。或许两者同样都无家可归并脱离了生活,可是诗人的世界(他也从未到达生活的世界)却是一个可在其中生活的绝对世界;柏拉图主义者的世界没有任何本质性意义。诗人说"是"或"不是",柏拉图主义者确实是在同时并于同一瞬间既相信又怀疑。诗人的命运可能是悲剧性的,而柏拉图主义者甚至不能成为悲剧式英雄。卡斯纳说,"后者是个其父并未遇害的哈姆雷特"。

他们是对立的两个极端,他们几乎又是互补的。尽管诗人的生活问题并不在于关注柏拉图主义者,对后者而言决定性的经验是能与诗人融洽相处,找到合适的词语来定性诗人。真正的诗人类型缺乏思考,也就是说,当他有想法的时候,只涉及素材,只有韵律的一气呵成,就像其他人只在考虑合唱的声音和谐一样,他们什么都不用去理解,什么也不承诺。诗人什么也学不到,因为诗人的构思总是完备而无缺的。诗人的形式是诗句、是歌,对他而言,一切都融化于音乐之中。"柏拉图主义者身上有一种活跃的东西,为此他无处去寻觅押韵",他总是渴望获得他不能达及的东西。对他来说,想法也只是素材而已,只是一条他可以到达何方的道路,可是道路本身在他看来意味着最外在的东西,意味着是其生活中无法再分解的事实,它在不间

> 心灵与形式

断地发展，尽管它永远不会达到目标。他想说的话总是比他该说的要多——也或许要少——只有隐匿之事物的悄然陪伴才使他的作品变得悦耳动听。他永远不能说出关于自己的一切，他永远不能完全投身于某件事，他的形式永远也没有完全填满，或者它们本身不再涵盖一切。分析为内容，散文即是形式。诗人总是在谈论自己，不论他在讴歌什么；柏拉图主义者从不敢大声思考自己，他只能通过他人的作品来体验自己的生活，并通过理解他人来接近他自己。

真正典型的诗人（根据卡斯纳的说法，或许唯有品达①、雪莱②与惠特曼③可以毫无保留地算得上诗人）从来不会被问题所困扰；真正的柏拉图主义者总是被问题困扰着；对于那些决心将自己的生活过到极致的人们来说，这在很深的意义上并无二致。居先的是表达与途径，随后才是诗句与散文，只有当两种类型融会于同一人身上的时候才会成为生活的问题，而这一定会随着发展的进程不可避

---

① 品达（Pandar，约公元前518—前438），古希腊抒情诗人。他被后世学者认为是九大抒情诗人之首。他被认为是合唱琴歌的最著名的职业诗人，对后世欧洲文学有很大影响。——译者注

② 珀西·比希·雪莱（Percy Bysshe Shelley，1792—1822），英国知名浪漫主义作家、诗人、政论作家与改革家。恩格斯称他是"天才预言家"。他一生学识广泛，不仅是柏拉图主义者，更是个伟大的唯心主义者，创作的诗歌节奏明快，积极向上，主要作品有《麦布女王》《伊斯兰的起义》等。——译者注

③ 沃尔特·惠特曼（Walter Whitman，1819—1892），19世纪最具创新精神与最具影响力的美国诗人之一。他是美国文坛中最伟大的诗人之一，有"自由诗之父"的美誉。——译者注

免地发生。卡斯纳的几个例子表明情况会是如此,苏格拉底的学生欧里庇得斯的希腊悲剧与埃斯库罗斯[1]相比变得像柏拉图式的,沃尔夫拉姆·冯·埃申巴赫[2]的法国骑士史诗从柏拉图发展到基督教——也就是朝着相反的方向发展。

　　问题出在哪里?而解决方案又在哪里?对于纯净类型的人来说,工作与生活是结合在一起的,或者更准确地说:只适用于他们的生活,只有与之相关的才被考虑在内。生活什么都不是,作品就是一切;生活纯属巧合,作品本身是必然的。卡斯纳写道:"当雪莱写诗时,他远离人群",还有佩特[3]、拉斯金[4]与丹纳[5]的作品从他们的生活中吸收了所有可能相互矛盾的东西。假如柏拉图主义者永恒的不确定性威胁要在诗句的白色光泽上投下阴影,假如他的沉重距离感要拖累诗人的轻盈飘逸,假如人们不得不担心诗人圣洁的轻率可能会伪造出柏拉图主义者的深度摇摆,以至于剥夺了他们的真诚度,那么问题就来了。对于这样的

---

[1]　埃斯库罗斯(Aischylos,前525—前456),古希腊悲剧诗人,与索福克勒斯与欧里庇得斯并列为古希腊最伟大的悲剧作家,有"悲剧之父"的美誉。——译者注

[2]　沃尔夫拉姆·冯·埃申巴赫(Wolfram von Eschenbach,1170—1220),德国骑士,同时也是诗人。他被视为中世纪最杰出的史诗作家之一。——译者注

[3]　华特·霍瑞肖·佩特(Walter Horatio Pater,1839—1894),英国作家,详见《关于随笔的形式与本质》一文的译者注。——译者注

[4]　约翰·拉斯金(John Ruskin,1819—1900),英国作家、艺术家、艺术评论家。他是前拉斐尔派的一员,本身亦为天才的多产艺术家。——译者注

[5]　依波利特·阿道尔夫·丹纳(Hippolyte Adolphe Taine,1828—1893),法国评论家与史学家,实证史学的代表。——译者注

人，问题在于找到一种形式，其宽容度即能容纳得下彼此离心的倾向，足够丰富的形式又能迫使二者达成统一，而统一又反过来增强了充盈的力度，事实是，即它不会导致它们分裂。对于这样的人来说，一个方向是目标，而另一个则是危险；一个是指南针，另一个是荒野；一个是作品，另一个是生活。为了赢得胜利，两者之间进行着一场生死攸关的斗争；为了取得胜利而团结两个交战阵营，也可能是为了击败虚弱一方而从中得利的胜利。总之，这是一场充满危险的斗争，因为一个极端也许有一天可能制衡了另一极端，随着不和谐的消解所产生的结果可能是空洞的庸碌。

只有形式才能给出真正的解决方案。只有在形式（"唯一的可能性"是其最简短的定义）中，才能由每一反命题、由每种趋势变成音乐与必然。而且因为每个被问题困扰的人的道路都通向形式，即通向那种统一，它极大的体量就可以对分裂力量形成最大的克制，因此走到此路尽头的人是可以塑造形式的人，会成为艺术家，在此形式里诗人与柏拉图主义者变得彼此平等了。

摆脱一切偶然因素！这就是目标，这是韦特[①]与弗里德里希·施莱格尔以及本杰明·康斯坦[②]的《阿道夫》（卡斯

[①] 尤利乌斯·冯·韦特（Julius von Werther, 1838—1910），德国话剧演员、导演，枢密院议员。——译者注

[②] 亨里-本杰明·康斯坦·德·雷贝克（Henri-Benjamin Constant de Rebecque, 1767—1830），瑞士洛桑出身的法国小说家、思想家与政治家。他以心理主义小说 Adolphe 闻名，以自由主义思想家而广为人知，也是法国浪漫主义的代表人物之一。——译者注

纳之后，克尔凯郭尔的前驱）所努力的方向，它们都是美好而有趣的真材实料，在他们生命的第一幕里做到了有趣、独特与睿智就足够了；可是当他们走向普通的、范式生活的疲惫之路（这也只是对形式概念的不同说法）时，他们就会崩毁或变得平庸，他们就成了自杀者或他们的内心业已堕落。可是，克尔凯郭尔却达到了生活的最高境界，这种生活在信仰上是严格的，建立在柏拉图式的基础上，为了抵达那里，他自身必须战胜审美家、诗人的身份；他必须体验到他们的全部特征，于是才能在此将它们融合在一起。对他而言，生活就是诗人的诗意，隐藏在自身的诗人就像是诱人的生活警醒之歌。罗伯特·勃朗宁①则走了完全相反的路。他永无休止的天性在生活中无法找到一个固定点。没有他敢于认定的终极表达，没有一件作品中能找到他的生活与感受的地方，直到他终于在一部奇特的抽象—抒情与印象派—抽象的心理戏剧中（或者我们应该说：在戏剧片段中，在独白与情节中）为他的柏拉图主义找到了同道之调门，这是罕见的、伟大瞬间的抒情诗，借此他的生活里纯属偶然的东西变成了象征与必然。于是，波德莱尔②的艺术性将渺小的、几乎一无所有的、无从归属的人与

---

① 罗伯特·勃朗宁（Robert Browning，1812—1889），英国诗人与剧作家，主要作品有《戏剧抒情诗》（*Dramatic Lyrics*）、《环与书》（*The Ring and the Book*）、诗剧《巴拉塞尔士》（*Paracelsus*）。——译者注

② 夏尔·皮埃尔·波德莱尔（Charles Pierre Baudelaire，1821—1867），法国诗人，象征派诗歌之先驱，现代派之奠基者，散文诗的鼻祖。——译者注

心灵与形式

诗人结合在一起,诗人就是一切与永恒,同样也无从归属。艺术就这样进入了罗塞蒂①的生活,初时为纯艺术的、风格上的需求转变成了对生活的感受。因此,济慈②的生活以这样的方式发生了变化,他考虑完全放弃自己的诗歌生涯,并为了圣徒的禁欲而放弃生活,超越了他的诗歌,并使两者的结合(这里的生活以诗句为背景)带来了新的、更高层次的统一。

从偶然到必然,这就是每个被问题困扰的人的路径。到达一切都成为必然的地方,因为一切都表达了人的本质,只有这样而且是全部、毫无保留。那里的一切都变成象征性的东西,那里的一切就像在音乐中一样只有它的意思,只有它本身的意思。

诗人的形式悬浮于他的生活之上,柏拉图主义者的形式总是捕捉不到生活;艺术家的形式吸收了他自己身上的所有阴影,并通过吞噬黑暗使其光芒增强到更高的亮度。只有以艺术家的形式,才能在柏拉图主义者的严重摇摆与诗人的轻盈飞翔之间取得平衡。在艺术家的形式中,从文学创作中生长出来的是柏拉图主义者永恒渴望的始终隐匿之对象:安全、教条以及柏拉图主义将生活的多姿多彩带

---

① 丹蒂·加百利·罗塞蒂(Dante Gabriel Rossetti, 1828—1882),英国画家、抒情诗人、插图画家兼翻译家,是前拉斐尔派的创始人之一。——译者注

② 约翰·济慈(John Keats, 1795—1821),杰出的英国诗人之一,也是英国浪漫派的主要成员。——译者注

进诗人神圣和谐的曲调中来。

对于感觉骑墙于这两方面的人来说，或许生活才是现实。生活或许只是个词汇，它对于柏拉图主义者来说意味着成为诗人的可能性，可是对于诗人而言却意味着柏拉图主义隐藏在他的心灵之中，只有将两种元素彼此融合并从中生成形式的人才能生活。

* * *

卡斯纳是世界文学中最具柏拉图主义色彩的作家之一。他内心对确定性、尺度与教条的渴望难以置信地强烈，又难以置信地隐藏，包裹在狂放的嘲讽之中，掩饰在僵化的表述方式里。他的疑惑与犹豫是自命不凡的，这种态度使他放弃一切衡量的标准，并且迫使他把人类看成是伟大合成的装饰性的和谐，而不是从孤独的犀利视角来看待。卡斯纳看到的合成犹如只是闭着眼睛看到的。当他观察事物时，看到的是如此众多、如此精细的细节，如此众多无法再现的东西，以至于任何所做的总结都必定以谎言、以故意的伪造而现身。然后，他仍然遵从自己的渴望，闭着眼睛去审视事物的价值，可是他的诚实立即迫使他再次审视它们，它们在那里又一次处于分离、孤立与悬空的状态。在两个极端之间的这种犹豫不决确定了卡斯纳的风格。当预期的合成充满真实的内容时，观察的瞬间是美好的，可是事实仍然停留在价值审视的瞬间，还没有强大到足以打破所梦想的联系。当观察到的精美细致之事物进入童话般的大厅雕饰花纹上层出不穷的舞者行列时，闭上眼睛的时刻也是美好的：它们仍然是生动的，可是它们只有象征与装饰作用而已。卡斯纳是伟大路线的追捧者，可是说句良心话，他是个彻头彻尾的印象主义者。这种两面性造就了他的风格既有光鲜炫目的一面，又有雾气昭昭的一面。

我们说过：柏拉图主义者的世界没有本质性意义。诗人所创造的世界即使出自梦幻也始终是真实的，因为它的素材更为统一、更加生动。批评家的创作就像一个荷马史诗英雄用献祭羔羊的鲜血短暂唤醒了一位在阴间受难英雄的影子。来自两个世界的住民彼此面对面，一个是人，而一个是影子，人只想向影子了解**唯一的**一件事，而影子再回地上只为给出**一个**答案，而且只在提问与解答持续的时间内彼此才存在。柏拉图主义者永远不会创造一个人物，因为他已经在某个地方复活过了，不管他的意志与力量如何，他只能召唤来影子并要求它回答一个问题（只有在此该批评家才是完全自信的），问题的重要性或许是被问者永远想象不到的。

柏拉图主义者是心灵的解剖者，而不是人物的创造者。霍夫曼施塔尔[①]在一次对话中让巴尔扎克把人分为两类：

---

① 胡戈·劳伦斯·奥古斯特·霍夫曼·冯·霍夫曼施塔尔（Hugo Laurenz August Hofmann von Hofmannsthal, 1874—1929），奥地利小说家、剧作家、抒情诗人兼评论家，致力于宣扬奥地利文化。被认为是德语世纪末流派与维也纳现代派的最重要代表人物之一。曾与作曲家里夏特·施特劳斯合作完成《玫瑰骑士》等许多歌剧，闻名于世。——译者注

（按巴尔扎克的说法）一种人生存能力适合在戏剧中表现，另一种人则适于表现在史诗中，这样一来，人们就可以设想能够在一种生活中过活的人不能过另一种人的生活。或许可以通过所有文学艺术形式来继续进行这些区分，并根据各个艺术形式列出生存能力度量表。可以肯定的是，假如戏剧排在行列的一个终端的话，那么随笔（用一个词来描述柏拉图主义者的所有著作的话）就必须排到行列的另一个终端。而这不是学术分类，它具有深层的心理原因。巴尔扎克在同一对话中也道出了原因：即他不相信角色的存在，而莎士比亚则相信这种存在；巴尔扎克对人物不感兴趣，只对命运有兴趣。在卡斯纳的最后发表的一个对话中，一个角色否认另一个角色的存在，因为他的记忆力超强，他无法容忍有些东西重复出现，他觉得每次重复都是错误的、愚蠢的，多余的且无用的。然而，不可能赋予它更多的价值，没有重复的生活是不可能的。让我们再补充一点，以便说明事情的技术性原因：克尔在提起豪普特曼[①]的《红色公鸡》时写道，当鞋匠菲利茨这个老顽固为了船队的利益而冒着生命危险时，这看似华丽的举动未能产生预期的效果。它未能达到效果的原因，是因为豪普特曼只

[①] 格哈特·约翰·罗伯特·豪普特曼（Gerhart Johann Robert Hauptmann，1862—1946），德国剧作家兼作家，自然主义文学在德国的重要代表人物，1912 年诺贝尔文学奖获得者。在《獭皮》（*Der Biberpelz*，1893）遭受批评之后，他的创作从现实主义题材转向了神话、宗教与童话等象征主义题材。《红色公鸡》为《獭皮》的上半部。——译者注

提及了一次，而没有重复提到它，并且无论在情节过程中仅提及一次它有多么自然，然而它都会给人留下深刻印象。因为一个戏剧角色不具备持之以恒的素质是无法想象的。从戏剧的角度来看，我们根本不看好没有稳定素质的人物，他的瞬间行为在接下来的瞬间已被我们忘却了。可是，重复这一行为只不过是在技巧上对深切信念与素质以及性格稳定的认可。换句话说，正如我们已经说过的那样，柏拉图主义者不相信重复，不相信角色创造所需的这些心理与技巧上的主要要求。

这就是为什么他随笔里的人物似乎是活生生的，而他的中篇实验小说的人物却不是。在卡斯纳那里，我看到了勃朗宁夫妇，看到了他的黑贝尔①，他的克尔凯郭尔，他的雪莱与他的狄德罗，可是看不到阿达伯特·冯·格莱兴②与约阿希姆·福图纳图斯③。我记得他们的许多想法与观察，可是这些与我脑海中任何感官的、看得见或听得见的东西无关。我看不到它们。我看到勃朗宁夫妇活生生地就在我的眼前——或许也仅仅是他们的影子，卡斯纳说的话或许

---

① 克里斯蒂安·弗里德里希·黑贝尔（Christian Friedrich Hebbel, 1813—1863），德国剧作家，其作品擅长处理复杂的心理问题，代表作有《吉格斯与他的指环》（*Gyges und sein Ring*），也是德国19世纪最伟大的悲剧作家。——译者注

② 阿达伯特·冯·格莱兴（Adalbert von Gleichen, 1190—1236），德国伯爵。——译者注

③ 约阿希姆·福图纳图斯（Joachim Fortunatus，生卒年代不详）。1908年鲁道夫·卡斯纳出版了《音乐的道德：约阿希姆·福图纳图斯致一位音乐家的六封信》。——译者注

只能暗示一件事，那就是书本里唤起的影子，穿戴他们在世时所用过的衣物，保持着他们生活里曾有过的姿势、速度与节奏；或许这只是招魂术，短瞬看似像是在创造的人物。

可以肯定的是：勃朗宁肯定是曾经一度在世的作家，倘若卡斯纳试图让他再度复活的话。对于歌德来说，《埃格蒙特》①或《塔索》②无需确实在某个时候存在过，而对斯温本③而言，《玛丽·斯特尔特》也是未必如此，然而他并不是强有力的人物塑造者。柏拉图主义者佩特虽然通过女孩日记生动呈现了瓦托，可是女孩却消失在迷雾之中。因此不能说，两者都是同一类型的、有创造才华的艺术家，而仅仅是受到外部原因的影响，一个选择了随笔，另一个则选择戏剧作为其表达形式。假如每个人都是真正的艺术家，都会根据自己的生活能力（或许更恰当些：创造人物的能力）找到自己的艺术形式。因此，当柏拉图主义者想谈论自己时，他就得通过他人的命运，即那些已经从生活中形成的东西、永远不变的十分丰富的东西，以便洞察到

---

① 《埃格蒙特》（*Egmont*），是歌德1787年写的一部悲剧，1789年在德国美因茨首演。该剧需要舞台音乐配合，同名乐曲由德国著名作曲家路德维希·冯·贝多芬谱曲。《埃格蒙特》序曲（作品84号）早已成为单独在音乐厅演出的名曲。——译者注

② 《托尔夸托·塔索》（*Torquato Tasso*，简称 *Tasso*《塔索》），歌德于1790年出版的五幕戏剧，表现意大利著名诗人托尔夸托·塔索（1544—1595）的生平。——译者注

③ 阿尔加侬·查尔斯·斯温本（Algernon Charles Swinburne，1837—1909），英国维多利亚时代的著名诗人、剧作家、随笔家与文学评论家，以抒情诗闻名于世。——译者注

自己心灵中藏得最深的隐私；因为他剖析一切的眼神只有遇上强烈的现实的时候，才能在一定程度上看到有血有肉的人。有时候我觉得，真正批评家的诚实似乎源于对自己局限性的深刻认识，他力图不随意对待选定的原型，不惜一切代价按照它的实际存在来描绘它。批评所做的事就是构建联系，当它越贴近毋庸置疑的现实的时候，它就越接近创造力。

再讲一遍：诗人与柏拉图主义者是对立的两极。每个柏拉图主义者在谈到诗人时都说出自己最重要的话。而或许有一条神秘的法则，它决定了哪个评论家将被分配给这位诗人或那位诗人，可以对号入座地进行评论。或许诗与柏拉图主义的融合程度决定了两者的命运，在这个意义上谁会一直是对方的心理对立面。或许在神秘数学的意义上，柏拉图主义与诗歌创作的总和在两者中总是恒定的，所以越纯粹的柏拉图主义者才能越加热爱与珍视最纯粹的诗人。或许正是出于这个原因，我才认为卡斯纳的所有著作中关于雪莱的文章是最抒情与最微妙的。关于雪莱，他对爱默生[①]这样纯正的柏拉图主义者来说并没有多大意义。当他谈到雪莱时，他发现自己的用词最动听、最轻快、最贴切，或许雪莱的一切距离他如此之遥远，出乎意料的遥远，这就是为什么他在描述雪莱的风格时或许也会提到他自己。

---

① 拉尔夫·沃尔多·爱默生（Ralph Waldo Emerson，1803—1882），美国哲学家、文学家兼诗人。他的诗歌、散文独具特色，注重思想内容而没有过分注重辞藻的华丽，代表作为《论自然》《论文集》。——译者注

他关于雪莱的图像这样写道:"它们就像是由光线、空气与水交织而成,它们的色彩是彩虹的颜色,它们的音调是回声的音调,持续的时间,假若我可以这么说的话,犹如起伏的波浪。"雪莱的风格无法更好或更美地描述了——可是卡斯纳的风格也是如此。因为雪莱的风格也是他的风格,然而在雪莱身上没有影子,而卡斯纳身上到处都是黑暗的阴影。

1908 年

形式面对生活的破碎
——论索伦·克尔凯郭尔与雷吉娜·奥尔森

树下美少年,你可不能离开,
你的歌会使树木永不枯萎;
大胆情郎,你难得到一吻,
虽已接近目标——可你不必悲伤,
她永不衰老,尽管你难以如愿,
你爱心永恒,她永葆青春!

济慈:《希腊古瓮颂》

1

一个姿态的生活价值。换句话说,形式在生活中的价值,形式创造生活的、提升生活的价值。姿态不过是清楚地表达出明确含义的那种动作，形式是表达生活中绝对事物的唯一途径；姿态是靠本身即可完成的唯一事情，是一种真实的、超出仅为可能性的东西。

姿态本身就表达生活，可是人们能够用它表达一生吗？它凭空建造一座水晶城堡，它想将心灵的虚幻可能性打造成现实，它想要通过心灵的悲欢离合在人与人之间架起一座其形式的桥梁，这难道不是所有生活艺术的悲剧吗？姿态到底能否存在；从生活的角度来看，形式概念到底对我们具有含义吗？

克尔凯郭尔曾经说过，现实与可能性毫无关联，尽管如此他仍然把自己的整个一生构建在一个姿态之上。他的每个作品、每一次抗争、每一次冒险都以某种方式成为这种姿态的背景，或许只是为了从杂乱无章的生活多样性中让姿态以更加清晰的纯度显现出来。他为什么要这样做？他怎么能够这样做呢？特别是他，他比谁都更清晰地看到了每个动机的多面性与千变万化；他敏锐地看到了每个事物是如何向其反面演变的，而且如若我们认真观察的话，难以逾越的沟壑是如何在几乎无法分辨的渐变中得到克服的。他为什么要这样做？或许是因为姿态是一种原始强悍的生活需求；或许是因为想要"诚实"的人（克尔凯郭尔最常用词之一）必须迫使生活具有明确性，所以他必须抓牢形态万变无常的普罗透斯[①]，以便让他有一天披露出神秘

[①] 普罗透斯（Proteus）是希腊神话中的一个早期海神，荷马所称的"海洋老人"之一。在有些古代版本中，他是埃及的国王。他有预知未来的能力，但他经常变化外形使人无法捉到他。他只向能逮到他的人预示未来。——译者注

的咒语来。这种姿态或许是——让我借用克尔凯郭尔的辩证法来说——自相矛盾的;姿态即为现实与可能性相交之点,物质与空气、有限与无限、形式与生活皆亦然。或者更精准一些、更贴近克尔凯郭尔的用语:姿态是心灵从一个境界到另一境界的飞跃,是为了达到形式的永恒确定性而离开现实始终相对的事实之飞跃。一言以蔽之,姿态是将绝对事物在生活中转变为可能的那种唯一飞跃。姿态是生活的巨大悖论,因为只有在一成不变的永恒中,每个消逝的生活瞬间都占有位置并成为姿态中的真实现实。

假如不是只将生活视为儿戏的人,他就需要姿态,以便使自己的生活比起那种多向旋转轮游戏更加真实……

可是,真的有一种面对生活的姿态吗?这难道不是自欺欺人吗——即便是英雄般美好的自我欺骗——相信在一个行为中,每次向背的反转都显示了姿态的本质:态度僵硬如磐石并且一成不变地自我封闭着?

2

1840年9月,文学硕士索伦·阿比·克尔凯郭尔与国务委员奥尔森18岁的女儿雷吉娜·奥尔森订婚了。不到一年,他解除了婚约。他旅居去了柏林,当他回到哥本哈根后成了当地的奇异怪人。由于他的独特生活方式而成了滑稽小报上的惯常笑料,而他的著作——以假名出版——因其颇多的见解而受到一些读者的仰慕，可是因为其"缺德"与"轻浮"的内容而受到绝大多数人的憎恶。他后来的著作已为他招来了更公开的敌人，即整个占统治地位的新教教会，而他在与之进行艰难斗争的过程中死去了。他为之奋斗的主张是：今天的整个教区都不是基督教的，而更有甚者几乎不可能再使任何人成为基督教徒了——他死去了。

雷吉娜·奥尔森几年前就跟她以前的一位追求者成婚了。

3

这里发生了什么事？数量繁多的声明与克尔凯郭尔的每部新出版的著作、每封书信、每页日记，都为解释提供了便利，同时也使人们更难以理解发生的事情以及感受它在索伦·克尔凯郭尔与雷吉娜·奥尔森生活中意味着什么。

卡斯纳以令人难忘与无法超越的语言谈及了克尔凯郭尔，但拒绝做出任何解释。他写道："克尔凯郭尔写下了自己同雷吉娜·奥尔森的关系，而当克尔凯郭尔描述自己的生活的时候，他并没有隐藏真相，而是能将之和盘托出。"

没有解释，因为在这件事上比解释更重要的是姿态。克尔凯郭尔说过：我很抑郁。他说过：对她来说，我实在是太老了。他说过：我把她跟着我拖入这场巨大风波是我的罪过。他说过：假如我的生活不是一次伟大的忏悔，假如不是因为我的经历，那么……

他摒弃了雷吉娜·奥尔森，并说他不爱她，他从未真正爱过她。他是一个善变的人，随时随地都需要新的人与新的关系。他的大部分作品都大声地宣告了这些话语，他的说话方式与生活方式，所发生的一切都在强调这件事，以增强人们对雷吉娜的信任。

……雷吉娜选择了一位以前的追求者做丈夫，而索伦·克尔凯郭尔在他的日记中写道："今天我看到一个漂亮的姑娘，对她我不感兴趣。没有任何一位丈夫对其妻子的忠诚会比我对她的更深。"

4

姿态就是：将由于众多原因而发生的、后果影响深远的、无法解释的事情弄清楚。以这样一种方式抽身，不招致痛苦，没酿成悲剧——即使两个人之间的邂逅不得不以不幸而告终——或许最多是崩溃而已，可只是没有出现摇摆，只是现实没有化作可能性。对雷吉娜·奥尔森来说，假如不得不失去的东西似乎是攸关生命的大事，那么她也就随之失掉了她人生的全部重要性。假如雷吉娜·奥尔森所爱过的那个人不得不离她而去，那么离开她的那个人就应该是个恶棍与诱惑者，从而为她打开了回归生活的条条大路。由于索伦·克尔凯郭尔为了忏悔而不得不远离生活，他的忏悔由于佩戴着骑士掩盖其真实罪恶的罪人面具而变得更加强烈。

索伦·克尔凯郭尔需要得知雷吉娜·奥尔森的婚讯。他写道："她很好地理解了我的意思，她该结婚了。"这是他需要的，以便在这种关系中不遗留下任何悬而未决的东西，不留任何犹豫不决，不再留下丝毫的可能性，结果只能是：诱惑者与被遗弃的姑娘。而那个姑娘得到自我慰藉并找到了重归生活之路。藏在诱惑者面具背后的是苦行者，他出于禁欲主义而自愿留在现在这种姿态中。

姑娘的转变代表了他开初态度的直接延续。在诱惑者僵硬微笑的面具背后隐匿的是同样僵直的苦行者的真实面孔。姿态是明确的，并且表达着一切。"克尔凯郭尔安排了自己的人生。"

5

人生与人生之间唯一的本质差别在于，它是绝对的或者只是相对的；相互排斥的对立面是否保持清晰的分界线并始终保持相互分开的状态或者完全相反。差别在于，在一旦出现分道扬镳的时候，生活问题是以何种形式表达出来的："不是……就是"或者"既是……又是"。克尔凯郭尔总是说：我要做一个诚实的人，而这种诚实无非就是尽责——从纯字面意义上讲——按照文学创作之原则来过他的生活；在每条路径上与每个交叉路口处尽责相伴一起走到底。

可是当人环顾四周时，他既看不到路径与交叉路口，也无法找到任何截然不同的对立面；万物皆在流动中并且相互转化着。只有当我们将视线从某事物上移开并在很久以后再行观看时，那时才发现某事物已变成了另一事物；或许到那时仍未发生变化。然而，克尔凯郭尔哲学最深层的含义是：在生活的不断变换中设定固定点并在细枝末节的含混渐变中描绘出绝对的质量差异。并且，在发现某些不同之处后，他将它们呈现为如此明显与深刻的不同，以至于它们之间的区别再也不会被任何可能的细微差别或过渡所模糊。因此，克尔凯郭尔的诚实意味着如下的悖论：即任何尚未发展成能够彻底扬弃所有过去差异的新统一体之前，都必须永远保持彼此分离的状态。人们必须从不同的事物中选择其一，不得选择"中间道路"，不得选取可分解为"只看似"对立面的"较高级的统一体"。因此在任何地方都没有系统，因为一个系统是无法生存的，因为系统始终是一座巨大的城堡，其创建者却只能躲在一个微小的角落里。生活在逻辑思维系统中从未占有一席之地，生活被看作为其起点始终是任意的，它所建立的东西仅仅自成体系，从生活的角度来看，它只是相对的，只是一种可能性。对生活而言，不存在任何系统。生活中只有单个的存在，只有具体的存在。存在无外乎意味着与众不同。绝对的、无渐变的、明确性的只有：具体的、个体的现象。真理只是主观的——或许这是对的；可是主观性无疑就是真理；单个的事物即是唯一的存在；个体才是真实的人。

因此，生活中存在一些重要的、典型的可能性圈子，采用克尔凯郭尔的用语就是阶段：这些是美学的、伦理的以及宗教的阶段。而每一个都是截然不同的，彼此之间的联系是一个人的整个本质所发生的奇迹、飞跃、突然的蜕变。

6

这就是克尔凯郭尔的诚实所在：截然区别看待一切事物，系统区别于生活，一个人区别于另一个人，一个阶段区别于另一阶段。生活中的绝对事物容易看到，而任何微不足道的妥协不易发现。

可是，将生活看作没有妥协难道不是一种妥协吗？这样死盯着绝对事物难道不更是逃避审视一切的责任吗？阶段不也是一个"较高级的统一体"吗？对人生系统的否定不也更是一种系统吗？这种飞跃难道仅仅是一个突变吗？然而，难道每个妥协背后不是都隐藏着严格的区别吗？难道在达成一个妥协的背后不是都经历了最疯狂的否定吗？人们能够诚实地面对生活，并以文学形式来提炼生活中的事件吗？

7

他所做的一切都是为了雷吉娜·奥尔森好,才能证明这种分手姿态的内在诚实性。信件与篇篇日记的内容都说明,假如他们走到一起了,雷吉娜必定会走向深渊。因为他那可怕的抑郁所导致的阴沉寡言未必能被雷吉娜的轻盈笑声所打破,所以这笑声将变得沉寂,同时她的轻松飘逸的心情将带着沉重的疲惫跌落到坚硬的土地上。没有人会从这个受害者身上得益。这么说,拯救雷吉娜·奥尔森的生活是他的责任(从人的幸福、人的生存角度来看,这可能让他付出高昂的代价)。

可是问题在于,他是否仅仅拯救了雷吉娜·奥尔森的生活。问题在于,按他的说法使他们的分手成为必要之举,是否不是他自己生活中必要的举措?鉴于他喜欢这种忧郁,鉴于他喜欢忧郁胜于其他任何事情,并且无法想象没有忧郁的生活,难道他没有放弃过进行一场或许会成功的、战胜过分忧郁的斗争吗?"我的忧伤——是我的城堡,"他曾经写道,并且在另一处(只列举了几个例子,即可窥全貌)又说,"在我最大的抑郁中,我却十分热爱生活,因为我爱我的忧郁。"关于雷吉娜与他自己:"那样她会被毁了,她也可能会再把我搞得一团糟,因为我不得不时常待她过于苛刻而导致失败。我对她来说太沉重了,她对我来说太轻盈了，而双方真的会给对方带来伤害。"

对于有些人来说——要能使自己变得伟大——就必须永远禁止任何让人稍微联想到幸福与阳光的事物。卡罗琳·谢林①曾经写过一篇关于弗里德里希·施莱格尔的文章："因为有些人在压抑下壮大成长，而弗里德里希就是其中之一——假如他曾经享有胜利者的全部荣耀，那只会毁坏了他最佳的特殊品质。"在《恰皮诺》悲伤的故事里，罗伯特·勃朗宁写下了弗里德里希·施莱格尔的悲剧。在故事中，主人公坚强而高贵，细腻而感同身受，只要他始终处在阴影中，他的一生都只意味着厄运与徒劳无益的渴望。可是，他的不幸使他遭受了比他梦中所设想的更多责备，对他的退缩发出愚蠢的抱怨。此时他变得空虚，他的愤世嫉俗的话语只勉为其难地掩盖了他空虚意识带来的痛苦，这是伴随着"幸福"而来的。（勃朗宁称：这场灾难是"心灵的悲剧"。）

或许克尔凯郭尔知道这一点，或许他感觉事情就是这样的。他强烈的创作欲望，刚分手后直接引发的痛苦在他身上得到释放，或许是从一开始就为自己安排好的唯一释放途径。或许他内心深处知道：幸福——假如得以实现的话——会使他瘫痪、终生徒劳无益。或许他担心，幸福假若不能实现的话，雷吉娜的轻松心情可能会拯救他的极度

---

① 卡罗琳·谢林（Karoline Schelling，1763—1809），德国浪漫主义运动的积极参与者，同弗里德里希的哥哥威廉·施莱格尔（Wilhelm Schlegel）结婚。——译者注

抑郁，而他们俩都会变得幸福。可是，假如生活夺走了他的抑郁，他本人还能有所作为吗？

8

克尔凯郭尔是多愁善感的、苏格拉底式的人："爱欲是我唯一擅长的事，"他说，苏格拉底只想认出、只想了解相爱的人，因此对他来说这不是问题，这却构成克尔凯郭尔人生中的主要问题。他说过：爱欲是我唯一擅长的事，只要给我的爱欲一个对象。可是，现在我像射箭手一样站在那里，弓弦被拉到了极限，人们要求他从五步的距离处向目标射击。射箭手说，我无法做到这一点，可是应将目标设定在只有二百至三百步之处。因此，济慈面对大自然做出这样的祈祷：

一个主题！一个主题！伟大的大自然！给出一个主题；
让我开启我的梦想。

爱欲吧！我能去如此爱谁，以至于爱的对象不会妨碍我的爱？谁能足够强大，谁能如此包容一切，以至于他的爱能变成绝对的，比任何东西更强大？谁如此高高在上凌驾一切，以至于爱他的人永远不会对他提出任何要求，以至于永远不会对他说自己占理，以至于被他所爱是一种绝对的爱？

爱欲是：永远不要试图证明是对的。这就是克尔凯郭尔对爱欲的描述。因为所有人际关系都是永恒相对的，他们的动摇不定以及由此他们的琐事都是基于这样的事实：时而这个人有理，时而那个人有理；时而这个人更好些、更美些、更高尚些，时而那个人占先一些。只有当相爱双方的素质有差别的时候，其中一个人比另一个人高明的时候，以至于对与错（这里是最为广义的）的问题本身永远不会成为一个问题的时候，才可能有稳定性与单一性。

这是中世纪骑士禁欲主义的理想爱情，可是这里比其他任何地方更加浪漫。因为克尔凯郭尔的心理洞察力剥夺了他异常天真的信念——对他而言是这样的——即游吟诗人为了能够以自己的方式去爱而抛弃心爱的女人，或者是这样一个永远无处可寻的真实女人的梦想形象，可能与现实差距太大，以至于他们的爱情由此变成了绝对的。我认为，这里的根源在于克尔凯郭尔的宗教信仰。人们只能如此爱上帝，而且只有爱上帝。有一次他写道，上帝是我们的需要，我们逃离困境时有所依托的需要，以便能够忍受生活。是的，可是克尔凯郭尔的上帝享有高于人类一切的崇高地位，与人类的一切相隔有如此绝对的高差——上帝如何能够帮助人类忍受生活？我认为，正因为如此。克尔凯郭尔需要生活绝对性，需要不容置疑的生活坚定性；他的爱需要包容一切的可能性，毫不犹豫地倾注全部身心。

他需要一种不被任何问题困扰的爱,其中二人的地位之高下不得时常易主,不能时而一方有理,时而另一方有理。然而,当我永远都不占理的时候,我的爱才是确定无疑的,只有上帝才能让我放心。他写道:"你爱一个人并希望在他(她)面前总是认错,唉,可是他(她)对你不忠,不管这对你有多大伤害,然而你在他(她)面前是对的,而错在于你爱他(她)爱得太深了。"心灵向上帝求助,因为心灵没有爱就不能存在,并且因为上帝会给挚爱的人内心所渴望的一切。"痛苦的疑虑永远不会把我从他身边拉开,也决不会因为一想到要证明我是对的,就感到恐惧,在上帝面前我总是不占理的。"

9

克尔凯郭尔是个游吟诗人与柏拉图主义者,他在双重角色里皆是既浪漫又多愁善感。在他的心灵最深处,为一个女人的理想而燃烧着祭祀的火焰,然而在同一个女人的柴堆上燃烧着同样的火焰。当男人第一次面对这个世界时,他周围的一切都属于他,可是每个单独的东西总是消失在他的眼前,而每走一步都让他错过每个单独的东西。假如不是女人从一开始就知道如何正确地把握事物,知道它们的用途及其直接的重要性,那么他将可悲又可笑地饿死在全世界所有的财富之中。这个女人——在克尔凯郭尔寓言的意义来讲——就这样挽救了男人的性命，可是只是为了让他活下去，为了将他锁牢在有限的生命中。真正的女人、母亲，是无限渴望中最深刻的对立面。苏格拉底之所以结婚并同桑蒂普过着幸福的生活，只是因为他曾将婚姻视为通往理想之路的障碍，并且对战胜婚姻的困难而感到高兴。就像苏索·戈特①所说："你在所有事物中总会发现一些阻力；这就是我选择人的标志，我想要他们属于我自己。"

克尔凯郭尔没有在此进行这场斗争，或许他临阵退缩了，或许他不再需要为之斗争了。谁知道啊？因为人类社会的世界，即以婚姻为典型形态的伦理世界，处在克尔凯郭尔心灵深深相关的两个世界的中间：纯文学创作的世界与纯信仰的世界之间。而且，假如伦理生活的基础（"责任"）与诗人生活的"可能性"相比似乎是坚实可靠的，那么与教徒的绝对情感相比，其永恒的评价却同时又是永恒的不稳定。可是，这些感情的物质与诗人可能性的物质一样，本质都是空气——两者之间的界线在哪里呢？

然而事实并非如此，或许这并不是我们现在要考虑的问题。对于克尔凯郭尔来说，雷吉娜·奥尔森只不过是迈向只有上帝之爱的冰冷神庙之路的一步而已。而他在她身

---

① 海因里希·苏索（Heinrich Suso 或 Heinrich Sense，1300—1366），德国神秘主义者、德国禁欲主义作家，也被称为阿芒杜斯修士，而他的真名是冯-伯格。他在科隆师从神秘主义者埃克哈特。母亲去世后，他在18岁时采用了母亲的姓氏，并在康斯坦茨的修道院过着忏悔的生活，直到1340年，他成为一名具有巨大影响力的巡回布道者，特别是在妇女中。他的作品是用拉丁文写的，并被翻译成几种语言。——译者注

上犯过罪，这一事实仅加深了他与上帝的关系，他曾以容忍的心态喜爱过她，他使她遭受了折磨，这有助于加深他的狂喜，并加强了他的道路取向的单一性。而假如他们真正属于彼此的话，那么在他们之间的一切本该能给比翼双飞增添动力。他在一封从未寄出的、写给她的信中写道："我感谢你，你从来没有理解过我，因为我从中学习到了一切。我感谢你，你对我如此动情极不公正，这一点决定了我的生活。"

遭到背弃的雷吉娜只能是克尔凯郭尔自身的一个阶段，他曾梦想将她变成无法实现的理想女人，可是这个阶段无疑是有助于他登上顶峰的。就像在外省游吟诗人的女性赞美诗中一样，极大的不忠是极大忠诚的基础：女人必须属于男人，是为了达到理想，是为了得到真爱。可是，克尔凯郭尔的忠诚比起游吟诗人的忠诚还要深切得多，因此也就更加不忠实：即使是深受爱恋的女人也只是一种手段，只是一种途径用来去实现伟大的爱、唯一绝对的爱、对上帝之爱。

10

不管克尔凯郭尔做了什么，出于何种原因，他这样做都是为了挽救雷吉娜·奥尔森的生活。无论冷落的姿态有多少内在含义，对于外面来讲，雷吉娜·奥尔森的眼睛所看到的必须是明确的。克尔凯郭尔感觉到这一点：对于雷吉娜来说，只存在一种危险，那就是不确定性。而且因为雷吉娜对他的爱不会从中孕育出生命，所以他想竭尽全力（牺牲自己的好名声）让她对他怀恨在心。他想要雷吉娜认为自己是个无赖，想让整个家庭都憎恨他这个无耻的诱惑者；因为倘若雷吉娜恨他，那么她就得救了。

可是，决裂还是来得过于突然，尽管漫长而激烈的场景已经帮助他做好了准备。突然间，雷吉娜不得不将克尔凯郭尔看作与以往不同的人，不得不重新评估他们在一起度过的每一分钟里的每一句话与每一次沉默，以便在新旧印象之间找到关联，以便把对克尔凯郭尔的前后感觉统一起来，完全整合到一个人身上。从此必须以这种新的眼光来看待，看他以后还会做什么。而克尔凯郭尔竭尽所能，为让她轻松地接受变故，为此将新涌现的大量图像引向同一方向。在他所追求的方向上，他认为这是唯一会使雷吉娜达到目标的方向：在憎恨他的方向上。

这就是克尔凯郭尔色情作品（尤其是《诱惑者日记》）的背景以及从生活中感受到的光华。这些作品的主要情感是非肉欲的性感与迟钝的、程式化的良知沦丧。情爱生活、美好生活、情绪享乐中抵达巅峰的生活作为世界观的形式出现，仅作为世界观而已。作为某些可能性，克尔凯郭尔只当它是自己内心感觉到的东西，所有他的微妙推理与分析都无法给出任何真切感。诱惑者，他在一定程度上是抽象形式的诱惑者，他只需要诱惑的可能性，只需要他创造并享受的一种情景，甚至无需真的将女性当作取乐的对象。柏拉图式诱惑者的理念虽深，他甚至都不是真正的诱惑者。他已经离开，所有人们都如此遥远，而精神上远远高于他们之上，以至于他对他们的要求几乎无法达及他们那里，或者，即使能够达到，他们会觉得这是闯入他们生活中一桩令人费解的普通事件。绝对的诱惑者的出现唤起了每个女人紧迫的永恒陌生感，可是他同时——克尔凯郭尔没有再注意到这一方面——正是由于这种无穷尽的距离感而身处滑稽的边缘，对于每个不想这样走向毁灭的女人来说，绝对诱惑者出现的地方是她们生活境界的地平线上。

我们已经说过：诱惑者是克尔凯郭尔对雷吉娜·奥尔森的姿态。可是，成为诱惑者的可能性也已潜伏在他身上，姿态总是会对统领它的心灵产生反作用的。生活中没有空洞的滑稽戏：这或许是人际关系中最悲哀的多义性。人们只能演绎现有的东西，而不能随心所欲地演绎，除非它以某种方式融入了开演之前还战战兢兢地过着谨小慎微的双重生活。

雷吉娜自然只能看到这些姿态，以及在它们的影响下——至少那是克尔凯郭尔想要的，并为此孤注一掷的——她不得不在相反方向上重新评估自己的整个生活。然而，身体上实际体验到的东西极有可能因为意识到它是一场滑稽戏而受到毒化；人们永远无法完全地、明确地对现实进行重新评估，只有对现实的看法、只有价值可以重新评估。而雷吉娜与克尔凯郭尔一起经历的是生动的现实生活，由于不得不对动机进行重新评估，所以现实只能发生动摇，回忆里的东西变得模糊且无法挽回。因为，假如当下逼迫她另眼看待克尔凯郭尔，那么当下的看法是感官的现实，过去的现实说着不同的话语，还不能被新的认知的虚弱言辞所压制。

分手后不久，克尔凯郭尔写信给他唯一可信赖的朋友伯森说，假如雷吉娜知道他是带着多么焦虑的心情安排好一切并达到目标的，她会认识到他对她的这份关爱，因为他觉得他们必须分手。我们对雷吉娜的生活知之甚少，然而我们的确知道：她认识到了这一点。当她在克尔凯郭尔去世后读到他的遗作时，她给克尔凯郭尔的亲戚伦德医生写信道："这些著作给我们的关系提供了一个新的视角，一个我有时也曾考虑过的视角，可是我的谦卑不容许我将之当真。然而，我对他的坚定信心让我一次又一次地因此回想起此事。"

克尔凯郭尔也感受到了这种不确定性。他觉得，他的姿态在雷吉娜眼里仅为可能性而已，在他眼中雷吉娜的姿态也是如此，他们之间没法开始建设坚实的现实生活。因为倘若有一种途径可以让他了解到真实的现实，那就是通向雷吉娜内心的道路，并不得不小心翼翼地踏上这条道路以永远摧毁至今所取得的一切。他不得不处于内心不确定而外表僵硬的状态中，因为或许在雷吉娜那边一切都已安排停当，接近的姿态却会打乱现有的生活。或许——因为他在婚约解除十年后都不敢与她相遇；或许因为整个婚姻只是她生活中的一个面具,她仍然像以前一样爱着他,而一次邂逅就可能毁了一切。

11

可是,即使是姿态的呆板确定性,也无法维持一成不变——如若这种确定性真的存在的话。假如有人愿意的话,人们也无法用轻松自如的谈笑来持续包裹住像克尔凯郭尔这样的深度抑郁,并且永远不可能在不忠诚的表象下掩盖如此强烈且炽热的爱。是的,姿态会反作用于心灵,可是该心灵又对它想要隐藏的姿态发生影响,心灵从姿态中闪烁出来,而无论是姿态还是心灵都无法一辈子保持彻底的、彼此彻底分离的状态。

从外在——无论以任何方式——保持姿态的彻底所能实现的唯一一点是,每个人都必须始终误解对方每一摆脱这种明确无误的动作。因此,随意的动作,毫无意义的、疏忽的话语都具有生命攸关的重要意义;而姿态在对方身上所唤起的反应又足够强烈,足以迫使对方形成的表情回到其自选的境况中去。当他们道别时,哭泣的雷吉娜·奥尔森几乎是孩子气地问克尔凯郭尔,他是否仍然会不时想起她,而这个问题就成了克尔凯郭尔一生的主导动机。当她订婚时,她向他打了招呼,期望得到一个认可的信号,由此在不知就里的克尔凯郭尔身上引发了完全不同的想法。

而克尔凯郭尔这时已无法承受面具之重压，于是想到相互澄清的时候到了，这时雷吉娜在夫君的默许下以确定性的姿态将他的信原封退回，从而这一切在她那里永远成了不确定性，然而这对她来说其实一直是个问题。因此她在克尔凯郭尔去世后感到非常难过，感到不确定性全因为缺失那些能澄清一切的话语所致。而无论他们是否谋面，无论如何都未必恰当：一方从姿态里走出并且回归到姿态中去，另一方对这两件事都不能理解。

12

当心理学开启之处，丰碑就此止步了，而明确性不外乎就是对丰碑追求的低限表达。当心理学开启之处，那里即不再有行动，只有行动的动机；而且，什么需要理由，什么经受得住论据，它已经失掉了所有的坚定性与明确性。尽管在废墟之下还遗留了一些东西，只要理由充足就是难以阻遏的。因为世界上没有什么比起理由与论据更会摇摆不定的了；有人提出了一个理由，可是出于其他理由可能会发生相反的情况，这可能是在情况几乎没有变化时，甚至是出于同样的理由。即使理由保持不变——可是它们永远不会一成不变——它们不可能永远保持恒定不变：在情绪高涨的瞬间里，席卷整个世界的东西就会变得微不足道，当暴风雨过去之后，先前消失的一点小东西经过事后的认知就会变得庞大无比。

"小人国"与"大块头"两个王国的不断更迭就是在主题之中的生活，而在所有王国中，内心深处的无底洞与流散无踪影是心灵理由之境界、是心理学的境界。一旦心理学在生活中的角色开启，那么所有明晰的诚实以及丰碑就结束了。假如心理学在生活中占了主导地位，那么就不再有涵盖生活与生活境况的姿态了。因为只有在心理学维持传统境况的时候，这个姿态才是清晰的。

在这里，文学创作与生活可悲地分道扬镳了，彼此具有定义分明的分界线。文学创作的心理学始终是明确的，因为它始终是一种特殊的心理学，因为它似乎已朝多个方向分支，它的多层次性也始终是明确的，并且最终统一的平衡只会更加复杂。在生活中没有什么是明确的，因为那里没有特殊的心理学，因为那里主题起着作用，该作用是为了统一之故并且不必让已经开始发声的东西静音下来。在生活中，心理学不能是传统的，而文学创作中的心理学传统始终如此，无论它的惯例多么微妙与复杂。在生活中，只有完全的有限性才能感受到完全的明确性，而文学创作中只有完全失败的作品才是这个意义上的多义性。

这就是为什么在各种各样的生活中，诗人的生活是最不具有诗意的，最不具鲜明特色的并且毫无姿态可言（济慈率先看到了这一点）。因为诗人开始意识到，是什么使生活变成生活的；真正的诗人对生活不设限，并且对自己的生活不抱任何幻想。这就是为什么生活只是诗人的原材料；

形式面对生活的破碎

只有他一时冲动可能施暴的双手才能拨乱厘清，才能从无形的表象中提取象征，才能赋予支离破碎的万千事物以形式——极限与意义。这就是为什么诗人从不将自己的生活视为提取形式的对象。

而克尔凯郭尔的英雄主义就在于此：他想从生活里创造出他的形式。他的诚实是：他看到了众多岔路，并且将他选择的路走到底。他的悲剧是：他想要过不能过的生活。他写道："我徒劳无功地抗争，我正在失去立足之地。然而，我的生活将只是一种诗人的生活。"这就是为什么诗人的生活是毫无意义的与毫无价值的，因为它永远不是绝对的，永远不会自成一体，因为这种生活始终只能在与某些事物相关之中存在，而这种关系既毫无意义，却又耗尽身心。至少就瞬间而言是如此，可是生活却只由这样的瞬间所组成。

为了应对这种必要性，从未受过限制的克尔凯郭尔的生活现在得迎战王室级别的限制。可以说，生活给了他的一切，巧妙给出的一切他能对生活提出的要求。诚然，生活的每个馈赠都是骗人的，真实的大礼却永远无法赠予他，他只会随着每次虚幻的胜利与征服之出现被越来越深地吸引到吞噬一切的沙漠中去——就像拿破仑在俄国的遭遇一样。

这就是他在生死搏斗中展现的英雄主义。他有意识地这样去生活，以至于他生活中的每个冲动都变成一个宏伟的姿态，看起来具有十分坚定的确定性，一直延续到最后，并且他也这样死去,死亡在恰到好处的时间到来了,就在他想要的时候,就像他想要的那样。可是我们已经看到,近距离地看到他最为确定的姿态是多么的不确定,当死亡也在他最真实与最深刻的斗争的高峰期降临时,正当他希望能作为这场战斗的殉难者倒下时,其实他不可能成为真正的殉难者。因为尽管如此,他的死因展现了多种可能性;因为生活中的一切都会有多种可能性,而只有随后的现实才能排除其中的某些可能性(不是所有的可能性,现实只有一个)——这只是为百万计的新人开辟道路而已。

当死亡降临在他头上时,他正与那个时代的基督教进行着最激烈的抗争,当时他的生活中除了战斗之外几乎无事可做,他几乎无法再让战斗升温了。(此外,外在的偶然因素也使他的死亡变得在劫难逃:克尔凯郭尔总是在消耗他的资本——就像中世纪早期的人们一样,他认为每笔利息都是高利贷——当他去世时,他的钱刚好用尽了。)当他昏厥在街头,人们把他抬到医院时,他说他想死去,因为他所主张的事业需要他来献身。

他死去了。可是,他的去世使每个问题都变得无从解析了:这条突然被墓碑打断的道路会通向何方?当他不得不面对死亡时,他正在走向何方?死亡的内在必要性只是无穷无尽系列中的一种可能的解释,而死亡假如既不是回应内心的召唤,又不是出于该词汇的暗示,那么人们就无法将他的道路的终点视为终点,因此必须本着这种精神寻找这条道路会如何继续蜿蜒的。那么说,克尔凯郭尔之死就变得悬疑万千，是偶然的，真的不是命运使然。那么说，克尔凯郭尔一生中最纯粹、最清晰的姿态——徒劳的努力——毕竟算不上姿态。

1909 年

论浪漫主义的人生哲学[*]
——兼论诺瓦利斯[**]

一个真正起到典范作用之人的生活必须自始至终

---

[*] 人生哲学（德语 Lebensphilosophie）：过去不少学者将这个词汇译成"生命哲学"，我认为译为"人生哲学"较为贴切。在德国权威的《杜登德语通用词典》(*DUDEN Deutsches Universalwörterbuch*) 上，Lebensphilosophie 一词解释有二：1. (Philos.) Philosophie, die sich mit dem menschlichen Leben befasst.〈哲〉关于人类生活的哲学。2. Art und Weise das Leben zu betrachten. 看待生活的方式与方法。) 从汉语词汇来看，《现代汉语词典》上"生活"定义为：1. 人或生物为了生存与发展而进行的各种活动。2. 进行各种活动。3. 生存……。"生命"则定义为：生物体所具有的活动能力……"人生"定义为：人的生存与生活。"生命"既包含人，也涵盖所有生物体。据我所知，其他生物体还未进化到拥有自己的哲学的程度。所以，"生命哲学"的译法不科学，也不可取。"生活哲学"也不可取，因为人与其他生物"为了生存与发展而进行的各种活动"都可以称之为"生活"，所以"生活哲学"同样不严谨。另外，"哲学"是关于世界观的学说，学术上指的是对审美、伦理、知识论、逻辑、形而上学、社会哲学及政治哲学的研究，个人的哲学观旨在解决对人类状态的存在性问题，也就是生命的意义，应被称作"人生哲学"。综上所述，我觉得唯一可取的译法是"人生哲学"，也正是《杜登德语通用词典》Lebensphilosophie 的释义 1 的意思："关于人类生活的哲学"。——译者注

[**] 诺瓦利斯（笔名 Novalis, 原名 Friedrich von Hardenberg, 弗里德里希·冯·哈登柏格，1772—1801），德国早期浪漫主义作家与哲学家。出身贵族世家，从小受到严格的宗教教育，曾在耶拿师承费希特学习哲学，后在法院及盐务局供职，并与早期浪漫派作家弗里德里希·施莱格尔等交往甚密。著有诗歌《夜之赞歌》(1800)、《圣歌》(1799)，小说《海因里希·冯·奥弗特丁根》等。——译者注

都是象征性的。

诺瓦利斯:《花粉》

当时的背景是18世纪末叶:理性主义的世纪,也是通过斗争、节节取胜并充满必胜信心的中产阶级之世纪。巴黎的空想教条主义者们梦想用残忍且血腥的手段最终实现理性主义的一切可能性,与此同时,德国的大学出版了一本又一本的书,削弱并破坏了理性主义令人骄傲的希望——法国人曾指望着没有什么是理性主义无法企及的。拿破仑与知识分子的反应已经非常接近了;在一场新的、几乎崩溃的无政府状态之后,旧的秩序得到了恢复。

18世纪末的耶拿①。那里少数人生活中的一段插曲,它对于整个世界范围来说不外乎是个小插曲而已。地球上到处回响着战事的轰鸣,整个世界在崩溃之中,可是在德国的一座小城里,几个年轻人聚集在一起,为的是在这种混乱中创建出一种和谐并且包罗万象的新文化。他们以不可思议的鲁莽天真冲向这一领域,这种冲动只会出现在那些意识处于病态的人身上,也只会出现在他们的一生中的某件事上,而且再次出现在此的时间也只有不多的瞬间。那是在炽热的火山上跳舞,是一个难以置信的、光芒四射的梦魇。许多年后,对此情景的回忆仍然留存在一个观察者

---

① 耶拿(Jena),1230年建市,是德国古城之一,位于德国中部的图林根地区。建于1558年的大学如今以弗里德里希·席勒的名字命名。德国光学精密仪器制造业中心,著名的蔡司工厂所在地。——译者注

的心灵中，作为一种令人迷惑的悖论。因为尽管他们梦想并四散所有的财富，"不过，整件事情里还是有一些不对头的地方"。一座通天精神塔被竖立起来，其全部底层结构除了空气以外别无他物；它的倒塌是必然的，可是当它坍塌的时候，它的建造者内心的一切也随之倒塌了。

1

弗里德里希·施莱格尔曾经写道：法国大革命、费希特的科学学说与歌德笔下的人物"威廉·迈斯特"① 是那个时代最伟大的潮流；而这个总结囊括了德意志文化运动的全部大事与全部悲剧。对德国来说，只有一条通向文化的道路：内在的道路、精神革命的道路；没有人会认真地思考进行一场现实的革命。注定要行动的人们不得不缄默或者沉沦，或则他们就会变成纯粹的乌托邦并在头脑中玩着大胆的游戏；在莱茵河彼岸本来会成为悲剧英雄的人们，在德国只能在文学创作中施展着自己的命运。假如人们对时代与事态做出恰当评价，施莱格尔的这个论断是令人惊

---

① 威廉·迈斯特（Wilhelm Meister）是歌德三部曲小说的主人公之姓名，此处为三部曲之简称。三部曲分别为《威廉·迈斯特的戏剧使命》(*Wilhelm Meisters theatralische Sendung*)、《威廉·迈斯特的学习时代》(*Wilhelm Meisters Lehrjahre*) 与《威廉·迈斯特的漫游时代》(*Wilhelm Meisters Wanderjahre*)。——译者注

异地公允与客观的。值得惊叹的是，施莱格尔把大革命放在这么高的位置，因为在德国知识分子的心目中费希特与歌德才是真正生活的真实与伟大的潮流，反之，大革命则不可能有什么具体的意义。因为外在的进步是无法想象的，每种能量都转而向内发力，不久后"诗人与思想家的国度"，在深度、精细度与内在力度上远超过其他所有的国家。可是，山峰与沟壑的高差由此变得越来越大；倘若抵达高峰的人面临深谷而深感晕眩，并且阿尔卑斯山的稀薄空气让他们喘不上气来，那么一切都是徒劳无益的，因为再爬下山去业已变得不可能了。因为所有身处低谷的人还过着数百年前的生活，若将其接到高处以便使其赢得高地之宽阔与安全感，这同样是不可能的。只有继续爬升才是唯一的路：走向致命的孤独。

一切似乎都乱了阵脚。每个制高点都耸入空气稀薄的空间。理性主义的影响已经足够危险并具有破坏性了，该影响已经推翻了——至少在理论上是这样——所有现存的价值观，那些有勇气反对它的人所剩下的只有原子论的、无政府主义的情绪反应了。可是，当康德现身摧毁交战双方为之骄傲的武器时，似乎再也没有什么东西能够在不断增长的大量新知识中或在昏暗的深谷里创造秩序了。

唯独歌德做到了这一点。在这片喜怒无常与桀骜不驯的个人主义者的海洋中，他对自我的专横崇拜是一座鲜花盛开的岛屿。他周围的个人主义正在走向毁灭，变成本能的无政府状态，变为在情绪与细节上迷失自身的琐碎，变成可悲的自暴自弃；只有他才能为自己找到一种秩序。他拥有力量在寂静中等待，直待好运带来实现的暗示，可是也具有冷静拒绝一切可能给他带来危险的力量。他善于这样去战斗，以至于他从不拿自己本质的东西去赌注，也从不拿其中的部分作为和解或妥协的牺牲品。他的征战成果属于这样的类型，以至于刚发现的沙漠在他眼里会变成花园，而且当他放弃一些东西时，所拥有的力量与和谐只会因为失去的东西而变得更强。

然而，那个世纪释放出的所有威力也在他内心里激荡着，世纪的闪电或许驯服了在他体内肆虐的巨人，他们比那些由于自己的不受约束而被卷入地狱深处的巨人更凶猛。他面对所有的危险，可是他把每个危险都踩在了脚下；他忍受着孤独的所有折磨，可是他做好了永远孤独的准备。每个反响对他来说都是一个意想不到的收获，一个幸运且令人喜悦的偶然，可是他的整个生活是一种伟大、残酷与光荣的必然，并且每一次失去都要在此带来收获，正如以往的收益一样多。

无疑，这是谈论早期浪漫派最深刻的方式：详细讲述歌德在他生命中的每一瞬间对他们来说意味着什么。然后，人们会看到欢呼雀跃的得胜昏眩、无言的悲剧、巨大的跃升、大胆的冒险与迷途，会听到两方交战中乱成一片的呐喊声：赶上他！超越他！

2

18世纪末的耶拿。几列在此地短暂交会的列车正上满旅客，一向孤独生活的人们怀着陶醉般的喜悦发现旁人在用与自己相同的节奏思维，情感似乎归属同类之体系。他们彼此之间的差异之大可想而知，这听起来几乎像是一个传说，他们能够彼此爱慕，即使只有短暂的时光，他们也能确信拥有携手攀升的可能性。

诚然，整体来看实际上只是一个大型的文学沙龙，即使它们分散在德国全国各地，然而标志着一个基于社会基础的、新的文学团体的建立。这里聚集了德国最独立的与最固执己见的名人。他们中的每个人都经历过漫长而艰难的路程，攀登到了一个制高点，终于他能够见到阳光并且一片开阔的视野展现在他眼前；每个人都遭遇过被弃之荒野、渴望文化与思想交流的所有痛苦，以及紧张到极端的个人主义悲剧性的痛苦极限。他们察觉到，他们走过的道路与在他们之前的、新觉醒的德国每一代年轻人走过的道路都导致了虚无；他们几乎同时看到了走出虚无的一种可能性，将自己从文学界的无政府状态中解放出来，这种状态是由外部关系强加的，以加速实现富有成效的、创造文化的目标。

在他们之前不太长的时间，歌德也终于实现了这一目标。而且对这代人来说，他的实现或许提供了关键性的帮助，他们借此从那种持续的、无目的、吞噬能量并且起着破坏作用的亢奋状态中得到解脱，半个世纪以来这种状态毁掉了德国最伟大的人物。今天，我们大概应该把他们追求过的东西称为文化；可是当他们第一次将其视为他们眼前的救赎目标与可能的目标，用千百种诗意的套语来描述它，并且看到了千百种接近它的途径。他们知道：他们的每一条路径都必然通向那里；他们察觉到：人们必须接受一切能够想见的事物，经历一切只要能够体验的事物，他们的使命就是要建立一个"无形的教会"，使它包罗万象、无比富有。看起来似乎要形成一种新的宗教，一种崇尚发展的、泛神论的、一元论的宗教，一种诞生于新自然科学的新真相与新发现的宗教。弗里德里希·施莱格尔认为，在唯心主义破天荒的力量中，正隐藏着一种催生神话的力量，人们只需要唤醒它，这种力量早前即能表现在自然科学中，然后才被意识到它是哲学并且成为这个时代所意识到的深刻统一体，从而达到希腊人曾经拥有的所有诗歌、艺术与生活表现的一个同样强大的共同背景。诚然，这个神话不仅仅是寻觅新风格的、极致努力的理想要求，它也成为一种新宗教的基础构架。因为他们往往把自己的目标称为宗教，实际上纯宗教的排他性与专一性已令他们的探索感觉从属于其通常还视为目标的东西。当时几乎没有人能用清晰的语言表达出这个目标是什么，即使在今天要把它的意思压缩成一个公式也不容易。这个问题本身当然是生活非常明确地与毫不含糊地向他们提出的。当时，一个新的世界似乎正在形成之中，为人类带来了新生活的可能性，然而旧的还在持续进行的生活依然如故，旧有路径也干扰着新的生活，以至于时代俊杰在其中找不到容身之地。对于现代伟人来说，定在空间、生活归属感、自己的定位与立场越来越危险重重、疑惑多多。无论在哪里，无论在任何的生活表述中都面临的问题是：人们可以并且必须怎样生活呢？人们寻找着天才的伦理（诺瓦利斯说："天才就是人的天生状态。"），除此之外还寻找着天才的宗教；因为单靠伦理只能是实现那个遥远目标与最终和谐的手段。而且各种古老的宗教、中世纪，还有歌德的古希腊文化、天主教都只不过是这种新渴望的临时象征而已，这种渴望以其强烈的、追求统一的意志把每一种感觉都升腾为一种宗教：一切大事与小事，友谊与哲学，诗歌与生活。

这一新宗教的使徒们聚集在柏林以及耶拿的沙龙里，热烈与自相矛盾地讨论着征服世界的新计划——然后他们创立了一份杂志，那是一份思想非常丰富、非常怪诞、非常深刻与完全深奥的杂志，它的每行文字都显露出不可能产生任何实际效果。而假如它万一有了效果呢……？

"不过，整件事情里还是有一些不对头的地方……"

3

歌德与浪漫派。我认为，上面所述的已经清楚地表明了他们之间在哪些地方有着联系，或许更清晰的是，他们的道路是在哪里分道扬镳的。当然，浪漫主义者也看到并意识到了这两方面；对他们来说，歌德每次与他们走近都是他们引以为豪的幸事，他们中的大多数人只敢小心翼翼地，以隐晦的方式暗示是什么将他们与歌德分开的。"威廉·迈斯特"是他们所有人都有过的决定性经历，然而唯有卡罗琳仍旧忠于歌德式的生活道路，并且只有诺瓦利斯有勇气以犀利的措辞公开表示放弃歌德式生活道路的必要性。他是最清楚地看到歌德比自己与同路人优越的人：他看到了一切对他们来说只是方法与倾向的东西，都已被歌德化为了行动；他看到了他们在试图解决自己的问题时，只能提出有问题的看法，而歌德已解决了他自己的问题；他看到了他们试图创造一个新的世界，人杰，即他们的诗人，在那里会找到一个家园，可是，歌德在当下生活里就已经找到了自己的家园。

然而，他同样清晰地看到歌德为了找到那个家园而不得不做出的牺牲，他整个的身心都在反对这个过分要求，即认可该解决方案是唯一可能的方案。他也梦想着"威廉·迈斯特"的终极和谐是他的人生目标，他与歌德一样同样清晰地看到了这段旅程的开端与路程是多么危险重重。尽管如此，他认为，在变得贫弱之后，歌德达到了目标，比所取得的成就所应付出的代价更高些。

在此，浪漫派的道路与歌德之路各奔前程。两者都在寻求同样对抗力量的平衡，然而浪漫派想要的平衡是，对抗力量之强度不会因保持和谐而遭到削弱。浪漫派的个人主义比歌德的更强硬、更执拗、更有意识与更无妥协的余地，可是它却想通过将个人主义发挥到极致来赢得终极的和谐。

诗歌是浪漫派的伦理，而道德是他们的诗歌。诺瓦利斯曾经说过，道德从根本上说就是诗歌，而弗里德里希·施莱格尔认为，所有真正的原创本身都具有道德价值。然而，浪漫派的个人主义不应导致孤立状态。诺瓦利斯说："我们的思维就是对话，而我们的感受就是同情。"并且《雅典娜神庙》的格言与只言片语——他们计划的最具特色与最真实的抒情表达——不是当时某一个人的作品；许多作品甚至不可能确定其原作者。因为这里要看他们强调的是同一方向与思路，以至于他们有时以警句的形式综合各种截然不同的观点，只是为了强调同质性的效果并且避免单一个体过于突出。

他们想要创造一种文化：想要让艺术变得可以学习，并且想要把天才组织起来。犹如过去的伟大时代一样，他们想要每个已创造的价值都成为从此不再失去的资产，他们想要令继续发展不再听命于偶然。此外，他们清醒地看到，这种文化唯一可能的基础只能是孕育于物质与技术精神的一种艺术。因此，人们应该献身于码字艺术，正如老金匠熟知合金性能那样。可是对他们来说，创作一件艺术品，即使是一件完美的艺术品，也不可能是他们的终极目标；假如有什么东西拥有真正的价值，那么它不过只具有作为一种教化手段的价值。弗里德里希·施莱格尔说："成神、做人、自我教化，它们是同一含义的不同表达。"而诺瓦利斯补充道："诗歌是人类思维的特有行为方式。"这不是为艺术而艺术，而属于泛诗派。

这是一个对黄金时代的古老梦想。然而，他们的黄金时代并不是过往时光永远失去的避难所，它有时更会在美丽童话里出来作祟，这是一个目标，实现该目标乃每个人的终生之责。那是梦幻骑士们总是必须到处寻觅的、永远追求的"蓝色之花"，那是他们醉心憧憬的中世纪，那是他们信奉的基督教：没有什么是人类无法实现的；一切均有可能的时光必将到来。"人们指责诗人夸大其词，"诺瓦利斯写道，"可在我看来，诗人们的夸张似乎还远远不够……他们不知道他们控制着什么样的力量，不知道什么样的世界必须听命于他们。"这就是为什么"威廉·迈斯特"让他失望的原因，因此他说，这本书本质上是一部反诗意的作品，"一个旨在反诗意的老实人"。

由此，诺瓦利斯可是宣判了他的死刑，因为在浪漫派看来，诗歌在此是整个世界的中心。浪漫主义的世界观是最真实的泛诗论：一切皆为诗，并且诗乃"唯一与全部"。"诗人"这个词从来没有，也没有对任何人像对德国浪漫派的意义如此重大，如此神圣，如此无所不包。即使诗歌对后世一些人与诗人也是唯一值得献祭的圣坛，尽管只有浪漫派文化涵盖了整个生活，只有这种文化没有舍弃生活，没有舍弃自己的富有之源；只有在这里，这种文化才似乎是无需舍弃而实现目标的唯一可能性。浪漫主义的目标是使人可以过上真实的生活。他们谈论——使用费希特①的用词——"自我"。从这个意义上说，他们是利己主义者：他们既是自身发展的狂热分子又是它的仆人，他们热爱与珍视一切，只要是能促进了他们的成长。诺瓦利斯写道："我们根本不是自我。……可我们能够也应该成为自我，我们是成为自我的萌芽。"而诗人是唯一符合规范的人，只有诗人才具有巨大可能真正成为自我。为什么会这样呢？

在每个强烈渴望文化的时代里，其文化中心只能在艺术之中找到。现有的文化越少，对它的渴望就越强烈，人们的愿望就变得更加迫切。可是在这里，更加明确地提出了这个问题：浪漫主义人生哲学的本质，即使它从未完全意识到这一点，是被动体验能力占据主导地位。浪漫主义的生活艺术是一种绝妙的适应术，适应生活中的一切事件，最充分地利用命运给他们带来的一切，并将其提到必然性的高度。他们将命运诗意化，而不是将它形式化或者征服它。他们所走的道路是内向的，只能导致所有已知事实的有机融合，只能实现事物图像的美丽和谐，可是不能导致掌控事物。

可是，这条内向道路是他们渴望统一性与普遍性的伟大结合的唯一可能性。他们寻觅一种秩序，然而是这样一种包含一切的秩序，一种为此无需在必要时放弃的秩序；他们试图这样涵盖整个世界，以至于合成所有不和谐音却

---

① 约翰·戈特利布·费希特（Johann Gottlieb Fichte，1762—1814），德国哲学家。——译者注

能产生一首交响乐的效果。只有在诗歌中才有可能将这种统一性与普遍性结合起来：这就是为什么诗歌对浪漫派而言成为世界中心的原因。只有在诗歌中，才存在合乎自然规律的可能性，可以扬弃所有的矛盾，使它们达到更高层次的和谐；只有在诗歌中，才有可能给每一个单独的事物配置其适当的位置，只需通过调整对它们或多或少的强调程度即可。因为对诗歌而言，一切都变成了象征，可是在诗歌中一切都只是一个象征；那里的一切之所以有意义，可不是因为它们本身需要某种价值。浪漫派的生活艺术即是变成了行动的诗歌，他们把诗歌艺术最深层的与最内在的规律在此转化成生活的要求。

一切都能得到正确理解与深刻体验的地方，那里就没有真正的矛盾。看来无论浪漫派走上哪条路，他们都在寻觅着他们的"自我"，他们寻觅的节奏创造了接近与相似，可是没有创造出方向的一致性。他们的共识与分歧的根源只在于文字，更有甚者，他们的观点最多也只是通向真正价值的途径；多数情况是不完整的与暂且的感受之表达，它们还没有成熟到可以赋予形式的程度。只有加强对韵律与和谐的节奏感（这两个概念的含义相同）的认识才是急需的，才能让一切尚未化解的不和谐音全部消失。歌德不得不介入了，否则施莱格尔兄弟①就会在《雅典娜神庙》年

---

① 施莱格尔兄弟（August Wilhelm Schlegel，奥古斯特·威廉·施莱格尔；Friedrich Schlegel，弗里德里希·施莱格尔）系《雅典娜神庙》年刊的创办人。——译者注

刊上并列刊印了谢林①的"海因茨·维德珀尔斯特"与诺瓦利斯的"基督教"两篇文章。信念无法将人与人分离开，为此他们的生活价值太微小了。每一次尝试，无论其目标如何，都遭到了人们的讥讽；从象征意义上看，每一次尝试若是值得的话，它就会被认可为一种宗教。

浪漫派的利己主义带有强烈的社会与社交色彩。他们曾经希望：正是最强烈的个性发展最终会使人们彼此真正地接近；人们在其中寻求的就是摆脱孤独与混乱状态。他们深信，正是他们的不妥协、独特的写作方式将导致作家与读者的恰当与必要的联系，并且达到那种大众喜闻乐见的程度，这是所有浪漫派所着重强调的目标。他们清楚地看到，缺乏这样的社交联系是他们那个时代力量的辉煌发展并未成熟到结出文化硕果的原因。他们想要从他们封闭的小圈子走出来开始发展成这样的联系，并且他们也做到了——在这个圈子里，并维持了几年时光。只要他们是来自极其不同的方向并且追求着全然不同的方向，尽管他们似乎走着同一条伟大的道路，他们就想将每个分歧都仅仅视为外在之物，只把他们的共同点视为重要的；可是这种共同的东西也只不过是即将到来的、更真实的和谐之适度先导。然而，这足以让少许价值观在他们中的一些人的头脑中发生了偏移——并且"汉萨同盟"解散了，经协调而

---

① 卡罗琳·谢林（Karoline Schelling），详见《形式面对生活的破碎》译者注。——译者注

达成的和谐变成了音符，成为接踵而来的、令人昏昏欲睡的不和谐声。

似乎有意地远离生活是浪漫主义生活艺术所付出的代价；但是，这种远离只是表面上的，只是在心理领域内有意而为之的；这种远离之最深层本质及其最复杂的关系从未被浪漫派自己所察觉，因此没有得到救赎，也不具有任何救赎生活的力量。生活的真实现实在他们的视野中消失了，取而代之的是另一种现实，诗歌的现实，纯心灵的现实。他们创造了一个同质的、有机的、内部统一的世界，并将其与现实世界相认同。从而，他们的世界得到了一些天使般悬浮在天地之间的东西、一些无形发光体；可是诗歌与生活之间存在的巨大张力，它赋予两者真正的与创造价值的力量，张力因此而消失。而他们根本没有关注到这种张力，在他们英勇—轻浮地飞上天的过程中把它们全然遗忘在地面上了；他们已经几乎不知道生活的定在了。唯有如此，他们才能实现自己的普遍性，可是借此他们却无法认识到它的存在的局限性。因此，对他们来说这些界限既不是悲剧，有如对于那些活到终老的人而言，又不是通向真正与真实的作品的途径。作品之所以伟大与有力恰恰在于它将不同的事物分门别类，创造出一个新的、完全脱离现实的、统一分层次的世界。对他们来说，这些界限意味着一场崩溃，意味着从狂热美梦中的一次苏醒，意味着一个既无高潮也无收益的、极为忧郁的结局。因为他们把自己梦呓的与自造的宇宙与现实世界等同起来，所以他们无从找到明确的分水岭。他们自认为,不必放弃即可行动并且在现实里即可进行文学创作。可是,任何行事、任何行动、任何创造都是有限的;一次行动若不放弃一些东西都是永远无法完成的,行动的实施者也永远不可能面面俱到。浪漫派的悲剧式盲目性在于,他们既不能又不想正视这种必要性。因此,几乎在不知不觉之中,他们脚下的地面消失了,他们坚固的不朽建筑逐渐变成了空中楼阁,最后在雾气中烟消云散了。并肩前进的梦想也像一团雾气一样散去了,并且再过几年以后,他们中几乎没有人能听懂其他人的语言了;即使最深的梦想,对未来文化的希望也随之消散无踪。可是,现在他们已经享受到了归属于一个群体的陶醉感,现在他们不能再沿着孤立的小径试图继续攀登了。许多人成了自己年轻时期的模仿者;有些人虽得以自救,却因对新宗教的寻觅以及面对日益严重的混乱局面绝望不已,这种混乱只会加剧他们对秩序的渴望,听天由命地回归到旧有各种宗教的较为平静的港湾。因此,那些因曾经打算重塑与重新创造整个世界而退出教会者恰恰成了虔诚的皈依者。"不过,整件事情里还是有一些不对头的地方……"

4

至此,本文仅在个别地方提到了诺瓦利斯的名字,然而他始终是此文的中心话题。与这个注定会英年早逝的脆弱青年相比较,没有人更固执地强调终极目标之独有的作用了。没有人比他所遭到的浪漫主义生活方式的种种危险更强烈了——而尽管如此,他是所有这些伟大生活艺术理论家中唯一受益于命里注定享有和谐生活的人。其他人一看到自己的永恒深渊就头晕目眩,即使在最晴朗的日子里他们总是在脚下看到永恒的深渊,并且每个人无一例外都蹒跚地坠入深渊;只有诺瓦利斯一直能够从无处不在的危险中截获到增强生命的力量。而威胁他的危险比其他人所感受的更残忍、更涉及身体方面,然而他能够从中汲取最大的生命活力。或许也正因为如此。

因为他所遭受的危险是死亡。他的死亡以及他心灵最亲近之人的死亡。他的人生计划只能这样来安排:在本以文学创作为命的作品中,为这些死亡主题找到适当的韵律;他的生活作为不容置疑的事实嵌入在字里行间之中。过这样一种生活,以至于死亡一词紧随着暗示词而出现,死亡绝不是中断了什么,其内在的规律与美好并不要求出现一堆永恒的碎片;为了在他所深爱的人亡故后幸存下来,然而以这样的方式,以至于痛苦的旋律从未完全减弱,以至于他开始了一个新的纪元,以至于他确定无疑的死亡应该与他所爱之人的死亡保持深切的内在联系,并且夹在两个死亡之间的那段短暂生活仍然应该是丰富并且拥有十分充实的体验。

浪漫主义的趋向在诺瓦利斯身上体现得最为强烈。浪漫主义总是清醒果断地否认悲剧是一种生活形式（自然只是作为生活形式，而不是文学创作的形式）；浪漫主义的最大愿望是到处消除悲剧，以非悲剧的方式化解悲剧式的局面。诺瓦利斯的生活在这方面也是最浪漫的：命运总是把他安排在给其他人只能带来悲惨痛苦或喜极生悲的地方；可是无论他的手触碰到什么东西，都会变成金子，没有什么东西接近他而不曾给他带来一种充实感的。他的目光总是能发现最沉重的痛苦，他不得不一再陷入最痛苦的绝望深渊，可是他微笑着并且感到心满意足。

年轻的弗里德里希·施莱格尔曾记录下他们之间的第一次对话，他们两个都是20岁。诺瓦利斯带着狂放的冲动断言："世界上根本没有邪恶——并且一切都正再次接近黄金时代。"许多年之后，在他生活的晚年，施莱格尔唯独一部小说的主人公找到了这种感受的最终版本："命运与心态是一个概念的不同称谓。"

诺瓦利斯不止一次地遭到命运的毁灭性无情打击。可是他把一切都交给了命运，变得比以前更富有了。在经历了迷惘的青年时期后，他遇到一位年轻姑娘，似乎她将成为实现他所有渴望的佳选。她死去了，而给他留下的只有他的信念，即他不久也会随她而去。他没有想到自杀，也没有想到他的悲伤会将自己蚕食掉；他抱着不可动摇的信念，他可以也应该开朗平静地投身到命运分派给他的余生中去，可是尽管如此也不会活得很久。是啊，他想到死，而且这个意愿足够强大，足以呼唤死亡并且召唤死神的来临。

然而,生机来了并且要阻断他的去路。生活向他指明了诗作之路,尚未写就的、灿烂辉煌的与翱翔致远的作品;超越伟人歌德的光辉道路。生活在他面前展现了新科学的无数奇迹,其无限的前景,其可能性,它们注定要创造新世界。生活引导他进入了行动的世界,而他想必看到了没有什么对他来说是枯燥或徒劳无益的,在他身边的一切都变得和谐,而且即使为官也变为了一首凯歌。可是他却仍然要想到死亡。

然而,生活阻止了他去死。生活甚至不会赐予他这份忠诚,那是他向命运祈盼的唯一要求。为此,生活给他提供了新的幸福,一段新的爱情:一次比那位曾经的唯一更高尚的女人的爱情;可是他不愿再接受幸福了。他只想保持忠贞——可是最后他却没能顶住诱惑。他重归了生活,他本来想着去死的。永恒的信仰使者,相信对人来说没有什么是不可能做到的事,可是实际上他只想做一件事——为了达到与他所想要的恰恰相反的东西。尽管当他的整栋生命大厦倒塌时,他的内心仍然没有破碎:他像以前为死去做好准备那样开朗而坚定地走近他的幸福。

可是当他终于伸出双手拥抱生活时,当他终于克服了死亡膜拜时,那个曾经徒劳渴求的救世主却出现了,不久前死亡还会是对他生活的欢欣鼓舞之加冕,现在却意外地击中了他。可是,他怎么能够恰在这时死去呢!他的朋友们无法相信,死亡真的这样近在咫尺,而后他们确信,他并不知道死神就曾在近旁。可是,他为临终时光制定好了新的生活计划;他小心翼翼地避开了任何病弱无法投入全力来完美实施的任务,他只做他的病体还能支撑得了的事情。一次他写道:"疾病无疑是人类的一个极其重要的课题……我们对如何利用这门艺术还知之甚少。"就在去世前几个月,他写信给朋友蒂克①的时候描述了自己的生平,他写道:"……以至于那是一段昏暗的时光。我大部分时间都很愉悦。"而他在弥留之际谈及自己行将死亡时,前来探病的弗里德里希·施莱格尔说到他的"难以形容的愉悦"。

5

诺瓦利斯是浪漫主义学派唯一真正的诗人,只有在他身上,浪漫主义的整个心灵才如歌如泣,只有在他身上体现的才是这一心灵。其他人,假如算是诗人的话,也只不过算是浪漫主义诗人;浪漫主义只不过为他们提供了新的主题,只不过改变了他们的发展方向或丰富了他们的发展可能性,可是他们在意识到内心的这些新感觉之前就已经是诗人了,在彻底摒弃浪漫主义之后也依旧做诗人。诺瓦利斯的生活与作品构成一个不可分割的统一体——别无选

---

① 路德维希·蒂克(Ludwig Tieck,1773—1853),德国诗人、作家、出版家兼翻译家。——译者注

择，这个空洞的客套话是唯一贴切的措辞——而且他的生活与作品作为这样的统一体是整个浪漫派的象征；似乎曾经被抛入生活而又迷失在那里的浪漫派诗歌已被诺瓦利斯的一生所救赎，似乎又重新变成了纯正与真切的诗歌。浪漫派的尝试在这里不只是一种尝试，它追求统一的意志必然总是支离破碎的，这一点在诺瓦利斯身上表现得尤为明显，正当他开始创作时却死去了。尽管如此，他是唯一的人，其一生不仅遗留下一个如画卷般美丽的瓦砾堆，人们可以从瓦砾中挖掘出绚丽的东西，并惊奇地发问，曾经的大厦可能会是什么样子的，挖掘出的绚丽之物往日或许归属哪个部分的。他的全部道路都通向一个目标，他的所有问题都得到了解答。每一个幽灵与每一个浪漫主义的海市蜃楼在他这里均得到了一个坚实的躯体；那些鬼火不能诱惑他陷入无底的泥潭，因为他的眼睛能把每一股鬼火都视作一颗星星，而且他也拥有翅膀用来追踪它们。他是遭遇了最残酷命运的人，而只有他有能力在这场争斗中成长壮大。在所有这些寻求掌控生活的浪漫主义探索者中，他是一位唯一务实的生活艺术家。

然而，他也没有得到对自己所提问题的答案：他向生活发问过，而死亡带来了答案。如此歌颂死亡或许比歌颂生活更值得，也更伟大，可是踏上征途的浪漫主义者并不是为了寻觅这样的赞歌。

浪漫主义的悲剧就在于，只有诺瓦利斯的生活才能变为文学创作；他的胜利是对整个浪漫主义学派的死刑判决。

因为浪漫主义者想要用来征服生活的一切，只够用于一场美好的死亡；他们的人生哲学只是一种死亡哲学，他们的生活艺术是一种死亡艺术。因为他们致力于拥抱世界，这使他们成为各自命运的奴隶，或许诺瓦利斯今天在我们看来之所以如此伟大与如此完整，那是因为他成了一个不可征服之君主的奴隶。

1907 年

市民生活方式与为艺术而艺术
——论特奥多尔·施托姆[*]

1

市民生活方式[①]与为艺术而艺术：这个悖论包含了多少内容？它过去却不曾是悖论的。因为人们难以想象以市民

---

[*] 特奥多尔·施托姆（Theodor Storm, 1817—1888），德国 19 世纪中叶著名的中篇小说家兼抒情诗人，是德国"诗意的现实主义"之杰出代表，尤其是轰动文坛、令人哀婉潸然的《茵梦湖》，淳朴简单的童话《汉斯熊》，绝笔之作《骑白马的人》等，文字间流露的现实主义的诗意浪漫使其作品成了永恒的经典。他作为诗人更多秉承了浪漫主义的传统，他的诗歌强调的是民歌般的简朴与音乐性。施托姆的主业其实是律师、法官与地方长官。——译者注

① Bürgerlichkeit 在本文里共出现四次，译为"市民生活方式"。德国杜登辞典（*DUDEN Deutsches Universalwörterbuch*）里，Bürgerlichkeit 一词的解释为：bürgerliche, Denk-, Lebensweise（市民思想、生活方式），而 bürgerlich: dem Bürgertum angehörend, zugehörig, entsprechend（市民的）。Bürgertum 的解释为：Gesellschaftsschicht der Bürger（市民阶层）；而 Bürger 的解释为：Angehöriger des bestimmten Traditionen verhafteten Mittelstandes（中产阶级）。——译者注

市民生活方式与为艺术而艺术

身份出生的人怎么能过不同于市民的生活呢？艺术是自成一体的并且只遵循自身的规律，这并不是强行脱离生活的结果；艺术在那里仅为自身而存在的，犹如所有诚实地完成的工作都是为了它自己的缘故一样。因为一切事物都是为了整体利益的要求而产生的，这就要求去做工作，就好像它除了自身之外没有其他目的，并且只是为了自成一体的完美。

今天，人们怀着渴望的心情回顾这个时代，成分复杂的人群怀着歇斯底里的渴望从一开始就注定是无法得到实现的。人们可望而不可即地回顾一个过去的时代，以便即使只从远处去接近那种完美，无需某个天才费力，当时那种完美曾是理所当然的，根本没有去考虑其反面的可能性。当时艺术作品的完美是一种生活形式，而且各种作品仅因其完美程度而划分高低。这种渴望是艺术家良知的卢梭主义；一种对无法达及的蓝色花朵的浪漫主义追求，见诸梦中，显形于形式幻觉里。渴望我们自己最强大的对立面；渴望用病态神经系统的最后一点能量强行自我提升的分娩阵痛中会诞生出伟大与神圣的简约、自然与神圣的完美。而市民阶层的生活形态变化，将生活方式压低到严格意义上的市民阶层的标准，仅是接近那种完美的一种手段。这是一种禁欲主义，放弃了生活中所有的光华，它们都可以转向某个方面、其他方向，转到工作中去从而得救。在这里，市民阶层生活被割舍的是强迫劳动与令人憎恨的奴隶制度；一种强迫劳动，所有生活本能都会奋起反抗之，并

心灵与形式

且耗费最残酷的能量才能臣服之。或许借此斗争的亢奋力量就会催生工作所必需的推至极致的激情。这种市民阶层的生活形态抽干了生活，因为它的对立面才是生活：光华与摆脱了一切束缚的超脱，心灵在情调变化莫测的小树林中醉梦起舞、欢庆胜利。那么，这种市民生活方式就是驱使生活否定者持久劳作的鞭子。这种市民阶层的生活形态只是一种面具，它的背后隐藏的是被误导、被泯灭的生活所带来的激烈与徒劳无益的痛苦，是恨自己生得太晚的浪漫主义者的生活痛苦。

这些市民阶层生活方式只是一个面具，它与任何面具一样都是负面的东西；只是某种事物的对立面，该事物的意义只有通过说"不"所释放出的能量才得以获取。这种市民阶层生活方式只意味着否定一切美好的东西，一切看来令人向往的东西，一切生活本能所渴望的东西。这种市民阶层生活方式自身毫无价值。因为只有在创造中才能赋予在这种框架与形式中生活的人以价值。可是，这个市民阶层的本质是不是真的与中产阶级之本质一致呢？

市民阶层生活首先要看市民所从事的职业；可是，那种生活里到底有没有一种职业呢？乍看起来，这是不可能的事。事实证明，市民阶层生活的规则与秩序只是面具而已，面具背后却隐藏着最独特与最无序的活动，它们都是围绕自我进行的，而这种生活在最外在的表象上——充满浪漫的讽刺与自信的生活方式——恰恰适应了其死敌的外表形态。

市民生活方式与为艺术而艺术

市民生活方式与为艺术而艺术。这两个相互排斥的极端可能在一个人身上对峙吗？两者能够同时得到认真而诚实的体验，而且居然能在一个人的生活中合二为一吗？市民阶层的生活，首先要看市民所从事的职业，要看的东西就其本身来说甚至并不是那么重要，要看其职业即使取得极大成功也不会因之产生的陶醉而提升人格，而职业的衰落几乎不会引起两三个人的注意。而真正的、强烈的市民意识要求人们全身心地接受这一切，人们不去深入关注这里的关键事物，它们可能是琐碎的与无关紧要的，或许根本不能给心灵带来任何滋养。对真正的市民来说，他的市民职业不是指从事什么活动，而是指生活形式，可以说，无论内容如何，指的是速度、节奏与轮廓，总之就是决定了生活方式的东西。因此，市民阶层的职业在此所指的是，由于生活形式与典型体验的神秘相互作用而深刻介入所有创造性活动中的东西。

市民职业作为生活形式首先意味着生活中要伦理至上。生活由下列因素所支配：系统地、有规律地重复的东西，反复尽本分的东西以及无需顾及有无兴致而必做之事情。换言之，秩序高于情绪，持续高于片刻，平静工作高于天赋发挥，天赋系由感觉来滋养。而最深刻的后果或许是，奉献战胜了以自我为中心的孤独；不是对我们所投射出来的、远远超出我们最大限度之理想的奉献，而是某种不受我们左右的并且完全陌生的奉献，可是正因为如此它才是简单的、显然是真实的。这种奉献终结了与世隔绝的状态。

或许最伟大的伦理生活价值恰恰在于，它是一个拥有特定群体的领域，一个终结永恒孤独的领域。有伦理观念的人不再同时既是万物的起点，又是它们的终点；他的情绪不再是衡量所有世界事件重要性的标准。伦理迫使所有人都具有群体意识。假若不出意外的话，那么至少是对直接与可预见的有效性之认知，是对已完成的工作的认知，无论它仍旧可能是多么渺小。创作中，纯粹天才的自知之明永远只能是非理性的。他们的创作总是要么被高估，要么同时又被低估，正是因为它永远不能用任何东西来进行衡量，无论在内部还是外部。

在一个人的生活中，假如单纯靠天赋的多产才能给人以对外的影响力与内在的支撑的话，那么生活的重心就完全转移到天赋的方向上去了。生活是工作的基础，而工作对于一个艺术家来说总是一些不确定的东西，那是一些由此可将生活感受提高到几乎欣喜若狂高度的东西，那是一些由此在歇斯底里的张力下可将生活感受暂时提高到极致的东西，那是一些由此而上升到了这样的高度，而为此不得不付出代价，使神经与心态都受到最可怕的压抑。作品是生活的目的与意义。生活的重心由于强化到极致的内在化而向外转移，推入不确定性与完全无法估量的可能性中。相反，平淡无奇的创作工作则提供了安全与坚实的基础；它作为一种生活形式会导致生活与工作之间的关系本身的偏移，这是从生活的角度来看的偏移。平淡无奇的工作的结果是，有关人类的人性价值，即他的内在与外在重心转移到坚实的基础上，这种价值获得持久性，因为重心转移到伦理领域，伦理价值上来，也就是说转移到至少持久有效性的可能性上来。而这一工作从来也不会耗费掉一个人的全部精力，也根本不可能；这样的工作所形成的生活节奏必然是这样的，即生活是主旋律，而其他的一切都只是伴奏而已。施托姆前往斯图加特探访默里克①的时候，他们的话题也触及了这个问题，即工作与生活的问题，"……只需这么多即可"——默里克在谈到文学创作时说——"……只需要留下自己的一丝痕迹即可，而最重要的是生活本身，这是人们不应该忘记的东西。"施托姆在关于默里克的笔记中引用了这句话时写道："他想以此警示年轻的同行们。"

默里克是一名牧师，后来他继续从事他的教会职务。施托姆是个法官兼任地方长官，凯勒②总是带着某种自豪感称自己为"国务录事"。胡祖姆县长先生与苏黎世的国务录事先生的通信中提到他们共同的朋友海泽③的不安状况，下

---

① 爱德华·弗里德里希·默里克（Eduard Friedrich Mörike, 1804—1875），德国抒情诗人、短篇小说家兼翻译家。他同时是个基督教牧师。——译者注

② 戈特弗里德·凯勒（Gottfried Keller, 1819—1890），瑞士德语作家、现实主义诗人与政治家。凯勒的作品在19世纪瑞士德语文学中占有重要地位，他发展了"教育小说"这一种体裁。凯勒的创作中最有成就的是中短篇小说，著名的有两卷集《塞尔特维拉的人们》《七个传说》《苏黎世中篇小说集》。——译者注

③ 保罗·约翰·路德维希·海泽（Paul Heyse Paul Johann Ludwig Heyse, 1910年后改名为冯·海泽，von Heyse, 1830—1914），德国作家、戏剧家兼翻译家。——译者注

> 心灵与形式

面是凯勒从瑞士寄往石勒苏益格的信:"保罗·海泽的情况对我来说是个谜,他写了一本约莫是本年度最美的诗集,然而据说他一直在生病。或许被损伤的神经系统造成了这类自杀概率的增加。在这个方面,我虽有良好的神经功能,可是头脑却不灵光。玩笑归玩笑啦,我几乎相信,这是在报复,因为海泽在诗歌创作方面活跃了近30年,没有享受过一年通过官职、教书或任何其他普通工作方式所带来的分神与调剂。像他这样一个真正需要消费的人,在这种情况下也将必然自行消耗殆尽……可是人们无法劝他啦——太晚了!"来自胡祖姆的回信听起来异常相似:"有关我们的海泽,你说得切中要害;不断耗费情感与想象力的毕生工作,只有健康的巨人才能吃得消,天晓得,假若席勒不那么拼命或许也能延寿的……"这听起来似乎只有顾及健康状况才有必要从事平淡无奇的工作的。施托姆说,"庄园管理工作"对他来说是如此不可或缺的,以至于即使他上了年纪也不能完全放弃,他退休后会怀着愉悦思绪专注诗歌创作。因此,他给女儿们上法语课,管理自己的小庄园;或许他这样做是为了让自己的生活保持走健康有序的老路。这似乎只是一个保健的问题,可是,正如在任何地方一样,问题的提出在此也包含了所有的答案:对凯勒与施托姆来说,这似乎只是一个保健问题,对其他人来说则是无法解决的问题,即艺术与生活之关系的超验悲剧。只有洞察到不可逾越性才让事情变得较为严重了。只有在不可调和的斗争中的对立要素源于同一土地,并在其最内在本质彼此相近的情况下,才能有真正深层意义上的悲剧。悲剧存在于下列情况下,即区分甜蜜与苦涩、健康与疾病、危险与拯救、死亡与生活已再无意义的地方,在那些毁灭生活的东西已成为不可或缺之必然性的地方,就像那无疑是最好与最有用的。施托姆的生活是健康的,没有被问题所困扰;当然,他会兜一个大圈子以避开任何悲剧的可能性。在他的生活中,所有这一切就好像必须并且可以预防的疾病一样——我找不到更贴切的词语来描述这种情况——而不是抗御胃病与感冒。对他来说,这一切都是释放身体的健康力量就能驱除的疾病,假如一旦出现没能得到防御的情况。

在这种生活方式中充满了奇特而强烈的东西,稳健而强烈的节奏,线条分明的能量。一次他写信给埃米尔·库①的时候说,早在上大学时他就知道并感觉到,即使他身上发生了什么,或者即使他会身历了什么事,任何事情都不能危及他生活的核心;他总是感到"我可以将自己推向极限,而不必担心迷失自我",或在一首诗中表达的:

> 即使一旦心脏在哭泣——
> 碰杯吧,让酒杯响起!
> 我们知道,正直的心

---

① 埃米尔·库(Emil Kuh,1828—1876),奥地利作家兼文学批评家。——译者注

> 心灵与形式

根本绝不可能被遏抑。

施托姆的生活中从来没有遇到过什么问题。即使最大的痛苦袭击了他并且想要压垮他,可是他坚强的内心总能抵御得住。施托姆不是一个被问题困扰的人,所以命运只能从外部靠近他:倘若那是人的命运,那么它是可以被征服的;可是倘若它不止于此,那么人们必须在其面前止步并让其擦身而过,低头听命,摆出认头与冷静的姿态。在他的妻子去世后,他在一首诗中写道:"埋葬的只是你最心爱的,然而生活还得继续,而在这一天的渴望中,你的我断言道,你将不久获得重生。"他的内心是虔诚的,拥有那种丰富的内心世界,因而可以用开心认命的心态感受着发生的所有事件的联系;他是虔诚的,没有特定的信仰,没有卷入——他的时代是宗教陷入巨大危机的时期——受害者及信仰的斗争中去。他反应敏锐且脆弱,外界任何极小的诱因都会深深地触动到他,可是他的情感永远不会影响自己生活方式的坚定而直接的指导方针。他的整个情感世界与他的故乡紧密相连,当故乡遭受奴役而他不得不背井离乡的时候,这个纽带却没有被撕断。他全身心地渴望着幸福,要求幸福成为一种氛围——当他在长年幸福的共同生活之后失去了妻子的时候,他却没有崩溃,尽管他的痛苦可能是如此巨大而深沉的,而他得以重新找到自己所需要的幸福与温存。"即便我不是那种易被击垮的男人,"——他在妻子去世后致信默里克的时候写道——"我不会放弃迄今陪

市民生活方式与为艺术而艺术

伴我的任何精神兴致，它们属于维系我生命的东西，因为在我面前——正如一首诗中所说的——有的只是工作、工作、工作！而它们将在我力所能及的范围内来完成。"

这两种生活原则中，很难判断哪一种是支持另一种的：市民阶层简约而规范的生活方式之秩序是否支持同样平静与坚实的安全感，后一种生活以此安抚着心灵，或者反之。当然，两者紧密联系的程度仅限于这么多。施托姆没有丝毫犹豫与动摇即选择了不能给他内心带来任何收益的法官生涯，而他一辈子不曾有过片刻抱憾自己的选择，更不用说真的后悔了。

可是，我们还没有触及关键的一点，那就是这种生活方式与艺术的关联。因为的确只有毕生的工作才能赋予生活以意义；只有那样，它才有含义与意义来保持生活的充实与有力，假若它没有因此牺牲了生命而权衡了最大的牺牲的话。因为只有那样，我们才真正面对着一个悖论，那就是各式各样生活中《贾纳斯头目》①的一张面目真的是市民阶层的生活方式，可是另一张面目则是最严格意义的艺术作品的艰苦斗争。而这个世界，这个施托姆的世界以及那些他最欣赏的与十分热爱自己作品的艺术家的世界，就是德国唯美主义者的世界。在上个世纪的众多唯美主义者的团体中，这是真正的、真正日耳曼的变体，德国式的为

---

① 《贾纳斯头目》（*Der Januskopf*），一部无声恐怖影片脚本的标题。——译者注

艺术而艺术。

戈特弗里德·凯勒常常经过十余年的阵痛之后才使其作品问世,这与众所周知的那些近乎福楼拜式的折磨相仿。众所周知,《画家诺尔滕》[①]第一版发行时的不顺与不和谐带给默里克多么大的压力,以及他是如何为新形式的西西弗斯[②]作品牺牲了一生中最富有与最美好的年华;更广为人知的例子是康拉德·费迪南德·迈耶[③]的作品。凯勒将施托姆称作是"沉默的金匠与银丝工匠",施托姆的作品问世或许没有经过那么多磨难,然而他本质上是一个同样严苛的工匠,不知道何为难事。在他身上,那种严苛而艰苦的手艺技能或许比他人更为精湛。他的双手本能地感觉出手上处理的是什么材料,它们必须将之打造成什么样的形式。他从不试图跨越自己心灵现状与可能性所限定的形式界限;而在这些界限内,他迫使自己达到最大的完美。伟大的、难以形容的清醒的史诗作家凯勒总是跃跃欲试做出写戏剧的计划与剧本的提纲;施托姆却从不让自己心动去涉足小说领域。

工匠的技能:它是这个唯美主义的精髓,而它与那种

[①]《画家诺尔滕》(*Maler Nolten*)是爱德华·默里克1832年出版的中篇小说,分上下册。——译者注

[②] 西西弗斯(Sisyphus),希腊古代暴君。——译者注

[③] 康拉德·费迪南德·迈耶(Conrad Ferdinand Meyer,1825—1898),瑞士现实主义诗人,小说作家兼抒情诗人。他与戈特弗里德·凯勒、耶雷米亚斯·戈特黑尔夫均为19世纪最著名的德语诗人。他的诗歌的特点是对形式有意识地进行雕琢与修饰,达到精简浓缩。他在表现形式、象征意义方面有所创新,对后世有着重大影响。——译者注

早期市民阶层工匠的体面而结束的生活形态有着深刻且千丝万缕的联系。这两者的艺术实践与生活方式同样简约直白,使他们与其他唯美主义者的工匠完美区分开来;因为,尽管工匠的技能曾是福楼拜的理想,然而他的技艺只能是多愁善感的——用席勒的话说——只是对于永远失去的简约的渴望。施托姆、默里克、凯勒、民谣作家方丹①、克劳斯·格罗特②与其他人的技艺在同样的意义上是质朴的。前者(福楼拜等)的目标是竭尽全力争取接近完美的理想,可后者的目标是诚实而卓越作品的创作意识,是他们已经尽其所能来创造完美的意识。对于前者,生活与工作的侧重点放在工作上,而后者则侧重生活。前者的生活只是实现艺术理想的一种手段,而后者仅将作品的完善视为一种象征,仅是利用生活提供给他们的各种可能性的最可靠的与最好的途径;象征着市民阶层的生活理想、精益求精的创作意识得以实现。

这就是为什么对于这些人将作品交付出版的方式,总是带着一些感人的无可奈何的心情。没有人比他们更清楚什么是完美的,什么是他们所能创造的最好结果。然而,这种距离意识以如此直接与持续的力量存在他们心中,以至于甚至不必特意考虑到它。它似乎一经提及的东西即已

---

① 特奥多尔·方丹(Theodor Fontane,1819—1898),德国诗人、作家兼药剂师。他是现实主义最重要的代表人物之一。——译者注

② 克劳斯·格罗特(Klaus Groth,1819—1899),德国著名抒情诗人兼作家。——译者注

约定俗成并成为以后所说一切的默认前提条件了。这种对默许认知的谦和态度总是伴随着他们发表作品之时的姿态。犹如在技艺精湛的老工匠身上一样，艺术对他们来说也是生活的一种表现形式，就像其他一切东西一样，因此献身于艺术的生活与任何人类——市民阶层的其他活动一样都有同样的权利与义务。所以从伦理上讲，这是他们必须约束自己的要求，可是他们在工作面前也拥有自己的人权。伦理不仅对艺术技能有要求，而且对艺术是否会给人类带来好处或是伤害的考虑也有要求。凯勒认为，作品可能取得的教育效果与文学效果是一样大的。当他谈到施托姆所说的迷信也起到了作用的话题时，他提请施托姆注意，这一点在这个灵性遭到欺骗的时代可能是有害的；另一方面，凯勒却自认为有权在自己的作品里放手描述其所有的微小特质，其表现为停留在细枝末节的装饰方面，甚至冒着结构松散的危险于不顾。此时，他受到下述情感的支配，那就是他的作品的确是为自己喜欢而写就的，所以他所有的活力都可以在这些作品中表达出来，而且因为这些特性原本也已存在其中，所以它们也必定在某个地方表现出来。在此，作品是决定因素而非结果。这种艺术观点与中世纪的艺术观点有着深刻而真切的联系，中世纪是浪漫主义者追求工匠技能的黄金时代。可是，正因为他们所追求而永远无法实现的东西，在这里已经尽现今最大之可能得到了实现。浪漫主义者将他们的渴望与他们渴望之对象分开来，或许他们的渴望可能只是分隔的、不可逾越的鸿沟的象征。可以肯定的是——这应该只是一个例子而已——莱布尔①非常接近了霍尔拜恩②，尽其最大可能地接近了他，而英格兰的拉斐尔前派艺术家则尽可能地远离了佛罗伦萨人。

文学创作受时代潮流的影响比任何其他艺术门类都更大，而且这里也可能会出现一些情况，即让人回想起伟大的古老艺术——即使仅是作品对生活的闪亮反馈——这也有其时代心理的原因。许多发展，特别是经济发展，在德国发生得比其他国家晚得多，而许多社会形态与更多旧有生活方式在这里保留的时间比其他地方更长一些。上个世纪中叶，德国还有一些城市，特别是在边远地区，旧的中产阶级依旧强大且生机勃勃，那种中产阶级与现今的中产阶级形成最强烈的反差。这些作家都是从旧中产阶级中产生出来的，他们是该中产阶级真正的伟大代表人物。然而，他们也已经意识到自己的代表人物角色。对此，我不认为他们在心智上意识到自己的处境，而是更倾向于他们已将历史的感觉变成了生活感受，变成了实际有效的生活因素；更倾向于他们将故乡、家族、阶级当作决定一切的体验。重要的不是他们对所有这些东西的热爱——这种激情毕竟也可以在其他人中找到，并且在其他那些人中甚至更加明

---

① 威廉·玛丽娅·胡贝图斯·莱布尔（Wilhelm Maria Hubertus Leibl，1844—1900），德国画家，现实主义代表人物之一。——译者注

② 弗兰茨·伊格纳茨·冯·霍尔拜恩（Holbein Franz Ignaz von Holbein，1779—1855），奥地利舞台剧诗人兼剧院经理。——译者注

显与突出，因为对这种经历的探索不够深入，因此其表达方式是感性的，充满悲伤与多愁善感的。不是的，这些作家，尤其是凯勒与施托姆等的决定性经历是自己市民阶层的生活方式；人们几乎可以说，这只是他们的观念及其领悟的感性而非抽象性质的一种后果，无论对于一个生活在瑞士的，还是住在德国石勒苏益格的另一个，都是一种如此强烈的体验。人们可以因此这样认为，因为这些诗人的经历无外乎都意味着：我来自此地，我是某某；而其后果是，他们只能看到故乡土地上承载的真实而强大的东西，他们对人类以及人际关系的观点依赖于此地所形成的价值观。在他们的作品中，中产阶级是已过时的。在这些最后仍不气馁的老市民阶层大诗人的作品中，中产阶级生活最普通的事件都笼罩在阴暗的光影里。德国旧的中产阶级开始变得"摩登"时期产生的这些作品中，童话般的奇妙微光仍然笼罩着这些过时的室内装饰，并且随着洛可可[①]与毕德迈耶尔[②]公寓的温和活力的出现——即使仅是在记忆中——可爱、精致、简约与略受约束的公寓住户出现了。在凯勒身上，寻常事物中的常态被他用丰富的童话般的幽默加以处理；在施托姆的作品中，事物保持着原样，很难

[①] 洛可可（Rokoko）是 1730 年至 1780 年欧洲发展的一种艺术风格，起源于法国并流行欧洲各地。它是一种在巴洛克式建筑之后发展起来的建筑风格，也表现在室内装饰方面，经常出现的装饰图案是贝壳。——译者注

[②] 毕德迈耶尔（Biedermeier）是 1815 年至 1848 年期间德国家具崇尚从简的家具风格。——译者注

发现与之相关的幽默。然而人们发现，他的眼睛爱抚着事物，忧伤地看着它们的消失；他的眼光有着记忆的感觉，所有这些东西都是他亲眼看到的，可是他能以平静的确定性观察着它们的衰亡，满含热泪地接受这个不可避免的现实。

然而，施托姆的世界还完全没有意识到，这种诗歌是在描述衰亡。（凯勒的作品则已经有意识多了。）他的平民同乡仍然信心十足地大步前行，尚未感觉自己或他们赖以定在的市民阶层本质已成了问题所在。一旦悲剧性的命运落到某人头上，似乎它只涉及这一个人的命运；他们没有察觉到整个世界都在动荡。尽管发生了不幸与命运遭受打击的事件，那里的一切仍然是确定的，虽然这些人们仅在忍耐方面真的很坚韧，他们最强有力的姿态是：再看看，生活、幸福或幸运等一些事物是如何转瞬消逝的，仍旧保持强势并用满含压抑泪水的眼睛瞧着这一切的流逝。这是放弃的力量，听天由命的力量，旧中产阶级面临新生活的力量——在违背自己意愿的情况下，施托姆在此不失为现代作家。一些事物消失了而有人在回头观望，而他继续活下来，没有由此走向毁灭。然而，记忆却永远留在他的脑海里：有些事物过时了，有些事物走向了毁灭，有些事情可能会出现，在某个时候……

> 我见你白衣裙飞闪而过
> 同你轻盈、温柔的身躯——

> 夜色流淌着甜蜜的芬芳
> 植物花茎梦幻般地释放。
> 我永远、永远想念着你；
> 我想入睡，可你得起舞。

2

最坚实的硬刚、最细嫩的柔软、清一色的灰色调、最丰富的缤纷色彩：施托姆融合了所有这一切，创造了自己的世界。岸边可以听到北海波涛的咆哮，在冬季暴风雪的狂虐下堤坝很难保护住岸边的陆地，然而清新的空气，再加上浓雾、沙质的海岸与城镇房舍组合成柔和的画面。一种安详、简单、单调的宁静笼罩在这一切之上。草地、牧场、近海小岛，没有什么真正美丽的东西，没有看一眼即可被震慑或让人动容的东西。简单、宁静、灰暗与单调就是一切，而在这里唯有本地人的眼睛才能发现美。在这种单一灰色调中，唯有一只这样的眼睛才能看到许多颜色，每一棵树与每株灌木都在向这只眼睛诉说着伟大而深刻的经历，只有感觉到阴影慢慢变暗的人或海滩暮色中羞涩的红色调陪伴着生活的决定性转折。小城镇具有同样宁静与同样单一灰色调，那里的德国老式房舍简单且式样单一，配有简单的小花园，塞满陋室的家什有祖父辈，甚至更远古的祖先遗留下来的。而对当地人的眼睛来说，这些房舍与陋室的灰色融会在千百种颜色所组成的彩虹之中，每个橱柜都有很多、很多要讲的故事——它们在漫长的岁月里的所见所闻。

> 灰色海滩，灰色大海
> 这座小城坐落在近旁；
> 雾气重重压在屋顶上，
> 打破寂静的咆哮海浪
> 城市周边暗淡又无光。

> 森林寂静五月起声响
> 没有鸟儿来即兴歌唱；
> 大雁刺耳高声叫嘎嘎
> 只在入秋夜晚南飞还，
> 海滩野草随风摇头晃。

而且定居于此的人与穿行于该地区的人也没有什么两样。乍看起来人们可能会认为他们之间没有任何差别。强壮、朴实、金发、步履稳健，这是男人们；而沉思的姑娘与妇女更少言寡语，头发色泽也更浅显一些。这里的一切仿佛是孩提时的那种宁静阳光普照的田园梦想；仿佛同样的微小欢乐与同样的淡淡忧伤产生出这里伴随成长年华都在吟唱的轻声、单调的民歌；仿佛大家都拥有同样的命运；

> 心灵与形式

仿佛人与命运以同一步调相面对——在相遇之前与相遇的那一刻——而双方都同样的简单、坚韧与有着确定无疑的坚定性,可是相遇之后,人们必须表现出同样的牺牲精神,拥有同样的力量继续沉着地大步前进,认命地接受清算并继续挺直腰杆,面对各种打击同样不气馁。在施托姆世界里的灰色气氛中,他所塑造的人与命运之刚强轮廓朦胧地交织在一起。往往看来好像是这样,他所有的中篇小说与诗歌中总是谈到同一件事,这就是命运来袭而真正强者得以幸存,较弱者则遭摧残毁灭。然而无论情况如何,心灵所具有的最强大的力量与最美好的丰富内涵都会从遭受命运打击的伤口中涌现出来。每个人的命运似乎都是一样的,因为人们都很缄默,每个人的生活姿态都是如此深切相似。然而人们只需——与背景不同,正好相反——后退几步,生活的单调马上就会戛然而止。那么我们就会看到,每个人与每件发生的事件都只是一部交响乐的组成部分,此交响曲或许是不情愿的,可是肯定是不言而喻的,直接来自人类与事件的整个世界;仿佛所有单曲都只是一首叙事曲或者叙事曲之片段,有朝一日应从中产生一部伟大史诗(中产阶级的伟大史诗)的素材之一。

这样一部史诗,假如它一旦问世的话,将昭示着一股宁静而自信的力量。史诗里不会有任何事件,或者起码它们不会具有决定性意义;史诗只能真正说明人们如何看待发生在他们身上的那些少数事件。这是发生在他们身上的事,而不是他们所做的事。在这个世界上,行动起的作用不大或只起着微不足道的作用。人们总归只想做容许他们做的事，他们坚定的、有把握的脚步会使他们达到自己应该达到的目标。是什么决定了生活的进程，是什么导致了折磨人的问题，造成了生活中的深切苦痛，所有发生在人们身上的这一切总是来自外部；他们自己并没有做任何事情来招致麻烦的出现，而一旦出现了问题，他们会徒劳地与之抗争。决定人与人之间差异的价值体现在人们对不可避免事物的反应上。命运来自外部，内心的力量对它来说是无力抗拒的，可是正因为如此，命运不得不停留在心灵居所的门槛上，而且永远不能进入那里；命运只会摧毁这些人，然而决不能击垮他们的心灵。

这就是听天由命的最真实的内容，即人们通常所说的施托姆诗歌的精髓。施托姆曾非常强烈地反对罪孽是悲剧的必要条件的观点；不仅他的外在动机，而是他的人生观的本质都包含着许多让人联想到命运悲剧的东西。由此而得到的认知是，每一件小事、每一件难以捉摸的事情都可能起到人生至关重要的作用。然而，施托姆在此却止步于这种可能性，他并不认为生活是一场难以捉摸的偶然事件的混乱球赛；剩下的可能性就是，人物的生活要如此来塑造，没有什么东西（既不是任何外在，又不是内心的选择）可以如此决定谁的生活以及它被塑造的时间与程度：只有偶然，随机环境之随机组合决定了它。那么任何帮助都无济于事，人们必须接受这一点，放弃任何抵抗并且通过从痛苦中获得丰富内涵来感受内心的充实。

> 心灵与形式

因此在这个世界上，命运是一种机械运作的、不容外力干预的力量。然而，此命运既不是一种神秘的、超自然的强制力，也不是介入日常生活之不可抗拒的强制力量。施托姆的世界是日常生活的世界，他的诗歌是——正如埃米尔·库曾经说过的——神圣的日常生活的世界。故而，此命运只不过是简单的人际关系的强制力，人类思想、人类约定、偏见、习惯与道德戒律的强制力。在施托姆的世界里，一个人的心灵中不存在相互矛盾之强制力之间的内在斗争。做能做的事情，这种责任是事先并且为了永久而确定的，明确地排除了任何争议，而疑惑最多可能出现在运用方面。只有不受人类力量左右的外力支配的命运，才能把人们置于交叉路口上；然而即便如此，那么这里也没有真正的罪孽。这些人不会去做恶事。并不是说这个世界上的每一个人本身都被排除了邪恶的可能性，可是这里的伦理对每个人来说都是一种如此自然的生活功能，就像呼吸一样；因此，不合伦理的行为从一开始就是不可能的。因此，即使生活环境之不可抗拒的强制力迫使人们做出一种行为，而他绝对可靠的道德情感是谴责这种行为的，这才是生活中发生的最深切之不幸。然而，由此却不会酿成一场悲剧。至少不是外在意义上的；因为伦理对行为的判定是严厉的与难以改变的，然而那种感觉的力量却同时是如此之大，以至于无论在人身上发生了什么，它都能完整地保存人的本质。在他身上出了事，而他以男儿的勇气远离了幸福之路，以无畏的克制隐忍着实为不该他负责的罪过，无时无刻都不想摆脱自己"行为"的后果。然而，同时他也感觉到：他什么都没做，一切却发生在他身上了，而他身上的一切都保持完好无损；他身上有一种外力无法触及的东西。

这就是履行责任的意识作为生活形式与世界观所具有的力量，它仍然保持着其过去的、以绝对命令的强制力量运作的普遍有效性行事之，即使天真的信仰与信任可能早已消失殆尽，这对正在发生的事情也只会产生微乎其微的影响。世界在以某种方式运转，某种东西推动它的运转，有谁晓得它是什么东西，有谁晓得为什么，有谁晓得目的何在呢？为什么要问些没有答案的问题，为什么忧心忡忡地徘徊在永远关闭的大门前，为什么用过往时代的五花八门的谎言来安抚心灵呢？我们应该履行的责任是：这是唯一安全的生活道路。施托姆诗中一个人物的心情，一位濒临死亡的老人的心情，或许是这种生活感受的最佳表达。他静静地站在充满美好而富有生活记忆的房间里，而千百种细微征兆告诉他，末日已经到来，他听到远处的钟声响起，而他知道很多人都把全部希望寄托在这响起的钟声上。

"他们在做梦"——他说——他悄声说。

"而这些多彩画面是他们的幸福。

可我知道，死亡的恐惧

早孕育在人脑之中。"

> 他伸出双手阻挡着:
> "我做错了什么,其一我是自由的;
> 困惑状态使我永远不得头脑清醒,
> 即使为了那最为诱人的希望之乡;
> 其余还有什么,——我耐心等待着。"

在此真正重要的只有姿态,而不是内容。施托姆的非宗教信仰实际上是一种深度的宗教信仰。只有在面对死亡的时候,在不可能有抗争的地方,这种平静的力量才能让人们完全清楚地看到命运;而在平常生活中,在这样的时间点上——客观上——抗争不是从一开始时就能确定的,或许映入眼帘的更多是虚弱。就像在人与命运的关系中,难以分清什么是内在、什么是外在的东西,在此同样也难以分清虚弱与力量。内心的力量在表面上通常表现为虚弱,因为人们的世界观如此深切一致,因为支撑他们生活的道德信条是如此坚不可摧,以至于他们对全然来自外部的残酷事件的反应,就像他们对所有出于自身的大事的反应一样,有着同样的伦理态度,因此他们也能够把这些事件融合到自己身上。他们力量的本质是他们融合的能力,他们的虚弱在于——在大多数情况下——即使他们对生活之真实强烈的表达也在等待来自外部的东西来冲击他们,并且在最罕见的情况下,他们发现自己在极少情况下遇到可以与之成功抗争的东西。

不言而喻,这些只是这个世界非常广泛的界限。然而,正因为界限是完全无懈可击的，所以实际上在任何地方它们也都没有被划定，而且其后果从来没有严酷地、坚定地予以实行。施托姆的价值观——而尤其是他某些角色的价值观——深受他的同胞黑贝尔所塑造的迈斯特·安东世界观的影响。然而，因为眼光略欠犀利与略欠严苛的施托姆更少地注意到这个世界的衰败，并且同时也没有那么重视某些观点与价值观的存在，而是更看重整个生活的总和，他没有迈斯特·安东的无情教义之局限性，在他的作品中也找不到另一种生活，一个比他所知道的世界更强大的新世界。在他的世界里，虽然也有一些人过着完全不同的生活，然而即使是这些人也无法与他的典型角色类型形成鲜明的对立。在人类的行为中，表现出最大的反差：有人是正派的，另一种人则不然；有人是极端可靠的，另一种人则是完全不负责任、轻率的；对一种人来说，生活的代价是秩序与保障出色工作的自我意识，对于另一种人来说，不惜任何代价享受表面的瞬间快慰。而这些排比可以无休止地继续列数下去，然而仍有一个可以完全协调这些极端的领域：伦理价值观领域。有了这样的强制力，这个世界受伦理之统领，以至于即使不依此行事的人也会感觉到伦理的存在；只是他很虚弱，只是他缺乏按照他内心深处所愿去生活的力量。假如真的有人感觉与这个世界格格不入的话，那么这就是一个完全离奇的案例，近乎病态的、蛮新奇的或者异乎寻常的案例。

永恒转瞬即逝的情绪，接受凋零法则的情绪，一种温

> 心灵与形式

柔与宽恕的仁爱伴随着任何衰败现象。弱势与强劲都是天性使然;强劲、正直与尽责不是功德,而是恩典,反之亦然。命运的情绪受内外因素所主宰。做一个好人不是什么功德。或许是出于幸运,可是也仅仅是可能,因为这对生活本身其实没有任何影响。无论如何,它真是一种善举:它造就了一种尊严,形成了人与人之间的差距。而最确信的尊严,如此确信,以至于从中不会出现傲骄,不会出现严酷,只会对另类人、对地位低微的人表现出一种温和的宽恕与理解。

> 一个人问道:之后会发生什么?
> 另一个人只问道:我做得对吗?
> 而这即是区别所在,
> 自由人有别于奴隶。

因此,施托姆世界的氛围是由苦涩与多愁善感融合而成的。发生的事件尽可能简单与平凡,而遭遇事件的主人公既不超出日常生活的范畴,也不引人入胜。他们是德国小城镇普通市民,从小市民,有时从工人起向上直到——可是也只是有时——几个古老的贵族家庭。日常生活到处悄无声息地流逝着,直到厄运突然降临,可是即使到了那时,同样的生活仍在继续着,只有几条皱纹镌刻在了早先年轻的面庞上;只是这场冲突将某个人抛出了他的生活轨迹,而他在某个其他的地方过着同样节奏的生活。只有少数一些物质基础较薄弱的人彻底坠落，难以挽救。

可是，多愁善感——这就是施托姆的发展方向——不仅与事件的进程毫不相干，甚至不会模糊它们的硬性边界。多愁善感只能是这样，就像人们——当他们在事后回顾事件时——在心中留下的记忆，他们以及其他人发生了什么。多愁善感只能是对认清命运关系的感触。它的艺术意义在于，用听起来柔和的连奏来伴随事件的生硬断奏，以便它们将悲剧化解在安魂曲的意境中；而它对人类的重要性在于，它在短视的锋芒面前保持了在维护伦理价值观上矢志不移的决心。

施托姆的田园诗意境与他的悲剧意境相类似，它们的美感是同根同源的。因此，即使是最简单的、最小的室内场景，小型的图景也是如此，它们给人带来的不外乎是一间古老房间旧家具的亲切、精致的氛围，在那里述说久已销声匿迹的故事是这些变化的、几乎听不到的主题，而全部铺垫的目的只是为了让这间陋室的气氛能被感官所感知到。因为到处都是同样的基调意境：有机生长的感觉，事物自然衔接的感觉，甘愿接受相互作用产生的运动之必然性，不可能根据重要性的大小将事物加以区分的认知。历史的感觉变成了生活感受。这些陋室的气氛让人想起古老荷兰的室内装饰，可是这里的一切气氛更浓重些、更抒情些、更感伤些。那里的天真无忧的生命力之坚定自我意识，在这里变成了对凋零美感的自觉品味。在这些房间的气氛中，人们带着柔和的矫揉造作已意识到它们已消失近半，很快就将完全消逝殆尽；历史的感觉不仅赋予一切事物如花之美感，也赋予了消逝与衰败不可避免的规律性的木讷与忧伤的反映。因为历史感让人们意识到事物这一自然过程，即把过程既拉近而同时又推远，它使得与过程的关系更有抒情性、主观性，同时又以纯粹艺术享受的清爽意境环绕着它。

可是，这些室内装饰仅为施托姆大多数中篇小说的背景，偶尔也会出现背景与其他一切脱节的情况，背景描写成了自身所用，构成一个闭环的图像。这种室内装饰的气氛——仅仅出于形式的原因——诚然构成田园诗般的美。可是除了这些作品，施托姆还有其他一些中篇小说，从内容上来看都是田园诗。其中这种生活情调不仅有来自对旧家具的温馨凝视，也有人们以这种眼光对整个画面观察的情况，而且也通过对事件过程与内容的描述表现出来。雷雨渐停的氛围，阳光破云而出，是这些中篇小说的基调，并且也是它们与悲剧密切相关的根源。两者都描述了人们头顶上空的雷雨云密布，而且两者之中那些人们同样在感受着雷声的轰鸣；区别仅在于一个是雷击下来了，另一个则没有。幸运同样来自外部，不幸亦然；它来自某个地方，进入那心灵栖居之所，可在那里找到一个美好的居所。然而，命运可以随心所欲地敲门，并随性选出它要降临的人选。因此，在这些田园诗中被命运选中的人的感觉与在悲剧中是一样的。有时，没有什么能掩盖田园诗般的幸福旋律，并且只有在人们被幸福的波涛所左右的被动奉献中，才会发出悲剧性事件的宿命情绪之哀鸣。

悲剧与田园诗。在这两个极端之间，发生了施托姆世界里的每个故事，两者融会的方式构成了他作品的特殊氛围。这些作品的深刻市民阶层的本质在于，生活在所有外在表象中的绝对不确定性与只涉及心灵之不可动摇的坚定性。这就是中产阶级的生活氛围，它开始变得不确定。在这种生活氛围中，正处于消亡之中的、伟大的旧中产阶级在其最后一位内心仍不气馁的诗人作品中仍表现出了历史的、深刻的诗意。这种生活氛围表现在他所有的作品中，也包括那些出于对旧风格的热爱而回顾更古老的时代的作品，因此，在它们之中使人感觉到有时一些结构偏冷，系在追求纯粹艺术所致。

施托姆诗歌里的世界比这些生活感受的世界更确切、更纯净；人物。即我们在诗句背后所投射的人物的剪影，更加精致；打动他们的动机更为深刻，他们经历的悲剧更为纯净。这当然是形式的一个结果。施托姆世界里人物的本质是这样通过其氛围表现出来的，即本质最贴切的表达方式是因命运所引发的生活表达。行动、事实、事件，一切外在的东西其实都是完全多余的，它们存在之所以必要是因为——正如他曾经致信埃米尔·库时所说的那样——确实有些素材只能在比诗句所容许的动机更广泛的情况下才能发挥作用。可是正因为如此，他在一些无需这种基础的诗句中达到了心灵塑造的复杂性与纯洁性，这一点是他在中篇小说的表现形式里一直都无法做到的，因为只有这

○ 心灵与形式

样才能是对他所塑造之角色的宁静而朴素的内心（或许我们可以说：他自己的内心）最为恰当的表达。因为这些人物与他们的塑造者简直太过平静了，不会一头扎进喧闹事件的洪流中，并且太过简单了，以便去揭示他们心灵最隐蔽的碎片，揭示他们埋藏最深的秘密，揭示充满奇迹的、从未洞察到的、心灵深处的绮丽美景。这个世界与其人类的真正的美感是对宁静、温暖、朴素的生活氛围的抒情演绎，而它真正的、真实完美的形式只能是一首非常安静、非常简洁的抒情诗。这样一首抒情诗包含了——正是因为它的简洁——所有的细微之处，拥有从表面来看比对此更为适宜的中篇小说更加纯粹的力量，可是中篇小说的形式要求外在事实的投射或分析的解决方案。在这两者之间，结合二者在此所需要的，施托姆抒情诗的世界建立起来了。

> 你咬破柔嫩的嘴唇，
> 鲜血随之流淌出来；
> 你想要的，我确信，
> 因我的嘴唇吻过它。
>
> 你让你的金发褪色，
> 任其遭受日晒雨淋；
> 你想要的是我的手，
> 充满爱意去抚摸它。

> 你在炉旁烟熏火燎,
> 漂亮双手舞动操劳;
> 我确信你想要什么,
> 我的眼睛正盯着它。

3

施托姆的形式是抒情诗与史诗,或者更确切地说是抒情诗与中篇小说。因为施托姆永远也不会动心去尝试其他的形式。他的发展不断丰富了他的洞察力,可是这一丰富无意间使他的中篇小说越来越接近小说的规模。而凯勒从来不想承认小说与中篇小说之间的原则区别,时常建议他不要把他的素材过于简化,不要删减太多,也不要拉开太大的距离,以便这些内容保持原有规模可以成为小说。在这个问题上,施托姆没有听从朋友的建言,并且一直没有放弃他的中篇小说形式。诚然,他对中篇小说的定义已经一再接近小说的旧有定义了,并且在许多方面已成为那种旧的、真正意义上的中篇小说的反面。在一篇克制的序言中,他强烈地反驳了中篇小说的旧定义,即这是对一个事件的简短表述,该事件因其不同寻常与令人惊讶的转折点而引人入胜。而且他主张,现代中篇小说是最严格、最完整的散文表现形式,是戏剧的姊妹篇,它如后者可以表达

> 心灵与形式

最深层的问题一样。由于诗剧已被排挤出了现代舞台，中篇小说甚至应运而生来继承诗剧的遗产。

在这方面，施托姆预示了现代印象派的发展，这种发展完全内化了中篇小说，即完全用精神内容来填充旧的框架。那种转变——在其最终结果里——将任何强大的结构与任何形式分解成安静与精细的，仅仅引起悸动般的心理转变的序列。现代中篇小说——作为一个典型的例子，我首先要指出的是雅各布森①弟子的中篇小说——超越了中篇小说可能容纳的内容。主题变得比中篇小说形式所能容纳的内容更精细、更深刻、更全面、更充实，因此——乍看起来这似乎是自相矛盾的——这些中篇小说变得不像单纯的旧中篇小说那样深刻与精致。因为它们的精致与深度完全取决于原始与尚未经过加工的素材，取决于人物及其命运的关系，取决于它们与现代人们的生活感受的关系。简而言之，中篇小说形式的精髓是：通过命运时刻的无限感性的力量来表达人类的生活。加长的中篇小说与小说的差异只是真实而深刻的、艺术门类定义上的差异之象征。小说通过把人物及其命运置于一个整个世界的全部丰富多彩之中，从而也展示了整个生命的内涵；而中篇小说只是在形式上这么做，即通过对生活某个片段进行如此强烈的感性塑造，而生活的所有其他部分则变得多余。那么在内容

---

① 延斯·彼得·雅各布森（Jens Peter Jacobsen，1847—1885），丹麦作家兼诗人。——译者注

的深化与细化上，一方面从中篇小说的决定性优势中夺走了新鲜而强烈的感官效果；另一方面，它展示了人物如此的多样性与人际关系如此的多姿多彩，以至于无需更多的事件即可全然展示出人物。于是，形成了一个新的艺术门类，一个——有如现代发展所开创的任何一个——非理性的门类，一个这样的门类，其形式即为形式缺失。因为这样可赢得与实现的东西不过是一个人生活中的几个插曲；可是这些插曲不能再成为象征性的（如在中篇小说中一样），并且整体也不会强大到作为一个特别完整的、包罗万象的宇宙（如小说）而存在。因此，这些中篇小说让人联想到科学专著，而更让人联想到专著之草稿：它们的本质是与艺术对立的——即使它们的手段真是艺术的——因为整体永远无法释放出脱离具体内容而仅由形式产生的感觉，即使我们改变了对内容的看法也无法改变的一种感觉。与科学专著一样，这些作品的效果唯有基于内容，从本质上讲是基于那个更多的科学兴趣，关注在其中收集的新近观察之结果。当这些观察变得过时，特别是当它们已广为人知并且不再具有新颖性的吸引力的时候，这些作品（这是试验，而不是这些实施的证明）才失去了意义。而艺术作品与科学专著之间的关键区别或许是这样的：一种是有限的，另一种则是无限的；一种是闭合的，另一种是开放的；一种是目的，另一种则是手段。一种是——我们现在就从后果来判断这件事——无与伦比，既是头一个，也是最后一个；另一种则因为取得了更好的成就而变得多余。简而

> 心灵与形式

言之：一种有形式，另一种则没有。

施托姆一定是不知何故察觉到了这种危险，他很可能因此抱着谨小慎微的担忧规避了小说。他仿佛已经感到，做一个真正伟大的小说家自身尚缺少的东西，这就是他的主题只好停留在中篇小说范畴的原因，既不能又不该扩展到小说。当埃米尔·库曾称他的中篇小说为经典时，他却反对这样的评价。他回信给库说："要成为经典，一个作家的作品必须以艺术上完美的形式反映出他所处时代的基本精神内容……至于我呢，我得到一个侧旁厢座位置就肯定知足了。"他的这句话已经触及文体问题，尽管他实际上并没有提到文体。施托姆的观察方式不能涵盖世界上千变万化的丰富多彩，犹如小说形式所要求的那样，他只看到个案，只看到中篇小说的可能性。可是，他的观察方式是如此精细，如此内化，以至于几乎不可能在简单而强有力的中篇小说旧有形式中得到表现。在旧的形式中只有事实，只有外在发生的事件，正如弗里德里希·施莱格尔讲到吉欧瓦尼·波卡楚①时所说，最深刻与最主观的情绪只是间接地表达出来，只通过感官图像表达出来。在施托姆的早期中篇小说中，他的内心只关注抒情的，只关注心灵悸动的，他的内在性实际上以下述形式直接地表达出来："这里与那里……人们可能期望有些个性上的确定性"，针对

---

① 吉欧瓦尼·波卡楚（Giovanni Boccaccio, 1313—1375），意大利作家、诗人，文艺复兴—人文主义代表人物之一。——译者注

这些早期中篇小说作品，默里克谨慎小心地说。后来的作品寻求表达尽可能丰富的内心生活，表现一个或多个人物的全部心灵内容；然而，表现手法总是这样的方式，即所有这一切都植入史诗的形式里并加以扩展与丰富，而没有给原始的、直接的东西之表达与内容上要考虑的东西留有余地。

因此，形式再度回到内外互动与内外关系的问题上来。施托姆心灵的倾向有助于他实现了艺术上的综合。一方面，他的内心并不像现今作家那样病态般地强烈。他没有将每一种情绪追溯到心灵深处的欲望与压力，正如埃米尔·库所说的那样，他总是止步于倒数第二扇门之前。另一方面，他的眼睛在审视外在事件时，既不带有残酷苛刻的目光，也不带有强烈的感官享受。这两种元素彼此相距甚远，以至于两者不可能形成有机的统一体。

施托姆通过吟咏的方式实现了音调的统一，通过动用直接叙事方式确立了史诗的形式，这是史诗最深层的与最原始的形式，它决定了自己存在的条件。他所有的中篇小说少有几部是没有设置在一个框架内的；也就是说，他本人，而不是专为此目的而杜撰的人物，讲述着记忆里、文字记载以及编年史中汇总来的故事。可是，一旦他本人开始讲述了，他似乎就像是从自己的记忆中汲取着每一个细节，或者他正对别人讲述着自己生活中发生的一件奇怪的事。这是短篇小说老传统的复兴（亦可引凯勒与迈耶的作品为证），人为地还原中篇小说的原始精髓。而对于施托姆来说，这不仅是一个有趣的框架。在他的作品中，口头吟咏，这个真实史诗文化的残存简朴传统，扮演着一个无论怎么高度评价都不为过的角色。对他来说，口头吟咏意味着衡量的标准，看他想要营造的气氛是否真的在他的作品中得到了表达。然而，这样的吟咏当然只是强化了直接来自框架的效果，它的真正意义远远大于讲述音调的直接和谐程度。简而言之，本质或许是这样的：拉开了一段距离，内心与外在之间的冲突、行为与心灵的冲突再也看不到了。最重要的是：回忆——因为它是框架叙事的典型形式——不分解事物，很少能看出事件的真正动机，并且事件绝对不能用柔和的、几乎难以察觉到心灵悸动变化的先后次序来表达。由此可见，事件是以感性敏锐观察的画面或对话片段的形式叙述的，但却包含了一切。回忆与叙述回忆的自然技巧导致了另一种同样可靠而有力的史诗形式：歌谣。民谣的元素弥补了施托姆的中篇小说所丧失的真实品质。通过从中篇小说里排除所有的分析，保留它们全部的感官力量与象征意义，施托姆从而防止了向小说的扩展（扩展则表现不出这里所涵盖世界的贫困）。另一方面，这种拉开的距离感抵消了事件的碎片化以及它们与人物心灵生活之关系的过度苛刻性。这些敏锐观察的画面也相互融合而形成完美的和谐。因为讲故事的人浸沉在那些将它们结合成一个整体的事件的那一部分中，感受到的只有对他有意义的经历，因此感受到的只有那些已经成为故事核心的经历。而且还有一点：这项技巧也能使塑造的角色更加感性化。

在记忆中，人物的本质留下的只能是看得见与听得到的东西，并且基于这些特点，典型特征与普遍特征就慢慢地脱颖而出了。这种塑造角色的途径与现代中篇小说家的方法截然相反：后者一开始先建立灰色背景并描述人物的最普通与最日常的特征，然后通过对中心主题的细致入微的提炼，将他们从背景中衬托出来。因此，假如施托姆依照上述方法无法实现人物心灵刻画的内容扩展的话，那么他的心理刻画却能成为形式；与此同时，现代中篇小说家的更为丰富的世界则停留在未处理的领域。

然而，这种解决方案也表明，施托姆完成了一系列的发展。对他之后的下一代人来说，他的心理刻画已是肤浅的，他的人生观已背离了真实的生活。那个时候，构成他叙述背景的质朴与感官印象深刻的环境几乎在人们记忆中消失殆尽了。那个时候，假如有人仍停留在施托姆的认知阶段的话，那么他不得不采用近乎家族编年史的调门；与此同时，人们试图进行更有力的分析，试图吸纳更深层次的问题，这将威胁乃至颠覆施托姆史诗悬于一线的平衡。因为施托姆风格的解决方案不是直接从其素材的原本本质而来，而是从他个人能力所创造的和谐，可以在贯穿一千页的趋势中建立巨大微妙而无限谨慎的平衡。施托姆的史诗艺术作品，尽管都是正式完成的，然而并不是一种"强劲的艺术"（有如莫泊桑的作品等）。他实际上是现代中篇小说沉默的"金匠与银丝编织匠"，这一定位确定了他前无古人、后无来者的价值。他处于分水岭的边缘，是德国伟

> 心灵与形式

大市民阶层文学的最后一位代表。在他与他所描绘的世界里,再也没有像耶雷米亚斯·戈特黑尔夫①那样伟大的古代史诗的不朽作品了,笼罩着他的世界的腐朽气氛还没有变得足够强烈与深刻地被意识到,以便再次变得具有纪念意义,就像托马斯·曼的作品《布登勃洛克一家》那样。

施托姆的抒情诗更加清楚地表明,他是最后的一位代表人物。他是民歌土壤上生长起来的德国市民阶层抒情诗的大成者,经历了它发展的高峰与终点。德国抒情诗始于京特②,其发展线索经过年轻的歌德,再经过浪漫主义及其此后发展出来的流派,主要经过两极对立的海涅与默里克,汇聚到施托姆为止。可是,尽管他小心翼翼地在中篇小说中寻觅着朝着一种依稀预感到的向新形式的过渡,他在此仍然以最强烈的严苛坚守着旧形式,并且不仅坚决拒绝做任何实验,而且坚决拒绝每一首在严格意义上不抒情的诗作。尽管如此,在自己的诗句中,他不仅发现了一种对其生活感受更纯净、更强烈的表达,而且找到了比他过去的中篇小说也更复杂、更紧张、更震撼、更现代的表达方式。然而我认为,这种对立实际上根本不存在;因为在这两种情况下,理论上的理由都只是形式与情感之间相互关系的

---

① 耶雷米亚斯·戈特黑尔夫(Jeremias Gotthelf,原名 Albert Bitzius,1797—1854),瑞士作家与牧师阿尔贝特·比丘斯(Albert Bitzius)的笔名。——译者注

② 约翰·克里斯蒂安·京特(Johann Christian Günther,1695—1723),18 世纪早期德国最重要的抒情诗人。——译者注

伴生现象。他在抒情诗领域的教条主义，排除了进行任何妥协，同样只反映了他坚定的安全感，犹如他对中篇小说家所进行的尝试抱有较为温和的态度，以及他对中篇小说形式超越旧中篇小说的范畴诠释为只是中篇小说家内心不确定性的征兆。无论来自诗人心灵还是源于素材的原因都很容易理解；在此它们在很大程度上已经表明：所有的不和谐，包括在决定人类命运的外部世界里表现出来的以及在施托姆艺术作品中对这个世界感知与评价的不和谐，统统没有出现在抒情诗中。对命运感知的抒情力量可以十分纯净与直接地用文字表现出来，这对施托姆来说都是——也在他的中篇小说中——对事件的抒情反映，确定性的体验。

施托姆抒情诗形式的本质是对过去时光的、任何伟大价值的完美利用：极简之表达的最大化；对图像与比较进行完全印象主义的简化并且压缩至特别必要的程度，压缩简短到有如短暂暗示之效果；在词语选择可能性十分受限情况下，让词语突然发挥出一种感官的力量。而且最重要的是一种无以言表的优雅、深沉与全然自信的音乐之声。一种乐声，这种与伟大的音乐密不可分的抒情诗经长期发展直至提炼成意识十足的音调；一种乐声，或许正是这种情况以最严格的方式在纯歌曲般的界限内而捕捉到的。甚至可以夸张地说，这种抒情诗的风格是考虑到配乐歌曲而确定的。歌曲演唱与否仅仅视作可能性，因为它始终是开放的并且本应如此。这里的问题只是个界限问题，一方面，

> 心灵与形式

心灵的东西在何种程度上仅以声音的力量得以表达出来，另一方面则是必须表达出来。当然，这里只有以歌曲演唱的可能性，而不是真正的歌唱，这是一种要求与一种风格原则。

从各个方面来说，抒情诗人施托姆都是这一发展的最后终点。不仅因为简单的主题都已耗之殆尽，而且更重要的是，默里克把语言的形象化发展到了极致，海涅把知性价值带入情绪中来，其力度已推到了即将撑破形式的地步。施托姆将两者的新价值联系在一起，然而他引领抒情诗回到了非常简单、非常严格的形式中去。可是，他的这种简朴已经是一种有意识的风格化，是对这一伟大发展的最后一次装饰性的总结。他的诗句刻意力求原始的简朴，对快要耗尽的所有可能性进行了最后的磨砺，因此倘若有人再次尝试时必然会出现折戟的现象，在他之后再走这条路只会是一个空洞的、玩世不恭的肤浅格调。在他的作品里——在真正优秀的诗歌里——这个听起来过于深沉、气氛柔和且笔法依旧硬朗的北德抒情诗没有任何矫揉造作。就像海涅诗作中的讽刺与多愁善感一样，坚韧与多愁善感在这首诗中相遇，然而两者在这里融合在一起，而不是像海涅经常所为，以一种尖锐的方式面向对方，以致效果反而被抵消了。

> 石莆花草地回响我的脚步声；
> 我脚下的泥土发出闷声回应。

秋天来到，明春尚远——
我曾有过滋润的时光？

周围雾气徐徐升起；
药草黑而蓝天空荡。

我若五月未曾到此地游！
生命与爱情皆飞逝流走！

一种勇敢、听天由命、严苛的生活气氛，这就是市民阶层最后一位伟大的老式抒情诗人的诗歌。

1909 年

新的孤独及其抒情诗
——论斯特凡·格奥尔格[*]

1

冷漠之传奇！没有谁愿意过问凡夫俗子的微小欢乐与轻微痛楚，没有谁愿意站在每个城镇的集市广场上来帮助解决所有令人不安的问题。冷漠威胁着那些心灵生活还没有彻底地融入大众共同生活中的人，威胁着每个不会袖手旁观的人，而特别是威胁着那些将艺术仍视为严肃工作的人。有人想发表一首自娱自乐的诗歌，它本身就是自己的生活，它与外界没有任何的沟通渠道，它不依托共同的情

---

[*] 斯特凡·安东·格奥尔格（Stefan Anton George，1868—1933，亦译为斯特凡·乔治），德国抒情诗人兼翻译家，当属20世纪初叶最重要的诗人之一。他面对德国古典主义文学逐渐没落而自然主义日益兴盛的现状，并没有放弃自己的艺术追求，倡导"为艺术而艺术"的创作理念。他积极借鉴法国象征主义诗歌艺术，向法国象征主义学习，一生创作了大量优秀的诗歌作品，开启了德国唯美主义文学时代。——译者注

绪为前提，并且它对读者没有任何要求，只要他能阅读即可。这就是为什么歌德笔下被歇斯底里折磨的塔索斯与奥雷斯特看上去像大理石一般冰冷，而鲍德莱尔的抽泣声也一定没有人会听到，因为他懂得如何用适当的形容词将自己的痛苦掩饰起来。而现在，继格里帕泽①与黑贝尔之后，接着在济慈与斯温本之后，又继福楼拜②与马拉梅③之后，轮到了斯特凡·格奥尔格。如今，他是"冷漠"的诗人，他远离"生活"，他没有"体验"，并且他的诗句就像精美打磨的高脚水晶酒杯，受到同业人等的崇敬，而让如此众多的人目瞪口呆，并且实际上毕竟只对极少数人才真的有意义。

人们如此频繁不断地谈论到这种无动于衷，可是这种冷漠意味着什么？可以肯定的是，如此多次重复出现的感觉一定具有深厚的精神基础；可是同样确信的是——可用千百份文件来证明——这种感觉：昨天还是冷漠而伤人的客观，今天就有许多人感受到其中隐藏的抒情诗意，而明天他们或许会觉得它太过温和，太过忏悔，太多主观以及

---

① 弗朗茨·格里帕泽（Franz Seraphicus Grillparzer, 1791—1872），奥地利剧作家、作家兼诗人。——译者注

② 古斯塔夫·福楼拜（Gustave Flaubert, 1821—1880），法国作家，世界文学名著《包法利夫人》的作者。西方现代小说的奠基者之一。其成就主要表现在对19世纪法国社会风俗人情进行真实细致描写记录的同时，超时代、超意识地对现代小说审美趋向进行探索。——译者注

③ 斯特凡·马拉梅（Stéphane Mallarmé, 1842—1898），法国诗人兼文学评论家。与阿蒂尔·兰波、保尔·魏尔伦同为早期象征主义诗歌代表人物。——译者注

心灵与形式

太过抒情了。这些概念的摇摆与古典主义、浪漫主义的概念相类似，这方面司汤达①已经注意到了，曾经是浪漫主义的一切如今全都变成古典主义了：古典主义是昨天的浪漫主义，浪漫主义是明天的古典主义。那么，在无动于衷与主观性之间，在冷漠与温馨之间同样只有时间上的差异；换句话说，它们只应是进化与历史的范畴，而不是美学的范畴。真的是这样吗？我认为这里的要点是，读者将自己对生活的感觉与作家（根据自己的判断！）对自创世界的感觉以及对温馨与冷漠进行比较所得之差异反射到作家自己身上去。因此，每位作家都必须显得冷漠，例如，认为某个人物或某件事情的终结都是一些必然的、有益的与不值得哭泣的事情，因为他将其归因于他的受众尚未完全自发感觉到的因果关系。而且，当读者的心灵中产生一种感觉，那是一种——公认的与总能感受得到的——自然而然的情感，起初在他与世隔绝的时候给人的印象是令人气愤的偶然或命运的打击。而且每当感觉变化时都会发生这种情况。诚然，这不是艺术的观点。艺术应该是：借助于形式的暗示。并且这种默许不必与之相关联。是的，它甚至并不能阻挡具有真正暗示能力之作品的效果，或者我们更喜欢说，它不能始终阻止它的产生；可是它能够并且始终对其进行修正。因此，该问题并不触及作品的价值，而是涉及它的

---

① 司汤达 [Stendhal，马利-亨利·贝尔（Marie-Henri Beyle）的笔名，1783—1842]，法国作家。他被认为是最重要与最早的现实主义的实践者之一。最有名的作品有《红与黑》（1830）与《帕尔马修道院》（1839）。——译者注

社会定位。这是一部作品所经历的历史之路，从浪漫主义到古典主义，从奇异怪癖到崇高简约，从自然主义到风格化，从冷漠到温馨，从排他性到通俗化，从冷漠到忏悔（反之亦然）。大概就像一早"升起"的太阳，中午"高照"而到了傍晚的"落下"一样。有一天或许我们看到上高年级的女儿们手中还拿着《包法利夫人》，或许在不久之后，易卜生①会把席勒排挤出高级文科中学进修班的课程——谁知道呢？——或许斯特凡·格奥尔格的诗也还会变成民歌呢。

可以说，格奥尔格的冷漠是：因为当今的读者不会阅读，再加上一系列的——在许多情况下——看来是多余的多愁善感。他很冷漠是因为他的调门非常细腻，以至于不是每个人都能分辨得出来的；他很冷漠是因为他写的悲剧是如此悲凉，以至于当今的普通人尚未意识到它们是悲剧，因此认为这些诗歌只是为了优美的韵律而写就的；他很冷漠是因为普通抒情诗所表达的情感不再能反映普通人的生活。

或许有一天，这些诗歌仍然会变成民歌。

或许吧。因为讳莫如深的"讨厌亵渎神明"并不总能决定一位作家的历史命运，它其实也由机缘巧合所决定。通常此屏障是由于作家的个性与他所处时代条件如此紧密

---

① 亨里克·约翰·易卜生（Henrik Johan Ibsen，1828—1906），影响深远的挪威作家兼剧作家，被认为是现代现实主义戏剧的创始人。——译者注

心灵与形式

而深入的相互作用而产生，作品的最内在的、最终的与决定一切的形式问题都由此而产生。可是，这种排他性永远改变不了时代的消逝与变迁——也改变不了人们的感受。

有一些作家的写作内容与他们所处的时代是脱节的，也有这样的审美家；或者更加精确地说：存在一种社会学与心理学上的为艺术而艺术。当然，我在此仅表述了两个极端，它们之间存在千百个细微的差别。谁是审美家？歌德意识到了这个问题，他或许是第一个意识到了这个问题的人，在致席勒的一封信中也谈到了此事："不幸的是，我们中的一些新人有时天生就是作家，我们在这行当里苦苦挣扎，却并不真正知道我们到底在做什么。因为假如我没有弄错的话，特殊的规定实际上本该来自外部，机遇理应造就人才。"而或许补充这一点甚至都是多余的：美学家是在理性的形式意识消亡之后出生的人，形式这时被认为是一些历史上现成的东西，因此是些根据个人的情绪而将感受视为舒心或者无聊的东西。可是如若他不能屈从于此的话，而且既不愿意原封不动地接受用来表达陌生情感的形式，又不情愿完全粗略地表达自己的感受，这对于每一刻毫无艺术气息的时光都显得是那么亲切并富于同情心；相反，他——尽其所能——为自己构建自身的"特殊的规定"，并为自身营造确定其才华的条件。

仅从字面意义上讲，格奥尔格是位名副其实的审美家。他是位审美家，而这意味着当今没有人需要歌曲（或者更确切地说：只有少数人需要它们，而这些人的需求也是完全模糊的与迟疑的），所以面对陌生的、理想的读者（或许他们根本就不存在）他必须在自己的内心发现创作词曲的有效可能性：当今诗歌的形式。而假如所有这一切——尽管也可能是真实的——对他的真实存在没有说出什么具有决定性意义的东西，那么当人们读到有关这位作家的情况之时，有关他的那些陈词滥调已经在仍需前行的道路上消失殆尽了。我担心，我也是为那些迄今关于他以及从他那里听说过的仅为类似的情况写的。

2

斯特凡·格奥尔格的歌是远足者的歌。在一条无尽的、漫长的远足路上，有许多休憩站点，路径或有明确的目标，或许又不一定要抵达某个地方。远足是个庞大的环路，可与伟大的小说相媲美。远足者在一起相辅相成、相互释疑、彼此鼓劲、相互安抚、彼此支持与相互完善（而这些并非都是预先所设定的）。《威廉·迈斯特的迷途》——或许还有少许《情感教育》（福楼拜著）的味道——可只是完全发自内心的、纯抒情的故事并没有夹杂任何冒险或事件。只显示心理对所有事件的反应；仅仅丰富了心灵，而非致富的源泉。只讲迷失路径，可是不讲路径引向何方；只讲分别的痛苦，而不说走在一起的意味；只讲伟大相遇的狂暴

心灵与形式

喜悦,而不讲彼此曾倾向一起共同成长;当人们看着时光瞬间即逝时,剩下的只有思念的甜美忧伤与智者狂喜的苦涩喜悦。寂寞、太多的寂寞,孤单的旅程。这一完整的远足之路径从寂寞出发又回到自己的寂寞中去,经过有人居住的地方,随着伟大爱情的消逝回归到自己的寂寞中去,然后走到一条通往更加痛苦、更为高远,最终越来越寂寞的新路上去。

> 放下手中的瓦刀歇晌
> 满意地看着自建新房:
> 除了门槛石料没打就
> 一切就绪只待搬家忙。

> 你们撒下了鲜花籽种
> 编织花环苔地曼舞中。
> 你们望向下一个山脊
> 命运选择你往那里冲。

或者甚至更美妙的在这里:

> 只要大山披上了美丽霓裳
> 我在车上轻易确定好走向
> 听到林地里所熟知的合唱
> 傍晚灰色小径却静无声响。

新的孤独及其抒情诗

> 现在不会有人抄近道莽撞
> 这使我心安并升起了希望
> 再能给予我最小慰藉的是
> 徒步旅行者不走夜路乱闯。

可是,斯特凡·格奥尔格的悲剧是哪一类的呢?这些诗歌仅勾勒出作家的虚构肖像,它们给出的答案仅具有象征意义。它们给出了柏拉图式悲剧理念,摆脱了所有的经验现实。格奥尔格的抒情诗是一种纯洁的抒情诗。他的诗仅仅再现了最普通与最具象征意义的经历,从而使读者根本无法意识到亲密的生活细节。当然,作家总是在谈论自己——否则怎么可能创作出歌曲呢?——他讲述自己最深层、最隐藏的所有事情,对我们来说,他随着每个自白只会变得更加深奥莫测,在孤独中总是把自己包裹得更加严实。而他用这种方式,将自己诗句的光芒投射到他的生活上,只有光与影的变幻能使我们愉悦,而在闪烁的明暗对比中却无法辨认清楚大致轮廓。

每首诗都是具体意象与象征的融合。从前——人们只要想到海涅、拜伦、年轻时的歌德——体验是具体的,而诗作具有体验的典型化以及向着象征的升华。在我们眼前"仅发生过一次的"偶然事件——这一进程在诗歌中可以轻易地重现出来——变为具有普遍意义的事件,变成一种对大家都有用的价值。体验是明确的,它的刻画是典型的,事件是个别的,而修饰与类比是一般化的。这些诗是对某些风景的抽象描述与对知名人士的冒险事件进行风格化的表现。在没有进行诗歌创作之前，格奥尔格就已将体验典型化了，"它已经"——他在一本书的序言中对此写道——"经过艺术处理做了这样的转变，以至于体验对于创作者本人来说已无关紧要，而让其他所有人知情与其说是解决问题，不如说是造成困惑"。可是，为了表达这种现在很典型的体验，已从诗人本人永远剥离出来并做了千百遍提炼处理，他所选用的词藻有如奇妙瞬间、一闪而过、转瞬即逝、充满柔情并且比沙沙作响的叶子还要轻柔。他笔下的风景无处可寻，然而其中的每一棵树与每一朵花却是实实在在的，其天空闪耀着特定时间唯一的、永不重现的色泽。我们不知道那个走过该区域的人是谁，然而我们却在片刻之内就能看到他内心深处的上千次微小波澜，随之就再也看不到他了，再也看不到了；我们不知道他喜欢过谁，也不知道他为什么痛苦，为什么会突然欣喜若狂，然而我们确实知道他的此刻比知道他的全部体验更清楚。格奥尔格的技巧是：典型的印象派。他的诗作不过是象征性的快照。

> ……我们穿过火红色树叶
> 与黑云杉绿色坚实的树丛。

> 客人屏息观赏一棵棵树木
> 充满爱意的争辩分组上路
> 每人都在树枝间仔细静听

新的孤独及其抒情诗

那个梦想的歌还没有显露——

这些歌曲中,既有从紧闭的双唇不由自主地突然爆发出来的呐喊,又有独处阴暗陋室扭头低语做的最终忏悔。它们虽然涉及无限的亲密,然而却使诗人与我们保持了无限的距离。作品仿佛是专为某个读者写就的,他曾经与作者一起经历过每一个细节,并且预感到现在必然会与他发生的一切。作者似乎倾诉给他最好的朋友,倘若真有那么一个知己的话,那么知己早已对他的生活了如指掌,并会懂得他最细微的暗示,赘述事实或许还会伤害到知己,然而他们会因此对最小的具体细节——具体意象——极感兴趣。(从前的抒情诗原本是针对普通读者而写就的,而不是以知情读者为对象。)这就是为什么这些抒情诗能够说出最为亲密的东西,能够说出每分钟都在变化的、最深层的东西;这就是为什么这些诗或许能像迄今诗作一样明确地脱离"她爱我——她不爱我"的氛围,只为了表达最微妙的、最具智慧的悲剧。

忠诚仍旧迫使我将你守护
而你痛苦的娇容令我驻足
我神圣的追求令我很伤心
这样我才真能为你分忧愁。

与亲密戏剧与抒情中篇小说一样,格奥尔格的歌曲实

心灵与形式

际上表达了相同的感受,都是用来满足相同的需求而创作的。从一种十分严格的意义上讲,它们——其中绝大部分——甚或已不再是诗歌,而是一些新的东西,有些异样的东西,如今正在形成的东西。而我认为,今天各路诗人都在向他看齐,为此他们抛弃了所有保险的、久经考验的效果,并且——正是他们——在打破所有形式,尤其是被奉为神圣的与曾经滋养过他们的形式,然而他们最先靠近的是格奥尔格以及某些法国、比利时与荷兰的抒情诗人。这里发生了什么?我们实际上已经说过了:我们对那些喧闹的悲剧,对那些在绝对对比中相互对抗的、不间断的情感,在我们的生活中不再寄予决定性的意义;好像它们的绝大部分对我们的感觉器官来说已太过强烈了,就像我们的悲剧或许对我们的父辈来说太过轻柔一样。我们今天的生活被塑造成这样,以至于比如没有人留意的眼神以及没有被听到或理解的话语正在成为心灵相互交流的形式。仿佛它们的交流过程更安静,而且更快捷;相互接触表面更大、更粗糙以及更加支离破碎。几乎所有如今的悲剧与中篇小说的庞大且复杂的铺设都只是在准备这些瞬间之一的到来,准备这样一种邂逅或者擦肩而过。那里的人们长时间相互说着多余的、无关紧要的、令人生厌的话语,直到终有一曲音乐响起,并且我们听到了心灵最深处的沙沙作响(它毕竟是诗歌,能产生什么呢),只为了而后再次紧张又焦躁地期待着这一瞬间的再现。人们彼此憎恨,彼此置于死地,相互残杀,而在大灭绝的各

新的孤独及其抒情诗

各他山①崖,从遥远的地方响起包含永恒归属感、永恒陌生感的钟声……于是,新的歌曲只给出了这样的瞬间,摒弃了每个进行准备的、每个使人疲惫的环节。因此,它们可以在技巧上更加统一,在效果上所受的干扰比其他如今推出的任何作品都要少。亲密关系与感性化:这两个极端必须将亲密戏剧与抒情中篇小说结合起来;它被赋予了现今即将诞生的抒情诗,使它在不引起任何不和谐的情况下真正、完全地统一起来。

这种新抒情诗的精髓是什么?有关这个问题我们已经说得很多了,我们试图用几句话来归纳一下。从技巧上讲——就像音乐里的——伴奏压倒了独奏的声音。那是什么意思呢?旧的抒情诗是随机的诗歌(歌德这么称呼它),或许正因为如此,它的形式是最典型、最简单、最强烈地与大众对话的形式:风格化的民歌形式。歌曲音乐作为这些新民歌的必要补充应运而生,它是这种反常发展的反常补充;之所以必要是因为这种形式限定为虚拟演唱,因此只能在实际演唱中才能达到最终的完美。而实际上,我们如今简直无法想象没有配上曲调的歌曲。舒伯特与舒曼、勃拉姆斯与沃尔夫②在海涅或者莫

---

① 各各他山,也译为加尔瓦略山。据《圣经·新约全书》中的四福音书(如马太福音 27: 33、约翰福音 19: 17)记载,耶稣基督曾被钉在各各他山的交叉架上。多年来,"各各他山"这个名称与十字架,一直是耶稣基督受难的标志。——译者注

② 胡戈·沃尔夫(Hugo Wolf, 1860—1903),奥地利作曲家兼音乐评论家。——译者注

> 心灵与形式

里克①的诗中谱写进去我们尚且缺失的感觉：所添加的是体验的形而上学的重大普遍性，以及体验的典型之处与超越个人经验的东西。新词语诗歌的精髓是：使这种伴奏音乐变得多余，元音与辅音的组合确定声调，从中我们能够听出或许稍后才能听出——或许永远不应表达出来，人们根本无法用词汇的元音、辅音本身来表达的内容，并且只用词汇的发音即可将每个人心灵从睡眠状态中唤醒过来。新抒情诗创造了自己的音乐，它突然间既有了文字，又有了声调，旋律加伴奏；自成一体的东西，所以它无需再补充什么了。

> 它在攀升的一年向你微笑
> 芬芳的花园里依然静悄悄。
> 你飘动的头发里醉人醇香
> 云杉常青藤与婆婆纳香草。
>
> 成长中的种子仍呈现金黄
> 或许不是那么高贵与堂皇
> 玫瑰花向你发出亲切问候
> 尽管花瓣还未绽放出辉光。
>
> 达不到的东西我们不必讲

---

① 爱德华·弗里德里希·莫里克（Eduard Friedrich Mörike, 1804—1875），德国作家。详见《市民生活方式与为艺术而艺术》一文的译者注。——译者注

新的孤独及其抒情诗

许下幸福誓言比什么都强
即使我们没福分得到馈赠
好像并肩潇洒又走了一趟。

这必定是它的来龙去脉。那些早期的民歌只有唱出来才能成为定局,可今天,谁能为我们谱写这样的曲子呢?那些歌曲如此普及,以至于它们能够同时感动音乐厅中的数百人。可是,我们不会与任何人同时感受到任何东西,即使某件事同时感动到我们中的许多人,它确实只会感动许多孤独的人,这样的氛围几乎无法发展成为群体感觉。从理想的意义上讲,这样的歌曲是为一个人写就的,而且只有一个人才能阅读它,这样的人即隐退的独居者。在音乐会上,海涅的歌曲从来不会伤害到任何人,而这样的诗句只有异常亲近的人才能听得懂。

这里所说的并非是偶然情况。绝非偶然的是,英格兰伟大而奇妙的音乐抒情诗本身却从未配曲,而且肯定也不适宜于谱曲,它们直到现在才开始在欧洲大陆引起认真的关注。绝非偶然的是,它们在德国——结合法国的影响——终于打破了原本发展不善的民歌传统。歌德早期的抒情诗预见了我们的所有发展,它们从未像今天这样受到人们的喜爱,而且人们发现并且开始喜欢上了过去曾被认为是非音乐、非抒情的那些抒情诗人:布伦塔诺[①]、黑贝尔与康拉德·费

[①] 克莱门斯·布伦塔诺(Clemens Brentano,1778—1842),德国浪漫派作家。——译者注

迪南德·迈耶①。而绝非偶然的是，同一时间日耳曼"歌曲"在法国打破帕那斯派②节奏的、教堂般的庄严，取而代之的是一种新的、更亲密的、早期英国式的，与晚期德国相近的抒情诗之兴起。

亲密感与感官化：这种对比是亲近与疏远之心理问题的技术性说法。我们已经看到了格奥尔格的诗句在技巧含义上是如何表达的；我们到目前为止已说得很清楚了，孤独读者的诗句朗读技巧要在两个极端中间准确定位，并且显而易见——这已不仅仅是个纯技巧的问题了——为什么必须做出这样的安排。孤独之人的阅读方式已经帮助确定了这一点，可是现今人们的孤独恰恰要求在这种关系中混合进各种元素。亲近与疏远：这两者之间的相互关系意味着什么呢？从人际关系的角度来看，它意味着倾述与沉默交替产生的节奏感。今天，我们倾述一切，倾述给一个人、某个人、每一个人，然而我们还从来没有真正讲述过什么事情。每个人都离我们如此之近，以至于他的亲近影响了我们向他透露自己的心事，然而相距又如此遥远，以至于我们两者之间的交流在路途中就迷失了一切。我们理解一切，而且我们最大的理解是惊叹不已，一种强化到虔诚的不理解。凭借着强大的力量，我们渴望摆脱孤独的折磨，

---

① 康拉德·费迪南德·迈耶（Conrad Ferdinand Meyer, 1825—1898），瑞士现实主义诗人、短篇小说家与抒情诗人。详见《市民生活方式与为艺术而艺术》一文的译者注。——译者注
② 帕那斯派（Parnassian），19世纪后期法国诗歌流派。——译者注

而我们最高的亲近是微妙地享受永恒的孤独。我们对人性的认知是一种心理虚无主义：我们看到千百种关系，然而却从未能把握住一种真实的关联。我们心灵的风景无处可寻，然而其中的每一棵树与每一朵花又都是实实在在的。

3

那么斯特凡·格奥尔格的悲剧是哪种类型呢？简而言之：它们是鲁贝克教授①的悲剧，然而只是没有直说出来而已。从一般意义上讲有如鲁贝克的命运一样——远离生活——而今已成了凡夫俗子的命运，有如现今活着的每个人每一时刻都千百次地面临着艺术与生活的悲剧困境的挑战。尾声的永恒告别以及他的难以割舍，然而无需事关唯一女人的尘封传说，然而却更加纯净、更加深刻与更加真实。每一棵树，每一个月夜，每一转瞬即逝的同情心总是仅仅经历着这一切，总是以一种不同的方式经历着，然而却总是仅只这般。然而，永恒的期盼终能有所归属，诚心

---

① 鲁贝克教授（Professor Rubek）是挪威剧作家易卜生的最后一出戏剧《当咱们死人醒来的时候》（挪威语：Når vi døde vågner）中的主人公。鲁贝克是个雕塑家教授，崇拜唯美主义艺术，他创作了一座象征最理想的女人觉醒的大理石雕像。当时的模特儿爱吕尼爱恋上了他，可他为了完成自己的事业给予拒绝。过了多年他们偶遇海边，鲁贝克终于认识到过去奉行的"第一是艺术作品，其次才是人生"信条之错误。最终他们走到了一起。此剧给人留下了讽刺的结论：人们应该要为了自己的理想而放弃其他事物强行忍耐，抑或是及时行乐。此剧是易卜生最具奇幻亦是最绝望的剧本。——译者注

默立在那永远无法有所归属的地方，忍受着那远古的悲伤。

格奥尔格歌曲中的人（假如你喜欢：可以说是诗人，或者更好是从这些诗歌的整体中呈现在我们面前的那个形象，或者更确切地说：其生活内容似乎在这些诗句中得到表现的人）是一个孤独的人，脱离了所有社会纽带的人。人们必须了解而永远无法理解的是：两个人永远无法真的变成一个人，这就是他的每首歌的内容及其整体的内容。还有：进行一场大规模的搜索，通过千条途径，在孤独中、在艺术中寻觅同样的人，在混杂于更单纯的、更粗俗的或者尚未变坏的正派人群里进行搜索。

> 舞动之心让我追求亦羡慕
> 绝不搅局宁可自己受屈辱
> 你轻轻地触摸我心已如愿
> 我敬仰你惊觉自己笑容出：
>
> 你把我带进你的社交群中
> 永不知这本非我的真面容，
> 拥有磊落之心待我如朋友；
> 你离我虽远可让我心激动。

大自然也莫名其妙地远离了这种虚构的——我们所假设的——人，格奥尔格歌曲里的人。大自然不再是与其共同分享喜悦与悲伤的、儿女们的慈母；她甚至永不再是他们情感的浪漫背景。即使千真万确的事实如真，没有秋天灌木的金黄锈斑叶片，恐怕就不会有心灵之间的相遇，即使我们也知道月亮与偏绿的辉光可能决定人的一生；那么虚构的人在大自然里实在是孤苦伶仃，忍受着不可救药的致命孤独。只有在短暂的、无声的牵手时分发生着心灵的交流；人与人之间的共同点只是人们在心中为自己所预期的愿望得到实现，而彼此的距离更加靠近一步，在一起共度的瞬间更长些，任何归属感的妄想就结束了。

然而，这种抒情诗的确是人际关系的抒情诗。采用格奥尔格的漂亮话来说，这是"内在的社交能力"。友谊、心灵贴近、知性关系的抒情诗；同情、友谊、狂热、爱情在其中融为一体；每段友谊都带有浓厚的情色色彩，每段爱情都是深刻知性的。而当分手时，人们只知道有些东西已不复存在，却永远不清楚什么东西在那里终止了存在。这里过分慎重几乎具有典型意义；象征着而今情感的融合。或许只因技巧的过失，让我们无法看清正在发生的事情以及事情发生在谁的身上；可是这种技巧之存在或许也只是为了隐匿它。因为，即使我们能够看到所发生的事，然而我们却未必能真正察觉到它。

在此，现代知性的抒情诗表达了其非常特殊的生活感受与情绪，不再致力于——借助简单化与通俗化——表达其"普遍人性"的方面。然而，它不是知性的抒情诗，在肤浅的意义上不是"现代"抒情诗。新生活的表面道具在

◯ 心灵与形式

新抒情诗中无关紧要（比如常在德梅尔①的诗中经常发生的那样），也不是举办世界观智力赛会。格奥尔格的歌曲描绘的是，这种新的心灵如何在所有最细微的以及在所有决定生活的感性表达中展现自己的。在这一点上，格奥尔格既不是彻底的变革者，也不是实验主义者；在内容上，他留守在迄今抒情诗的领域之内，而未敢越出雷池一步，可是他懂得纯抒情地——从旧的意义上讲——反映出这些生活现象，它们或许迄今尚未在诗句里表现过。

而他的发展方向越来越明确，指向性越来越具有排他性。他早期诗作描写童话般的奇幻风景与闷热的悬空花园，之后的作品变得越来越简单、越来越严谨并且素材越来越有限。这种抒情诗的发展里有一种前拉斐尔主义的倾向，然而不是英国的前拉斐尔主义，而是真正原始的、真正佛罗伦萨派的：他是这样一个人，没有让严谨变成辛辣，而是把严谨本身作为自己风格化的基础；他以艺术伦理的方式这样解释原始性，以至于他根本看不到美好的事物会对作品结构有所损害；他用轻盈飘逸而脆弱僵直的线条来营造精神生活；他——无论是有意识的还是精心策划的——都只想用清教徒的技巧包容生活，而且趋向于宁愿放弃生活也不愿意放弃自己雪白的，有时或许有些僵硬的纯洁性。

因此，斯特凡·格奥尔格的抒情诗中有一些深深的贵

---

① 里夏德·费多尔·利奥波德·德梅尔（Richard Fedor Leopold Dehmel, 1863—1920），德国诗人、作家兼剧作家。——译者注

新的孤独及其抒情诗

族气息,一种看上去几乎不显眼的东西,一种想做却又没做的手势便可以打消任何吵闹的陈词滥调,远离所有轻微叹息与廉价的情感波动。格奥尔格的抒情诗里几乎没有抱怨:抒情诗看待生活的态度是平静的,或许带着几分无奈,然而总是勇敢的,总是昂首挺胸。从他的诗句里,我们听到了如今最佳作品的最后和弦:萧伯纳的凯撒注视着你的生活,豪普特曼①笔下的盖耶与克拉默,旺恩与卡尔大帝落幕时的姿态;最重要的是阿尔默斯与丽塔的握手,他们独自留在了峡湾的海滩上,那里的星星已经升起,直到两个迷失的却从未入迷的艾约夫消失在远方。一幅美好、坚强、勇敢的告别场面,以高贵人们的方式,没有抱怨与哀叹,带着破碎的心,然而脚步坚定,正如一个美妙的、包罗万象的、真正的歌德式的用词所说的那样,"冷静地"。

> 你的手指羞怯把枝条编织!
> 今年不会再送给我们花枝
> 任何恳求都无法带来新芳
> 或许我们要等五月再来时。

---

① 格哈特·约翰·罗伯特·豪普特曼(Gerhart Johann Robert Hauptmann, 1862—1946),德国作家与剧作家,为德国自然主义最重要的代表人物,也将其他风格融入他的作品。1912年获得诺贝尔文学奖。详见《柏拉图主义、诗歌与形式》一文的译者注。——译者注

◯ 心灵与形式

　　　放开我的手臂并保持坚强
　　　带我离开花园太阳落山梁
　　　看山雾已腾起沿山坡飞瀑
　　　我们赶快走寒冬随即临降。

　　　　　　　　　　　　1908 年

渴望与形式
——论查尔斯-路易斯·菲利普[*]

可她乐意把我婉拒,
我的爱,她的怜悯,
她把我的幸福放在,
我不能失望的地方。

《新生活》第十八节

1

渴望与形式。人们总是说:德国是渴望者的国度,而

---

[*] 查尔斯-路易斯·菲利普(Charles-Louis Philippe,1874—1909),法国作家兼诗人。他写的书描述了19世纪末20世纪初巴黎的穷人与小市民的生活。他一生写了11部小说,其中四部逝世后才得以出版。本文提到了其中的四部《蒙巴纳斯的比比》(*Bubu de Montparnasse*,1901)、《佩德里克斯神父》(*Le Père Perdrix*,1902)、《玛丽·多纳迪约》(*Marie Donadieu*,1904)与《查尔斯·布兰查德》(*Charles Blanchard*,1913年)。——译者注

> 心灵与形式

且德国的渴望是如此强烈，以至于所有形式都被它撕得粉碎，其威力如此强大无比，以至于人们谈论它时只会变得结巴起来。可是，人们却总是在谈论渴望及其缺失的形式，它已被改造成一种新的、"更高级"的形式；已改造成其本质的唯一可能的表达。可是，我们是否有理由发问——尼采业已十分明确地看到了这个问题——这种对形式缺失之渴望是否真的显示了它的强劲，而不是更加证明了它内在的柔软、谦和与永无止境的追求吗？

我认为，典型的德国风景与意大利托斯卡纳地区风景之间的差异最清楚地表达了这种关系。是啊，许多德国森林具有一些令人向往、伤感与忧郁的东西，可是它们却又舒适且诱人。森林通风良好，轮廓不甚清晰；它们容许发生在其中以及在它们身上的一切。人们可以在这里舒适地安歇下来，享受着到家的感觉，甚至可以从口袋里掏出笔记本并且——在树木沙沙的渴望之声陪伴下——谱写出渴望的歌曲。可是，欧洲南部的风景反差强烈，排斥并与人保持着一定距离。一位画家曾经说过："它本身已经构图定形了。"况且人们无法介入完成之作，无法勉强它来接受什么，它永远不会以伤感的语调来回答问题。与定形之景观的关系，与一些成形的东西的关系是非常清晰与明确的，即使是令人迷惑的且难以解释的：那是一种既远又近的深刻理解的感觉，是一种最深层次的合一感，然而它却是永恒的两个独立存在以及置身局外之感。这是一种渴望的状态。

渴望与形式

正是在这样的景观中，罗曼语族之伟大渴望者在其中成长，受其滋养并且性格与之相类似：坚韧而激烈、态度克制与善于开拓形式。所有伟大的开拓者与渴望的伟大作品都来自南方：柏拉图的《爱神》与但丁的歌颂伟大爱情之《神曲》，《堂吉诃德》与福楼拜笔下的被嘲弄的主人公。

伟大的渴望总是不动声色地并且用各种各样的面具来掩饰自己。面具即是它的形式，这种说法或许并非谬误。可是，面具也代表着生活的重大、双重的斗争：争取被认可的斗争与力争伪装的斗争。福楼拜的"冷漠"虽然很快就被揭穿了，可是贝阿特丽丝却没有成为纯粹的象征，并且苏格拉底的渴望不是也没有变成渴望的哲学吗？

柏拉图的《飨宴篇》①里提出了最明确的问题：谁是爱欲者，什么是应和爱欲？人们为什么渴望，渴望的对象是什么？尽管苏格拉底用清晰、直言不讳的语言说出了重大的区别，但在这方面上他的朋友们都不理解他。他们说：爱欲是一种自我的重新发现，"爱神使我们摆脱一切疏远，并且给我们带来一切亲情"。阿里斯托芬找到最美好的象征来说明这一点：曾经的生物与今天不同，他们都是双身，可是宙斯将他们切开成两半，于是他们就成了人类。然而渴望与爱欲是寻找自己所迷失的另一半。微小的渴望是可以实现的。属于这个神话部落的人们会在每棵树木与每朵

---

① 《飨宴篇》（*Gastmahl*）是古希腊哲学家柏拉图的一篇对话式作品，在公元前385年后不久写成。有人也译为《会饮》或《宴话篇》。——译者注

花上找到与自己相合的另一半，并且他们生命中的每次邂逅都成为一场婚礼。无论谁发现了生命的伟大二元性，他（她）总是以双身存在的，而且因此总是孤独的。没有忏悔、没有怨言、没有奉献、没有爱欲将使这两半人合二为一。当苏格拉底宣称爱神又穷又丑，只在渴望中拥有——不属于他的——美人儿时，他便明白了这一点。

爱神处在中间：一个人永远不会渴望对自己陌生的东西，也永远不会渴望已经属于自己的东西。爱神是救世主，可是仅对于未得救的人来说，救赎才是一个生活攸关的问题；只对那些不可救赎的人来说是个真正的问题。爱神处在中间：渴望将那些彼此不同的人联结在一起，可是同时也摧毁了他们自成一体的任何希望；成为一体是一种家的感觉，而真正的渴望是从来不曾拥有过的家园。从最后背井离乡的强烈梦想中，渴望勾勒出他们失去的故乡，而他们一生的全部内容就是寻找可能通往那里的路径。真正的渴望总是向内心发出的，尽管他们的所有路径都存在于外部。可是渴望只是向内的索求，它永远不会找到内心的平静。因为，即使是这个内在的、纯属自己的、最深处的自我也只能通过梦想来兑现渴望，能在自己的梦里无尽的远方寻觅到陌生的、迷失的自我。渴望可以创造出自我，它却永远无法拥有自我。渴望的人因为自己不美而对自己感到陌生，也因为美而对美感到陌生。爱神处在中间：他确实是富裕与贫困之子。查尔斯-路易斯·菲利普在《玛丽·多纳迪约》中说道，"爱情，这就是我们所没有的一切。"

渴望与形式

这是苏格拉底的忏悔，比为阿斯克勒庇俄斯[①]公鸡献祭时讲的最后几句话更坦率、更清晰。然而，启示即是新的隐藏方式。苏格拉底永远无法保持沉默。他不是个高尚的人，是个多愁善感的人，一个雄辩家。这就是为什么"他用自己的名字与表情包装自己，就像披了张毛皮的好色狂徒一样"。而他的话语从未沉默下来，从来没有任何东西遮蔽它们透明的清晰度。苏格拉底从来都不是个独白的人。他从一组演讲者走到另一组，并且总是发表讲话或聆听演讲者的发言。他的整个一生似乎全神贯注于在对话形式中表达他的思想。当他有生以来第一次沉默不语的时候——当他把装有毒药的酒举杯一饮而尽并且他的双脚开始僵直之后——他用斗篷遮盖好自己。没有人看到苏格拉底的面容的改变；苏格拉底独自一人，并且没有戴着面具。

可是他的话语背后隐藏着什么呢？这是所有渴望中的最终绝望的洞察吗？有很多证据支持这一点——可是苏格拉底在这方面什么也没说。在他的人性中，没有任何言辞或姿态能够揭示他的渴望哲学之根源。他已经成为渴望的教师与先知，用睿智的话语剖析了渴望的本质，用他具有讽刺意味的诱人激情之演讲到处唤醒了渴望，并无时无地不在否认任何满足感。他曾经爱上过雅典所有漂亮的年轻人，并唤醒了所有人的爱欲，可是他也迷惑了所有的人。

[①] 阿斯克勒庇俄斯（Asklepios）是古希腊神话中的神医，太阳神阿波罗与塞萨利公主科洛尼斯之子，一说是阿波罗与克吕墨涅之子。——译者注

因为他的话语诱使他们去追求爱欲，可是他把他们也引向了美德、美好与生活。令人失望的是，他们所有人都向往着他，而他对他们的欲望之火也在心中绝望地燃烧着。

爱欲具有超越爱欲之本身的力量。苏格拉底说："爱欲要在美事之中生成并孕育出美好的事物。"他一直强使自己一生攀登这一高度，为此他诱骗了雅典的年轻人。在他那里，他们已经从应和爱欲的对象变成了施爱欲者，而施爱欲者比应和爱欲的人更加神圣：因为他的爱欲只是一种自我完善的途径，因为他的爱欲必须始终保持无需回报。席勒在谈到渴望的对象时说："他们是我们曾经的样子；他们是我们将要再次成为的样子。"可是，过去的与失去的东西已由此变成了一种价值，因为我们通过失去的东西而在从未有过的经历中开创了一条道路与一个目标：由此，渴望就超越它自己设定的目标，并且失去了对原有目标的束缚。

渴望超越它本身的范围，伟大的爱欲总是带有一些苦行的味道。苏格拉底将他的渴望转化为一种哲学，其顶峰是永远无法达到的，它是人类渴望的最高目标：知性观念。通过对这场最后的、无法解决的冲突之推进，他对生活的渴望变得没有冲突了：爱欲——渴望的典型表现形式——已经成为系统的一部分，成为他解释世界的一个对象，成为世界相互依存关系的一个象征；爱神变成了宇宙的原则。人在苏格拉底的哲学背后却消失了。

可是，无论普通人还是作家都永远无法实践这类飙升。

他们渴望的对象有其自身的沉重与自选的生活。他们的飙升总是以悲剧告终,主人公与命运必定在此成为形式。只有主人公与命运才能做到这一点,而主人公与命运必须坚守这一点。

2

生活中的渴望必须保持着爱欲:这是它的幸福,也是它的悲剧。大爱总是带有苦行的味道。无论是将其所爱捧上了天,从而使其与自己变得疏远;或是仅将其用作跳板,这是没有什么区别的。轻浮的爱欲则贬低了爱,滋生了伤残或另一种禁欲主义。深切的爱欲是自然的、真实的、正常的爱,可是在生活的人中,另一种爱欲已成为理所当然的事情:一种像享受休憩并保持沉默的爱,爱了之后没有结果,也不会有结果。玛丽·多纳迪约说:"爱就是当你在周日晚上坐下来的时候,所有这一切对你来说已经足够了。"这是神圣之爱与世俗之爱的斗争。生活中的渴望变成了爱欲,爱欲现在正为争取独立于男人与孩子他爸而斗争。

女人与男人之间的爱情之战仅为这类斗争的一种反映。一个不纯净与混乱的反映,然而真相就在于这里的混乱之中。因为爱欲若能清晰、纯净地展现在人身上,那么爱欲就会扼杀了自身。这么说,大爱是没有具体对象的,它将变成纯粹的渴望,而且不需要任何客体;对于小爱而言一切诱因都是一个样，只是一个休憩之所。女人的爱欲更近乎自然，与爱欲的本质紧密相连：在她身上很难分清楚崇高的与低俗的爱、神圣的与世俗的爱。爱恋中的女人总是充满着渴望的，可是男人的渴望却总是实际的。有时往往只有男人认识到纯真的渴望，只有他身上的渴望时常完全被爱欲所支配。

在这场斗争中，爱欲比渴望更强大。是的，渴望唤醒的女人大多处于弱势。诚然，弱势的根源并未被意识到，因此仅感觉到自己的弱势。她什么都把握不住，她似乎是这样，并且很少意识到她根本不想这样。可是，按苏格拉底的说法，爱神是个诡辩家与哲学家，菲利普曾经简单而微妙地说过："那些受苦的人，你必定是对的。"

在菲利普的小说中，展现了两种彼此对立的爱，两个男人为了赢得同一个女人而战。（这个女人心里早已将男人看成都是一个样，以至于她永远不会为此而卷入争斗。）一个皮条客与一个来自外省的年轻学生正在这里进行第一次巨大的争斗：他们为了一个妓女而展开争夺战。在美好的感性背景中，情景的外部对抗被推到极致：男人们所爱的对象往往是偶然的，然而他们在这儿却与对象绑定在一起，而女人的柔顺天性将能够适应任何一种爱。拖了很长时间争斗才开始，可是争斗本身只是一瞬间的事而已。这纯粹是实力的较量，是占有欲的决心问题，其结果是毋庸置疑的。皮条客只需要向他的妓女挥个手，她不声不响地也就跟着皮条客走了。尽管通过学生慢慢地追求，妓女出于逐渐增长的厌恶与疲惫而开始倾心另一种生活。而那个学生仍然孤身一人并绝望地说:"你没有勇气配得上一颗正直的心。哭死吧,你!"

实力的对比始终相同。在最后完成的一部小说中,故事成了悲剧般的怪诞故事。一个安静而优雅的男人爱上一个安静而纯洁的姑娘。在复折式屋顶下田园美景中,他们彼此的爱恋慢慢成熟:完全清白;未曾握过手,不曾相互拥抱过。他想慢慢地带领她(她一生中除了工作以外的事一无所知)走向爱情、走向幸福。然而,另一个强壮而简单的人只需要有一小时空闲时间并与她共度,另一种爱所唤醒的感官刺激使她毫无反抗地屈就有力的拥抱。这里也没有争斗,胜利是在简单而原始的爱欲到来时决定的。然而,失败者的反应是不同的。他不再觉得自己的失败是个人的软弱造成的;对他来说,这是人生的耻辱,污秽强行制胜了纯洁。菲利普用精湛的、近乎希腊式的性感来表达这种感觉。当主人公从诱骗者(此人是他的朋友)那里得知发生了什么事时,他——通常是个文雅而聪明的演讲者——却哑口无言。他走出了得知此事的咖啡馆,吐了一地。

在上述两本书的出版间隙里,菲利普撰写了关于爱情的书《玛丽·多纳迪约》。冲突是相同的,然而更加丰富多样;冲突是整本书的内容。对峙,决定谁将占有女人的时刻或许在此刻画得最为深刻,然而这只是众多对峙片刻之一。对峙取决于一些其他因素:更高尚之爱的自我反思,超越平凡之爱,转化为对爱的渴望等。一切都发展到了尖锐化的程度。在这里也是两个朋友为争夺女人而战，可是两位还都是高贵与文雅的男士。两位男士对爱情的人文价值有一种默默的、说不出的怀疑，即使在彼此争斗的瞬间而面对女人却还是感到相互间有些同情心。拉斐尔是个强者，在与他的朋友让·布塞告别时说："那你觉得呢？你难道真的相信她在为难吗？她的痛苦比我们要少。"

让·布塞懂得爱情，可是拉斐尔懂得女人心。让·布塞——在开始爱上玛丽之前许久——第一次同拉斐尔与玛丽在一起时，他看出他们已相爱了。他想"我知道，玛丽爱的不是你，拉斐尔，不是你。玛丽爱的不是拉斐尔，但是你爱的是，我不知道，你自己的哪一部分、最好的、最深的部分，它在对方身上起了反应并使其形象倍增。因为爱是传播的与繁衍的"。他已经意识到自己的爱。然而，在玛丽进入自己的生活并不得不再次离去之前，他不知道也不可能知道这一点。可是他只意识到自己的爱。那时，他面对他们的幸福仍然在想："你们快乐而富有，可我却憋屈而走投无路；因为在隐士修行、冒险家与恋人选项之间有一条路——我从中选择了哪一条呢？我不会因为一条不选而成了残障吧？"

他还不知道自己的路就是这三者的统一体。他根本搞不懂玛丽与拉斐尔。他之所以跟他们说话是因为有玛丽在场——他讲了一些睿智而美妙的独白——可是她有生以来第一次从他的话里逐渐意识到自己有个心灵，而且还没有人察觉到这个心灵，这一点是拉斐尔的智慧无法发现的。

他的话语占据了她的那一瞬间不知不觉中消失了；对他而言不知不觉，对她不言自明更是这样。假如不是机缘巧合驱使他们走到一起，他们是永远不会相识的。可是，拉斐尔从容地坐在那里，与他们在一起时笑容灿烂；他喜欢他的朋友，朋友的话使他开心。对他来说，一切都很简单明了，这就是为什么他很少说话并且把聊天当作消磨时光的原因。这取决于一些其他因素，比相信作家与渴望者还有更简单、更真实的东西。让·布塞可以畅所欲言，他觉得自己是占理的；拉斐尔虽占有权重的地位，可是他的理是形而上与稍纵即逝的。

可是权重仅足以做出一个决定，而一个生命尽管脆弱，可是仍然重于一个决定。拉斐尔拥有了玛丽，她完全属于他；只有在他不在场的情况下，玛丽与让·布塞之间才会做爱。然而，他要做的只是现身并且简单而平静地对她说"跟我来"，她将毫不犹豫地跟他走，而拉斐尔将不加阻拦地让她跟着走。拉斐尔温柔地对让·布塞说："你会说话、会思考，你认为你占理那就足够了。可是女人像孩子一样，你一定不要生她们的气。"于是玛丽跟着去了，仿佛与他在一起是世界上最自然的事情；就像她几年前还是个小女孩时，就已委身于他，她生命中的第一个男人。

可是，她总是对拉斐尔不忠，对让·布塞的爱使她变得纯净，她以前从未知晓的心灵领域向她敞开了大门。在让·布塞出现在她的生活中之前，她是一只魂不守舍的金发小动物，喜欢冒险、尝试一切、享受一切，毫无忠贞与真正奉献的概念：拉斐尔只是她迷途的港湾。她体验到了让·布塞通过思考认清的东西：爱不是一种享乐，它是一种认知；可是她将永远无法区分享乐与认知，而他永远只会在认知中保持这种统一性。两者具有相同的统一性，然而他们的统一性永远不会相遇。即使他是认知者兼享乐者、苦行主义的享乐主义者，他仍将是个极会享受的苦行僧。而她的认知却总是流于空泛：她在不知不觉中只觉得，有朝一日不再需要什么认知了。她或许曾是而且也可能永远是他一生中唯一的女人了，然而在他最为激情的拥抱中，他对她却不忠诚。她在认识他之前就对他忠心耿耿，正如她每次半小时与他相会仍旧欺骗了拉斐尔一样。

他唤醒了她的心灵。不对：他给予了她一个心灵。魂不守舍的日子结束了，她的心灵展开美丽而平静的翅膀。他给她带来了一种纯净与一种渴望，而这种渴望——它是女人伟大的、奇妙务实的渴望——在失去了所拥有的东西之后即随之飞走了。正如渴望使印度牧羊女们载歌载舞地模仿奎师那的话语与动作，让她们至少可以用那种方式能够感觉到与他融为一体，所以奎师那的思想节奏也在她们那金发、笨拙的小脑袋里流动着。当玛丽回到他身边的时候，她已经在自己的嘴唇上重复着他的话语：她想要用他自有的武器再次赢得他的欢心。

然而，他拒绝了她的爱。对他来说，她只是一所自我认知的学校；她已经履行了她的职责，现在可以走自己的路了。在恋爱中，只有男人才能被认知：女人会认清他，并且他会认清自己；女人永远不会被认清。在分手的几个月后，她再回到他的身边。可是他告诉她：为时太晚了。在走出他的生活后，她给了他一种新的孤独感。他总是一个人，可这却是一种全新的寂寞。比以往的那种孤独更加苦涩、更加痛苦：共处后的孤寂，被抛弃的感觉。他自己一个人面对着自己与周围世界；他学会了体验自己与世界的经验，了解曾经拥有的与失误的一切。他直截了当而明确地告诉她，导致他们永远分离的是这种新的重大经历："啊，世界上除你以外还有别的东西！"他说了这句话。她坐在他的大腿上拥抱着他；她的整个心灵与整个身体都在为终于认清的唯一宝贝而战。虽然她受困于坐姿，她熟练与灵巧地脱掉她的上装，用裸露的手臂缠绕着他的脖子，他看到并感觉到她的乳房。然而他却站起身来，走到窗前。现在为时已太晚了。他已经过着另一种生活——他引用陀思妥耶夫斯基的话称之为生动的生活——对他来说是唯一真实的生活。他的爱变成了一种渴望，他不再需要女人，也不再需要爱了。

他没有多说一句话，可是他说话时的每个语调都表明了这一点：对他来说，她过去是他唯一的女人。他是个巴黎的小市民，不是游吟诗人，他或许再也不会谈起她了。可是，他一生中的每一句话与每个行为都将是她给予他的一首不言而喻的诗：她走入了他的生活，她又走了出去；她驱散了他的寂寞，然后她又把寂寞归还给了他。他试图用冗长的、语无伦次的话向她解释他的新幸福——就像但丁，在比阿特丽斯拒绝回复他的问候之后——他的坚不可摧的幸福之所在："用那些赞美我的女人的话来说。"只是：他从来没有说出口，也从来不会与不想说出口。

渴望使他坚定与坚强。他令她无言以对、精神崩溃，痛苦得全身发抖，看她哭泣着走了。他现在还有放弃所需的清醒力量。这力量需要严酷无情。因为是他毁了她的生活。

3

穷困是所有这些书籍的背景。在这里，穷困真的是——不像在有关爱神的对话里它只是象征——渴望之母。查尔斯-路易斯·菲利普是一位刻画小城镇小资产阶级贫困的作家。这种贫困首先是一个事实，简单的、残酷的、不浪漫的与不言而喻的事实。可是，这种不言而喻的特性正是令它透明与闪亮的原因。人们渴望摆脱贫困，渴望一点点自由与阳光，渴望一些说不清的类似出众的事物；在梦中他们的世界已有了可爱的微小雏形，这只能用"活着"这个词来描述，在他们直截了当的语言中意味着有点钱或谋得一个略高的职位。然而，这种渴望是难以实现的——它是真正的渴望。因为贫困不是这些人的身外之物：他们之所以贫困不是因为他们天生贫穷或变得贫穷的，而是因为他们的心灵原本就注定要贫穷。贫困是一种世界观：用清晰的语言表达的对不同事物的迷茫渴望，并且对本该舍弃的东西却爱得过于深沉；在灰色单调的生活中渴望色彩，同时在同样单调的环境中发现略微丰富的色彩。永恒的回头路！这是菲利普小说主人公的典型命运：他们想逃离，似乎他们也会成功，因为其间突然发生的一些事情，他们又回到原处了。是出于外在原因吗？我不这样认为。我更相信的是，他们想要放弃，即使他们既不明确目标何在，又没意识到为了何故。他们身上的有些东西偏爱他们的贫困与沮丧状态——就像恋爱中的让·布塞依恋他的孤独一样——并且外部的障碍在内心中变成了某些无法逾越的东西。菲利普曾经这样来定义穷人："不懂得如何利用幸福的人。"可是回头路是一场循环运动：他们重返的故乡已经变了模样。他们已经失去了与老家的认同感，他们真挚、深情地爱着老家，也会重新再爱起来的，可是归根结底他们对老家确实已经陌生了，他们的爱将不会被理解并且得到回报。从现在起，他们的生活里总是有些东西变得不确定并保持着不断的变化：他们的社会境况已变成了一种渴望的状态。

这种放弃似乎也是一种软弱，可是它却变成了一种内容丰富与令人喜悦的世界观，可以从它的成熟与定局中汲取巨大的宝藏，然而又总是意识到它仅为替代品而已。菲利普曾经说过："疾病是穷人的旅程。"而且这里或许最明确地表达出这种情感的两面性，内在的丰硕与外在的虚弱。这是一个真实而深刻的基督教义：基督教在此回归到了它

> 心灵与形式

真正的起点，它已经成为穷人的一种生活艺术。可是，这一切都是尘世的，完全是有形的，是肯定生命的。彻斯特顿①的悖论认为，"基督教是保存异教乐趣的唯一框架"，悖论在此变得更加自相矛盾，然而又相当自然与简单。因为基督教在这里不仅仅是一个框架：它本身就变成了异教，弃绝与怜悯转化成了生活的乐趣。这些新的基督教徒寻求的不是心灵的救赎，而是寻觅着自己或他们的幸福，或则两者兼而有之。只有他们必须这样做的路径与手段才与基督教的本质深切吻合。晚期异教徒与新基督教徒早在成为历史事实的时候就已经交织在一起了；作为永恒的情感形式，他们永远不会排斥自己。行动与爱变得柔和而平静，可是善良是有意识的，却又是善于单纯品味的。让·布塞谈到旧日时光说道："那个时候，我们曾是一名战士。今天是生活的时刻。"

因此，在这些人的所有生活表述中都有一些田园诗般的东西。这方面最典型的是他的乡土小说《佩德里克斯神父》。生活迫使一名年老的工人过着田园般的日子。他已经丧失了劳动能力，现在常坐在自家门前的长凳上。他同孩子们嬉戏玩耍，有时有人坐到他身旁，聊一会儿天，最经常来的是让·布塞（这本书里也讲述到他的青春岁月）。老人周边长时间笼罩着一片深沉的静寂，他在漫长的一生中

---

① 吉尔伯特·基斯·彻斯特顿（Gilbert Keith Chesterton, 1874—1936），英国作家、诗人、评论家兼记者。——译者注

能听到的多是自己劳作时发出的噪声。起初，周围以及内心的这种静寂使他感到不安与无聊，可是他慢慢地习惯了这种新的生活习惯，新的丰富内涵与新的美感。它是一种小城镇的田园诗：寂静是其真正的主人公，它是各种不同的命运聚拢与凝结的东西。他的孩子们一旦来探望老人——他们都结婚了并且生活在离他很远的地方——都会有一桌纯属穷困小资产阶级所能承担的盛宴。而他们平常过着小资产阶级—无产阶级的节俭日子。一切都是纯粹的田园诗。席上洋溢着异教徒的欢乐与忘我的乐趣。他们吃喝的方式、他们专注于惬意饱腹的小聚方式被描述得犹如神谕里的贵族游行一样具有坚定而有力的魅力。然而，由于这场盛宴，老人失去了从社区领取穷人救济金的资格。到处都是一片田园景色。然而，仍然在天真做梦的让·布塞失去了他的职位并且被迫离开了生活的常规，因为他曾经像男孩一样用毫无意义与绝望的声音为工人们仗义执言。小镇田园诗变成了一首巴黎的田园诗。让·布塞在巴黎找到一份小差事，并且带走了这位老人，老人也已失掉了妻子。现在他们一起住在巴黎一家旅馆的阁楼上，老人与金发小伙子。一切平静、美好并充满田园味道。然而，老人觉得自己的生活已毫无意义，只成了朋友的一个累赘，于是他默默地溜出了朋友的生活。

　　菲利普往往把持有这种观点的人视为软弱。他在写给一位友人的信中说，他在此刻画的是"一种应受谴责的听天由命"。他意识里更加喜欢强者、自立与不气馁的人。他总是让他们赢得胜利——可其他人中的佼佼者让·布塞却根本不想赢——而其他人也在失败中或正在取胜的路途中取得了比胜利者更多的成功。难道菲利普对强者的偏好不也是一种渴望吗？

通过与自己的多愁善感所做的这场斗争，他的艺术变得更加丰满与强劲。他想要让纯正的力量获胜，即使纯正力量也往往脱离不了邪恶与堕落的境遇——因此，他对所有生灵深表同情，对全人类怀有一种犹如兄妹的情谊。他的英雄崇拜已变成佛教对所有人的慈悲。一个脱离了诅咒的基督教。一个完全尘世的宗教：世界既是地狱与炼狱，又是天堂，每个人都居住在这个王国之中。"这没什么，主啊。老虎的饥饿感就像羔羊的饥饿感一样。你给了我们食物。我认为这只老虎是好的，因为它爱雌虎与虎仔们，并且因为它热爱生活。既然当羔羊的饥饿是如此甜蜜时，那为什么老虎的饥饿必须有鲜血呢？"

可是，这种感觉也帮助他摆脱自己所有的多愁善感。对他来说，生活的艰辛是生活中不言而喻的事。他用田园诗般的场景所营造的肯定生活、欢乐的氛围是一种"尽管如此，可还是过得去"；他的小说不是懦弱的田园诗。他的每一首田园诗都以受到外来的威胁为背景；那些事件的内在纯净所发出的苍白光线定会显得单调乏味。可是，大多数田园诗作家对生活的感知能力都太弱了，不忍面对真正的危险；他们笔下美好而平静的幸福世界是对危险生活的一种逃避，而不是把这一片宁静的生活嵌入残酷的艰辛环境中来描写。这就是为什么他们描述的危险威胁——仅以达芙妮与克洛埃或菲多牧师为例即可看出——总是纯装饰性的,外在的且无关紧要的东西。菲利普的作品里,危险也总是来自外部:他的田园诗般的场面纯净、和谐,没有内在的不和谐音。可是,来自外部的、残酷的艰难是不变的前提条件,其永恒不变的背景——往往甚至就是其根源。在他所有著作中,贫困都是这种外在危险。在描写妓女同皮条客的书《蒙巴纳斯的比比》中,梅毒也是外在的危险。学生与小妓女之间真正美好而纯洁的关系始于他从她身上染了病。疾病使他们走到了一起。他感到自己已被排除在父母家的健康幸福之外了——难道他的爱不该转而留给他所拥有的唯一幸福吗,而是转而寄望于已抛弃了他的家人吗?

然而,菲利普想要摆脱这个温柔怜悯的世界,他的目标是建立一个更加严苛与严格的世界。伦理与工作应是引领他走向目标的途径。他的伦理观念一直很强,连比比这个角色他都是出于伦理观念塑造出来的。当比比得知他所爱的人患病时,他想离开她,可是他的朋友(另一个皮条客)认为他这样做不光彩。他对他说:"你不能因为一个女人长了痘痘而放弃她。"而就像每个强者一样,菲利普的发展是从抒情走向客观的。他的客观性是工作。从他的著作中越来越清晰地传达出的信息是:工作是生活中唯一可以增强与解救的东西。在他看来,这是克服抒情与感伤的途径。可是,抒情的基调却永远也驱散不掉;与抒情的抗争越心诚就越激烈，它就会更加狡猾地溜了回来。《查尔斯·布兰查德》，他最后的一部小说应该代表了他的新发展：职业教育。这部小说可能就是他自己的"威廉·迈斯特"。可是奇怪的是：在这里没有哪个抒情天才能获得圆满；他们所有人都在完成毕生小说大作之前就死去了，而他们的客观性仍是交叉路口上的一个问号。菲利普在这方面似乎是个罕见的例外。对他来说，目标从来没有像其他人一样成了问题；他留下了本该通往那里的道路。他的情况是本应通向那里的道路仍然尚未完成。而现在从这些路径的片段中所留下的东西显示出，他是位深沉的、精细的田园老诗人。要达到客观性还需要一个飞跃——这是他尚未能做到的一个飞跃。

4

渴望总是多愁善感的——可是有没有多愁善感的形式呢？该种形式就是战胜多愁善感，在形式里不再有任何渴望以及任何孤独：形式生成即是一切得到了伟大的实现。但是，诗歌的形式是有时间性的，因此实现必然有一前一后，它并非是一个存在的状态而是生成的过程。而且形式生成的前提是存在着不和谐：假设实现是可行的并且是能够达到的，那么就必定要实现，实现的过程永远不可能作为自然而稳定的方式存在。在绘画中不能出现不和谐的地方，它会把这种形式毁了，它的境界超出了时间发展的所有范畴；可以说，此地的这种不和谐必须在事前得到解决，它必须与解决方法形成一个不可再行分割的统一体。可是，一个真正的不和谐之处，倘若它真的没有解决好，它就会贻害无穷，注定要永远留下不和谐的状态。它会使作品变成一个拼凑的四不像，并将其推回到平庸的生活中去。诗歌创作不能没有不和谐之处，因为变化是诗的本质，它只能从不和谐走向和谐，从这个和谐走向另一个和谐。因此，黑贝尔有关不和谐之前的美感只是个有条件的真言：人们只能尝试去实现它；它却永远无法得到实现。那么，这里存在一种非多愁善感的形式吗？诗歌的形式概念不已经就是一种渴望的象征了吗？

纯抒情诗与纯田园诗是诗歌中的两个极端：渴望与实现，纯粹地形成自身与自身之外的形式。抒情诗必须把整个世界连同它的所有行动与事件都排除在外，以便感觉可以专注在自身上，以自我为中心，而没有任何实际对象；在田园诗里，所有的渴望都将被压制，这将是田园诗最终的、明确的与完全的自我虚无。这就是为什么田园诗是诗歌中最大的悖论，正是出于同理，悲剧主题是绘画中的最大悖论：渴望将人们引向行动与事件，而没有任何行动与事件值得去实现。在田园诗里，一个事件以其单纯经验性的存在必须将其中的所有渴望吸收干净；渴望将不得不完全融化在其中。然而，事件必须仍然保持为事件，是感官性的并且对于本身有价值的，而渴望永远不应失去其威力与无限性。在田园诗中，生活纯外在的东西应变成抒情诗，变成音乐。因为抒情诗不言而喻是诗歌创作的绝妙精彩的部分；与之相比，所有其他形式仅是形而上的折中而已。抒情诗是描写行动与事件的任何诗歌之目标，任何积极的、生活中实际渴望的诗歌之目标。可是，它只有不断超越外在的一切才能实现。在悲剧发生的最重要时刻，它的主人公被其命运推到了远比他所作所为更高的位置。纯粹而伟大的史诗般的主人公一路狂奔演绎着他的人生冒险，他远离了外在因素只为奔向与悲剧里情况不同的方向——它是水平方向运动，而悲剧里那个是垂直方向的——而远离的规模与多样性取代了主人公在那些悲剧中走向高潮的强度。可是在田园诗中，不存在克服外在因素的问题。

客观而明确地呈现的一件大事是一种无限情感的完整表达：它是这种形式的实质。夹在史诗与抒情诗之间的一种中间形式；它们两者的综合体。古典美学将田园诗与挽歌——两者有千丝万缕的联系并互为补充——在它们的系统中列为史诗与抒情诗之间的纽带。由此，它们成为永恒的形式概念，不再是偶然的历史概念。田园诗是两者中更接近史诗的形式，因为它必然仅表现一种事件，表现一种命运——否则它将变成纯粹的史诗——它就其技巧而言最接近中篇小说，这种形式在最终意义上却与其毫不相干。可是我认为，人们必须比当时的情况更为宽泛地来理解这种形式的概念。总是有些创造世界图景的意愿偏离伟大史诗的文学作品，尽管该作品的情节有时几乎不足一篇中篇小说的分量，可是也有个别情况超越了中篇小说的范畴，并从一个心灵的情感中获取了另一种无所不包的力量。其中只有一个心灵是主人公，其情节仅包含该心灵的渴望，可仍然不失为主人公与情节塑造成功的案例。人们大都把它们称为抒情小说——我更喜欢选用中世纪的叫法（圣歌寓言）——可是它们完全对应于真正的、最广泛的与最深刻的田园诗之概念，自然而然地倾向于挽歌。[我只是举出——完全随意地——几个书名为例，如：《爱与心理》（Amor and Psyche）与《奥卡辛与尼科莱特》（Aucassin et Nicolete）；《新生活》（Vita nuova）与《马农·莱斯考特》（Manon Lescault）；《维特》（Werther）、《海珀龙》（Hyperion）与济慈的《伊莎贝拉》（Isabella）]。这就是查尔斯-路易斯·菲利普的形式。

人们不会说，田园诗是个小形式。说它小，指的只是规格，只是外部轮廓。它们描述的事件似乎是任意的，就像黑格尔说的那样，"只是主体对主体的偶然激情"。可它是最严格的必然性的一种形式，而且每一种必然性都是一个循环，因此是完美的并包含整个世界的。微小与随意性是这种形式的条件：原汁原味的现实在一个随机的小事件中变得透明了，任何事都可以意味着任意的含义。这是对生活的反常的提升与贬低：一件小事可以决定心灵，一些外在条件意味着内心世界。可是这种现象只有在下述情况下才有可能出现，因为一切都可能是心灵，对于心灵的终极必要性来说，外在条件中心灵的每次出现总是微不足道的与任意的。像中篇小说里一样，这种情况是随机发生的，可是原因有所不同。在此，我们称之为的偶然事件并不能突破一连串外部事件的普通的、绝对的必要性，而是外在的一切及其所有必然性都会被心灵鄙视为偶然事件，并且在它之前的所有的必然性都变成了随机性事件。于是，抒情诗向史诗的这种转变意味着内心的东西战胜了外在的东西，生活中的超验性变得生动起来。形式的严谨性在于它保持了史诗般的叙事；其中，内在的与外在的以同样严格的方式得到共同与分别的处理，而生活的现实则保持完好，并未触动。因为把所有外在的东西化解为情绪是没有意思的，随时都可以做到的；可是，心灵最深处，纯粹之渴望，徘徊在物质的与十分冷漠的现实之间，即使作为陌生朝圣者与面目难辨的人，那么这就是一种崇高真理与一个奇迹。

中世纪对形式的分类概念比我们今天更清晰，或许出于这种感觉而将这类作品中的史诗与抒情诗严格地区分开来。可是，这就是为什么那时候的形式只能是结构上严格相关元素之并置的缘故，在这种情况下，在纠缠不清时进行令人困惑的分类是不可能的。随着现今时代的到来以及大气压力的发现，这里的分类成为可能，事物表象背后隐藏的事物不再需要打破它们才能变得可见，而是可以从它们自身与它们之间，通过其闪闪发光的表面以及其轮廓的抖动看到它，那些无法言说的东西就可以继续保持沉默了。《维特》的形式比《新生活》的形式更加神秘。

可是，我们时代难以控制的情感泛神论导致了这种可能性的止步，将其过度延伸，并将每种形式分解为不清晰的并且无形的渴望抒情诗。作家们变得懒散了，不再把感情与事件形式化，而是以一种完全不受拘束的散文写出了杂乱无章的长篇诗作。大气压力使一切都融化成为情绪与磕磕巴巴的表达。由此，一切隐藏的东西却再度消失了：他们的沉默不语变成了大声并且令人生厌地道出一切，他们的深度微不足道，其灿烂而细腻的瞬间的全部则成了灰暗而单调的千篇一律。

他们止步于纯粹的可能性，因为大气压力不会为此将事物从轮廓的刚性中救赎出来，以便将其融入变化无常之情绪的空洞之中，将其融入无轮廓的非形体中，而是为了给它们一些新的东西：一种发光的强度以及一种悬浮的沉重感。大气压力是建模的原则。在陶醉于如画风景的印象派之后，塞尚①与他的学生们已经认识到这一点，似乎在诗歌中法国的使命也将是以这些新的表达方式去重塑旧的形式。对于客观现实主义的福楼拜来说，精准、工整的描绘仍然被看作是一个面具与一种讽刺；在当下的法国，这些途径已经成为这种新史诗的表达方式。查尔斯-路易斯·菲利普是最早的人之一，或许是最伟大与最深刻的一位。他

---

① 保罗·塞尚（Paul Cézanne，1839—1906），法国印象派画家，西方现代画家称他为"现代艺术之父""造型之父"或"现代绘画之父"。他是后期印象派的主将，风格介于印象派与立体主义画派之间，他的作品为19世纪的艺术观念转换到20世纪的艺术风格奠定了基础，对亨利·马蒂斯与巴勃罗·毕加索影响极大，对当代艺术有不可磨灭的影响。——译者注

薄薄的书籍结构严谨，讲述着严肃客观的故事，并且书中的抒情诗已全然清晰地展现在描绘之中，以至于他的声音现在还没有被模糊的渴望小说的喧嚣之沉默所淹没。在大多数人的眼里，他是个现实主义的门徒，像许多其他人一样是一位穷人的作家。这就很好啊：它证明了菲利普的渴望真的化作形式了。

1910 年

瞬间与诸形式
——论里夏德·贝尔-霍夫曼*

1

有人去世了，发生了什么事？或许什么都没有发生，或许一切都变了。或许那只是几个小时、几天，或许是几个月的痛苦，然后一切都重新归于平静，往常的生活会继续下去。或许有些曾经看似休戚相关的东西被撕成碎片，或许某个人生一下子失去了梦寐以求的内容，或许从徒劳无益的渴望中会绽放出新的力量。或许有些东西崩塌了，或许其他什么东西正在逐渐形成之中，或许两者皆未发生，

---

* 里夏德·贝尔-霍夫曼（Richard Beer-Hofmann，1866—1945），奥地利小说家、剧作家兼抒情诗人。他出生后，母亲即去世了，于是过继到殷实的姨家，因此获得了双姓。完成学业后，他结识了霍夫曼施塔尔、巴尔、施尼茨勒等作家朋友，随之也成了自由作家。1893年，他出版了第一本中篇小说，随后多部诗集问世。后来从事戏剧创作并做过导演。"二战"时，他作为犹太人遭遇多重责难，最后成功流亡美国。——译者注

或许两者兼而有之。谁知道呢？谁又能够知道呢？

有人去世了。那是谁呀？这无关紧要。谁知道他对于他人，对于某个人，对于最亲密的人，对于完全陌生的人意味着什么？他是否曾经与他们接近过？他是否在他们的生活里出现过？他是否在某个人的生活里出现过，在某个人的现实生活里出现过？或者他只是在迷途的梦想中故意胡乱抛出的球，只是弹到某个方向的跳板，只是一面孤独的墙上任由永远陌生的植物攀缘而起？而假如他真的对某个人有些意义，他对他来说意味着什么，在何种程度上以及在哪个方面？以他独特的分量与本质，或者经由幻觉图像制造的，通过无意识地说出的一个词或是做出的一个随机姿态？一个人对另一个人意味着什么呢？

有人去世了。而唯一幸存者面临着让人心痛的、永远无解的问题，那就是永恒的距离，人与人之间无法逾越的空白。没有留下什么可以抓牢的东西，因为人类认知的任何幻觉都只能由持续相处发现的新奇迹与期盼的惊喜所滋养的，只有那些人有能力将如同现实的东西带入这种类似空气状的、毫无方向性的幻觉之中。休戚相关只有通过连续性才能保持活力，而一旦它遭到撕裂，则迄今为止的经历也就消失殆尽了。因为人们对他人所能知晓的一切只有期望、只有可能性、只有愿望或恐惧，只有通过随后发生的事件才能以某种方式变成现实的梦想，而这些也立即重新化作了可能性。而每一次撕裂——假如它不是有意识地终结的话，撕裂以往现实生活中的所有联系线索，并将它们接合在一起，以便赋予它们一个自身完整的、做好了的、真是已经成为艺术品的凝固形式——每次撕裂不仅撕裂了永恒的未来，它也摧毁了整个过去。两个人、两个好朋友分别时隔一年后首次邂逅交谈："可是，他们谈的几乎都是无关紧要的事情；他们知道，傍晚在空荡荡的街道上随便说一句话或看一眼漆黑的夜色，稍后才会放开谈些别的事。可是再也没有'以后'了。"再也没有机会碰面了，因为其中一个人当天夜里死去了。而突然发生的这场意外的、残酷的灾祸突然清楚地表明，这个他喜欢的朋友对他来说意味着什么，可能会意味着什么，他们一直关系很亲近，他认为他们彼此一直都能相互理解。

问题越积越多，疑虑有似闪击，各种可能性像脱缰之马似的在女巫咆哮狂舞中打转。一切都在天旋地转；一切都有可能，没有什么是确定无疑的；一切都相互交织在一起：梦想与生活、愿望与现实、恐惧与真相、善意的谎言驱散痛苦与勇敢地面对克服哀伤。还剩下什么呢？这一生中有什么是安全的？无论多么荒凉与贫瘠，无论被一切美好与丰硕所不待见，人类能够安身立命的地方在哪里呢？哪里会有什么东西不像沙子一样在你的手指间涓涓流出，假如人类想把它从生活的无形物质中提取出来并握牢它，即使仅限于短暂的瞬间呢？梦想与现实、自我与世界，深刻的内容与转瞬即逝的印象的分界线在哪里呢？

有人去世了，孤单的幸存者迅即就被多重的问题拖入永恒的漩涡。死亡或许只是孤独感，脑海中潜伏的所有的

> 心灵与形式

问题必然涌现的象征,然而它们曾经被梦幻时光的漂亮话语麻醉了。当死亡出现时——他人亡故时——或许最强烈地,其强度是梦想的力量所无法阻止的,揭示了人类一起生活的重大问题:一个人在另一个人的生活里可能意味着什么?死亡的非理性或许只是瞬间无数偶然事件中最为重大的一种;死亡所造成的撕裂,人们在死者面前感到的巨大的隔阂,撕裂与隔阂的说法或许只是较好理解一些,对于大家较好感觉的是同样表述,犹如两人隔着千重沟壑进行对话一样。而他的真相与定局只因为如此而比任何其他东西都更加明确,因为他独自用真相的盲目之力从可能亲近的臂膀中夺去了孤独,而新的拥抱曾经一直是可能发生的。

有人去世了。遗留给活着的人的是什么,以及经他成形的这种遗留下来的东西是什么,这正是贝尔-霍夫曼为数不多的中篇小说的主题。这些故事的世界是维也纳唯美派的世界:享受一切的世界与没有什么可以保留的世界,其中现实与梦想相互交织,那些强加给现实生活的梦想以暴力收场。施尼茨勒①与霍夫曼施塔尔②的领域。他们故事中

---

① 阿图尔·施尼茨勒(Arthur Schnitzler,1862—1931),奥地利医生,短篇小说家兼剧作家。他被认为是维也纳现代派最重要的代表人物之一。第一个把意识流手法引入德语文学中的奥地利作家,以表现心灵、下意识与内心情感为宗旨的心理艺术风格。作者自认为一生都在探索人的心灵,作品较少反映重大社会问题。——译者注

② 胡戈·劳伦斯·奥古斯特·霍夫曼·冯·霍夫曼施塔尔(Hugo Laurenz August Hofmann von Hofmannsthal,1874—1929),奥地利作家、剧作家、抒情诗人、小歌剧作家与萨尔茨堡戏剧节创始人之一。详见《柏拉图主义、诗歌与形式》一文的译者注。——译者注

的主人公漫步于这个世界中,他们丰富的狂喜与悲剧赋予这个世界以内容;与他们有着深刻与真正相似的心灵,以一种与他们语言同源的腔调说着话。然而,这并不完全是他们的世界;然而,贝尔-霍夫曼并非"他们中的一员",即使我们想要并且可以赋予这个定义词最宽泛的含义,他依旧不是的。他的作品也生长于他们的土地上,然而异样的阳光与异样的雨水赋予了他的花朵完全不同的颜色与完全不同的形状。他是他们的兄弟,然而对他们来说却是如此深切的陌生,有如只有非常相似的兄弟姐妹才会彼此陌生。他们(不仅只有这些人)都写下了唯美主义者悲剧,还写了对生活的大清算,这种生活仅存在于内心的,仅存在于精神上的,仅由外在投射的梦想所组成的;这种生活的唯我独尊被推到了天真的地步,对他人的残忍根本不再是残忍,对他人的善良不再是善良,而且他们的爱也不再是爱。因为其他每个人距离他都如此遥远,所剩下的只有他唯一的现实生活的——内心生活的、梦想生活的——物质,以至于他根本不可能对任何人不公正,也不会对他自己不利。因为无论他对自己做了什么,不管他人能在他身上做了什么事,他的梦想都会将之转变,经过揉捏,直到它完全切中他瞬间的心情。而发生的每一件事——毕竟只是上千种可能原因引发的偶然结果,人们永远无法从中找出确定无疑的原因——都恰好对号入座,犹如恰好发生的美满与和谐一样。"……在每一件事上,他都只是在寻找着自己,并且在每一件事上只是在发现自己。他的命运独自得到了真正的实现，而且此外所发生的事都与他相距甚远，就像在舞台上，演出的剧情是讲述别人的故事，只是似乎在谈论着他；只有可能与他有关的才具有价值：战栗、感动与稍纵即逝的微笑。"

那么清算什么呢？我已经说过：强加给生活的梦想之结局是残酷的。当命运用如此强硬的拳头砸碎梦想所精心编织出来的和谐之时，任何艺术都不能用破碎的线头重新编织出一张美丽的彩色地毯。当心灵在完全疲惫不堪的时候，仍在不断翻新的然而又总是在重复的演绎中渴望着真相，渴望着触手可及的、不容扭曲的真相，并开始认识到自身融合一切，它的自我适应一切的方式就是炼狱的时候；当在梦想的舞台上，任何只要能想得出来的喜剧已经穷尽的时候，并且舞蹈的节奏慢下来、静下来的时候；当无立足之处的始终游走四方的人终于想要在某地安顿下来的时候；当万事通终于想要沉浸在一种排他性限制的强烈感觉的时候，那就是清算。霍夫曼施塔尔笔下的人物克劳迪奥之哀诉，还有施尼茨勒笔下某个年迈的阿纳托尔人的听天由命，他走上一条通向自作自受的孤独之路。具有讽刺意味的悲剧对手戏，戏中总是带有讽刺意味的微笑的精致嘴唇变得苦涩，而戏剧继续进行——或许在对手戏之前——只想掩盖心碎的窒息哽咽。在这样的对手戏中，生活报复了自身；它是粗野的、残酷无情的报复，长达半小时强加的痛苦与屈辱来报应一生的傲慢姿态。

这块土地上也孕育出贝尔-霍夫曼的文学作品，然而他的所有琴弦绷得都比其他任何人的更紧,可听起来却更深沉、更柔和,而在其他人那里的弦早就会绷断了。他的唯美派同仁们那里没有什么"文学"可言;仅存在于内心的世界不是他们自己的艺术或他人艺术的孤立狂喜之产物,而是伟大生活本身的动荡多变,千万次瞬间的黄金负荷所造成的,既没有放弃,也没有听天由命。在他们过分精致的生活中也有许多新鲜的东西,如童真、活力以及对事物本质的深切渴望,尽管所有这些常常夹杂着徒劳的戏份与自我折磨的疑惑。在他们的剧作中,他们想拥抱生活,征服生活的全部内容;他们的戏剧曾是——假如他们自己或许对此毫无所知的话——撒出大网去追寻人们从人物与生活可以知晓的真相。因此,他们的唯美主义只是一种状态,即使它也非常想完全满足他们的本质,也非常想感知它是他们生活的唯一形式,他们如此感知的能力则是其唯一的内容。贝尔-霍夫曼身边的唯美派或许是这类人中最极端的,然而他们并不悲惨——至少不是以唯美派的身份。因为迫使他们在孤独的道路上停滞下来的,不是他们的倒退,也不是他们的软弱,也不是他们的整个生活要就此崩溃,他们才会停下来为自己而战栗。而是因为有人去世了,这意外的、残酷的灾难现在永远断绝了真正了解的可能性,从而终结了所有的剧情,它们不是为自身而独立存在,并且现在已经失去了所有含义。木偶剧院中,木偶跳舞的机器的弹簧坏了,即使舞蹈还持续了片刻,然而它不得不永远静止下来。而假如不再受任何阻碍的幻想也会令心灵狂野片刻，漫无目的地从一个极端抛掷到另一个极端，然而它们最后累了，停下来了，因为只有现实施加给他们的极限才会给他们带来存在感。然后，这种生活就已经结束了。

这么说，贝尔-霍夫曼身边之唯美主义者所写的悲剧与悲剧《洪堡亲王》（克莱斯特①的作品）相似，黑贝尔曾就此写道，那里死亡的阴影与对死亡的恐惧会引发同样的净化，而在其他任何地方，只有死亡本身才能导致这种效果。有人去世了，其内涵就被剥夺了，曾经围绕这个人构建的梦想就坍塌了，随之其他所有梦想架构也崩塌了。而幸存者现在被剥夺了他生活的全部内容，他对生活的意愿可以冲破一切使新的生活发芽成长：它不像旧有生活那样美好，然而却更强有力；不是那么过度敏感与精致，然而却能更好地融入他人、融入世界、融入真实的生活；它不是那么敏感与精致，可是更加深刻、更具悲剧性。或许孤独的人在此被更加欢快的梦境的面纱所笼罩，这层雾气比在其他人那里更为浓密，然而却能在一切还来得及之前戳破这层迷雾。而或许正因为如此，贝尔-霍夫曼身边的唯美主义者是如此敏感，只需要一件小事、一个偶然，就可以改变他们身上的一切，然而他们强大到足以防止自己生活内容的破产也会牵连到实际生活。他们比其他所有人都更勇敢、更精细、更轻盈、更复杂，他们把一切相互联系在一

---

① 贝恩特·海因里希·冯·克莱斯特（Bernd Heinrich von Kleist, 1777—1811），德国著名剧作家、短篇小说家、抒情诗人与出版家。《洪堡亲王》(*Prinz Friedrich von Homburg*) 是她于1809—1810年创作的剧本。——译者注

起——以他们的瞬间情绪作为世界唯一的中心固定点——然而当他们视作伟大经历的这些虚构的联系撕裂时,仅戳破了内容,形式却保存了下来。仅从他们那里将其经历分离出来,剥离的只是他们自以为是的感觉,自己才是一切的出发点,仅给局外人以现实感,结束了他们的自我是实在的东西、处于世界中心的妄想;抓牢它们,将其投入生活中去,投入万物互联中去。

"而这就是他在这个暮年时光学到的:他的生命不会像一个孤独的音符消逝在空旷的空间中。他的一生被一个巨大而庄严的永恒漩涡所吞噬,始终伴随着响彻一切的永恒法则。冤屈的事不会发生在他身上,受苦不是被放逐,死亡并没有使他与众不同。因为每一项行动均与一切相关,对于一切都是必然的,对于一切皆是必不可少的。每一行动或许是一项职责,受苦或许意味着尊严,而死亡或许是一项使命。

"而察觉到这一点的人都能像一个正直的人一样走过一生;他的眼睛不是盯着自己,而是看着远方……恐惧对他来说是陌生的;因为无论他击打什么表面——即使比岩石还要坚硬——天理就会为了他从那里犹如泉水般喷涌而出,并且正义就会像永不干涸的溪流一般流淌。"

由此可见,这就是新世界,就是摆脱唯美主义之路:一种深刻的、万物彼此相互关联的宗教意识。感觉告诉我,我什么都不能做,以免到处引起千百种共鸣,其中大部分我既一无所知,又不可能知晓,因此我的每个动作——无论我意识到与否——也是万千波澜抵达我体内的后果,并且从我再转给他人。一切都真正发生在我身上,可这就是宇宙在我身上发生的事;未知的强力则是我的命运,而我那稍纵即逝的瞬间同样可能是与我不曾相识之人的无法辨认的命运。于是,偶然变成了必然;偶然性、瞬时性以及永不重复性以如此的力量上升成了世界普遍规律,以至于它们不再是偶然性或瞬时性。这就是印象派的形而上学。从波澜达及之人的角度来看,一切都是偶然的:哪个波澜达及他身上以及发生在何时何地;因为这一切都与他真实的内在生活过程根本没有任何关系。每一道波澜都是偶然的闪动:深刻的规律性独自蕴含在其中,所有生命都是一场偶然波澜的跃动。而假如一切都是偶然的话,那么就没有什么是偶然的,那么就没有偶然事件,因为它只有在与规律性同时存在并且仅在少数具体例外情况下才具有含义。

那么在这样的世界里,一个人在另一个人的生活中可能意味着什么呢?无限的多,然而又无限的少。一个人可能是另一个人的命运、改变者、导师、再生父母或毁灭者,然而一切都是徒劳的,他永远无法真正触动他的内心。这不是误解的悲剧,不是粗略地理解失败的悲剧,也不是精致的利己主义者以自己的模样塑造一切的悲剧。在这里,理解本身被命运的车轮碾压碎了,理解包含着最美好的、最深刻的、最温柔的以及仅具仁爱的理解。贝尔-霍夫曼在此也将相对两极的距离拉开得比他人更远一些。对这些人而言，悲剧在于人与人之间不存在理解，那是不可能的事；对他来说，理解是可能存在的，而且是触手可及的，可是任何理解永远都是虚弱无力的。当然啦，人类能理解一切，看穿并且能以最深切的爱心与热忱观察到发生在他人身上的一切以及为什么发生，恰恰这种理解与实际的当事人毫无关联，而且也不可能有关联。从理解的世界中，只有具备对生活世界的洞察力，认识到通往那里的大门永远是关闭的，心灵的力量无助于砸开它。事情发生了，我们却不知道，以及为什么；即使我们知道了，我们依然是一无所知的。可是我们所能知道的一切——充其量——只有这么多：我们知道当命运降临时我们内心发生了什么，当事人发生了什么，一些事情令他造就了我们的命运，以及因其命运而使我们发生了什么变化。这一切是我们能够知道的，我们也能为此而喜欢当事人，即使我们与之相遇后使我们的生活遭到了破坏。我们可以真实而深入地存在于另一个人的生活中的一隅，然而每个人都独自面对着自己内心的命运。每个人面对自己时甚至都是孤独的。

　　贝尔-霍夫曼的诗歌就是从这一愿景中发展出来的。面对一种愿景，面临其无所不包的惊叹，我们所有分类术语都失去了它们的含义：信念与怀疑、爱恋与放弃、理解与疏远，以及我们使用的所有其他词语。因为万物实际上都已融会于这种生活中：它包含了一切，然而同时又否定了一切。而在这首颂歌中，我们使用的每个单词只能表述每

心灵与形式

个小节的情绪,可是每个小节后会生出一个第二小节①——犹如在音乐里一样——它们在一起才构成整体,只有不分开它们才有含义、意义与现实。

2

每一部文学著作,也包括那些仅仅出于优美文字共鸣的作品,都直接通往大门,而无需先经过通向大门的通道。每一部文学著作都引向伟大的瞬间,因为跌入黑暗深渊的前景敞开着,有一天我们必然会蹒跚地跌进去。跌入深渊的愿望是隐藏在我们生活里的内容,我们的意识只能让我们——尽可能长久地——回避它们,然而深渊却始终在我们脚下,当山巅意外地展现开阔景色使人感到晕眩的时候,或者当一天晚上迷漫雾气中突遇玫瑰的芬芳环绕的时候。每一部文学著作都是以问题为中心而构建的,其进程方式可以是:它突然地、意想不到地并且由于令人信服的力量影响而使它身处深渊边缘。而它的每个进程——它也引领我们经过茂密的、鲜花盛开的棕榈树林并踏过耀眼的白百合花田——每个这种进程都只会引向那里,引向巨大深渊的边缘,而以往从来无法止步并且永远不会停留在别处,

---

① 古希腊颂歌中的第一节歌词后有对仗的第二小节,一、二两节通常用同一格律。——译者注

而不是这一深渊的边缘。而形式最深层的含义是：导致巨大沉默的伟大瞬间，塑造盲目飞驰而过的多彩生活，仿佛它的匆忙只是为了这样的瞬间。只因为人们可以通过多种攀升途径抵达深渊，因为我们的问题总是出现在不同的惊异之中，这就是文学著作之所以不同的原因。只因为从某个地区仅有一条通往山峰的途径，这就是为什么形式是自然之必然性的原因。一个问题及其围绕着它的生活；一次沉默以及前后周边的沙沙作响、喧闹、音乐声与宇宙之声：这就是形式。

然而——诚然只有今天——人性与形式是所有艺术的中心问题。这是千真万确的：一种艺术之所以能够产生——倘若容许究其原因的话，存在了上千载的事物或许有别于千百年以来狂飙者努力的初衷——写作艺术之所以会有意义，是因为它能赋予我们这些伟大的瞬间。只因为这个缘故，艺术才对我们具有生活价值，完全就像树林、山峦、人类与我们自己的心灵一样，只是更复杂、更深刻、更亲近，然而比其他任何事物都更遥远，面对我们的生活更冷静客观，然而却更紧密地融入了它的永恒旋律。艺术之所以如此，仅仅因为它是人性的，而且仅限于它是人性的。那么形式呢？曾经有些时候，我们中的某个人如若提出这样的问题的话，得到的回答准是：难道没有什么别的了吗？曾经有些时候——我们相信，曾经有过这样的东西——今天我们称它为形式并且以狂热的意识寻求的东西，以及我们从艺术创作的不断变化中以冷静的狂喜抓取唯一

心灵与形式

可以留下来的东西；曾经有些时候，它仅仅是启示的自然语言，就是未被制止的突发尖叫声，抽搐运动的直接能量。因为仍然无人问过，它到底是什么以及它尚未与物质以及生命分离出来；因为人们根本不知道它是一种与它有所不同的东西；因为它只不过是最简单的方式，作家与受众，这两个同类心灵相互理解的、最短途径的认知方式。今天，这也成了问题。

在理论上，整个冲突是不可理解的。假如我们对形式进行思考并打算给这个词语一个定义，那么定义只能是：形式是进行最强烈、最持久之表达的最简短途径，最简单的方式。而且——人们觉得，这样的类比也少许证实了我们的观点——我们想到了力学的黄金法则与国民经济的一个真理，即一切事物都力求消耗最小的力量获得最大之成果。然而这里面有个冲突；我们知道，确实有一个冲突。我们知道，有些艺术家的形式是直接的现实，并且我们觉得，这些艺术家的作品中不知怎么地脱离了生活；他们只将目标给了我们，可我们并不满意，因为目标包含的美感只有在抵达终点时才会展现出来，那里是漫长、艰辛路途之长久期待的终点。（从另一个角度来看，我可以说：这些艺术家只是给我们提供了途径，而没有给我们提供抵达，或许反之……）而有些艺术家，他们充实爆满的心灵视任何约束均为枷锁，因为他们不具有盛酒的杯子，所以他们采摘果实所得之佳酿就付之东流了：他们垂头丧气地放弃了完美，而那件不成功的、永远不会成熟的作品，就从他们疲惫、放弃的双手中跌落下来。正如伟大的形式大师黑贝尔曾经说过的那样："我的作品内脏太多,而其他人的东西皮毛太多。"

人们也可以就丰富内涵与形式之间的冲突提出问题。问题可能是,为了形式之故,容许以及不得不放弃什么东西呢？真的必须放弃一些东西吗？为什么呢？或许是因为形式不是我们生活里的产物,或许是因为我们的生活如此缺乏艺术性,因为生活里充斥的混乱使之如此不稳定与虚弱,以至于它几乎没有能力为了自己的需求而转变,现有形式可能随着时间的推移而有所变化,为了让一种生动之艺术的成长而不得不有所改变。于是,要么我们今天仅拥有一种抽象的形式,即关于艺术的思考结果,欣赏过去的伟大作品与探索它们的奥秘；然而这种形式不能涵盖我们生活的特点以及仅在现今的真正美感与财富。要么,根本就没有形式,任何产生效果的东西都只是通过共同经验的力量来做到的,一旦不再享有这种共同经验,就立即变得难以理解。这或许是冲突的原因,可是这里肯定存在一个冲突并且同样可以肯定的是,过去的真正伟大时代不曾有过这样的冲突,以至于希腊的悲剧能够直接表达出来最个性化的抒情,最大的多样性与最大的丰富内涵仍旧敌不过15世纪[①]的伟大作品——更古老的作品自然就不用

---

① 15世纪（Quattrocento）,意大利语原意为"四百",也表示从1400年开始的世纪,即15世纪。历史学家与艺术历史学家将之理解为意大利早期文艺复兴的时代,为意大利文学艺术与建筑发展史上一个重要的时期。——译者注

说了。

综上所述，如今有些文学著作通过其形式来产生效果，也有不少作品是不顾形式而产生效果的，并且许多人的问题在于（这应该是所有人的问题）：是否仍然有可能实现和谐状态？换句话说：是否存在一种当今的风格，会有这么一种吗？是否可能从形式抽象中提取出一些本质的东西，并以这样一种方式抓牢它，以至于不使现今生活的一切都流失掉？是否有可能使我们瞬间的、明天就不复存在的色彩、香味、花朵、尘埃久远长存，并且可能把握我们时代的——即使我们自己还未知的东西——最内在本质呢？

3

贝尔-霍夫曼与形式。其实，我们谈论的是两种最严格、最具约束力的文学形式，中篇小说与悲剧。中篇小说犹如悲剧一样喜欢使用抽象手段，喜欢把人物、彼此之间的关系以及他们的处境极度抽象化，以便它尽可能少地唤起他们对人类与生活的幻觉。中篇小说是对高度理性的抽象化，对相互交织的必然性之表现的抽象化，所有可能性都被完全彻底地排除在外；不仅是故事本身引发的可能性，而且也包括所有那些纯粹思考的、从抽象主题推导出来的可能性。悲剧是对非理性的抽象化，非理性中占主导地位的是意想不到的、令人惊讶的、天翻地覆的瞬间，加上对不可理解的无序世界、非因果时刻的分析。而两者——从一开始就排除了彼此与所有其他艺术形式的效果及手段——都只利用了人性的那一部分，从而使自身能够适应其抽象主题。

这是贝尔-霍夫曼最大的风格问题（与所有真正的艺术家一样，这不仅是他的问题，而在他身上却是最尖锐的问题）：偶然性与必然性之间并没有严格的区分；一个从另一个当中发展而来，又重新返回到另一个当中去，与其融合，剥夺了其特定含义以及与另一个的对立地位，使其不适合该形式所假定的抽象风格化。简而言之：贝尔-霍夫曼中篇小说的主题是非理性事件、偶然性事件，可是他使偶然性事件变成必然，因此他所有美感描述都与预期的效果背道而驰，文字越是美妙，效果越是注定如此。贝尔-霍夫曼的戏剧与伟大的必然性结合在一起，可是这种必然性在于将偶然事件提升到了必然性的地步，并且他从互补性偶然事件的交织中构建的结构越微妙与牢固，整个构架就变得越加脆弱，其基础的不稳定性就越加明显。这个风格问题对中篇小说意味着什么，对戏剧又意味着什么呢？对于这两者而言，它意味着它们的比例关系被大量的瞬间事件的侵入而遭到破坏，因为——即使我们撇开了作者内心世界的丰富内涵不谈——原理稳定化在两种情况下已经如此的复杂，本身包含如此多的内容，以及如此灵活与多线性，以至于几乎不可能通过这一基本原则（并且没有其他办法）来简化人物与情景，以便使他们与我们保持适当的距离，使彼此之间以及与背景成适当比例；很难将背景缩小到必要的大小，使其仅仅作为背景出现，并且避免出现难以约束的心理压力。

在中篇小说方面，这意味着：原本无法设定的情景却得到了解决；中篇小说在内容上带来了一个惊喜（正是因为这样，中篇小说模糊了形式上的惊喜）。自然只能从内部来解决，通过对心灵的广泛、全面与非常抒情的分析来完成。贝尔-霍夫曼的中篇小说内容是：一个人由于一场偶然的灾难而成长的故事；可是问题恰恰在于：一个人的成长可以成为小说以外的另外一种艺术形式的主题吗？（从这个意义上说，它不是严格的形式。）这个问题为什么重要呢？因为心灵发展永远不会具有暗示性（心灵越纯净，它就越不能暗示）。为什么呢？或许是因为全部心理学——现在只是在谈论艺术，而且不仅仅在艺术方面——必然只能产生一种武断的效果。因为心灵的发展本身不能通过艺术手段来塑造，不能通过显著效果的力量来塑造，并且可能的方法只有，以某种能量象征性地来表现发展的两个阶段，即开头与结局或者其中的一部分，第二阶段也显得——而根据经验来看这是非常罕见的——具有说服力的效果，我们从终点回顾时也能够认可这条途径是可行的；固然它从来不是唯一可能的途径，因为我们可以想象两点之间总是存在无数的心理联系的。自然，外在事物的影响越小，心灵的发展就越纯粹，并且形式就越加心理化，塑造形象的说服力就可能越小；两点之间的距离越远，彼此之间的联系就可能越多、越多样化。中篇小说与小说最显著的区别在于各自世界的延展度不同。前者的主题是孤立的事件,后者的主题是主人公的一生。中篇小说从世界上严格挑选了一些人物与少数的外在环境,只要刚好满足其目的就足够了;而小说将每一个可以想到的元素都纳入了它的结构,因为没有任何东西对它的用途是多余的。贝尔-霍夫曼的中篇小说——他的风格问题可以简单归结为——在构想与预期效果上都更接近小说,其实他作品的出发点与精简之素材却保持在中篇小说的水平上;这样,他就失去了中篇小说的凝聚力,而另一方面却没有赢得任何补偿。他的中篇小说松松垮垮:从开篇的角度看,结尾只能是单薄的;而从结尾的角度看,基础是武断的,而人物发展到结局的途径也是武断的。因此,这些中篇小说中内含的任何美感只是具有纯抒情性质而已。独特的是,我们感觉这种不和谐越尖锐,贝尔-霍夫曼的抒情就变得愈加深刻、动听与引人入胜。从形式上来讲,他较差的中篇小说却是比较好的。

在戏剧作品方面,情况更严重一些,然而或许也稍许轻微一些;在这方面,贝尔-霍夫曼进一步加深了这个问题,以至于这两个对立面不再相互排斥而彼此对持着。(中篇小说风格冲突的本质或许是这样的:贝尔-霍夫曼想以此达到比该特定形式所能实现的效果更强烈一些,因此他不得不打破形式的界限。)这里的情况正好相反,展示的东西被极大地夸张了,以至于将其变成用于戏剧表现的合适素材。这意味着什么呢?戏剧里起着主宰作用的总是世界的必然性,一种无情的、总是自我实现的、包罗万象的、宇宙的规律性。(剧本的内容并不重要,也就是说,在无限数量的可能内容中总是有几种同样适合用作戏剧风格化的基础。)因此,从这个观点来看,《夏洛来伯爵》①的基础是无可厚非的。可能毁掉任何其他戏剧的东西——描述的所有灾难与命运转折全然出于偶然性——这一点在此却已变得愈加深刻,并且在有些情况下甚至具有强烈的戏剧性。因为偶然在此已属于戏剧的先验元素,它贯穿在整个氛围中。的确,偶然其实在此创造了整体,一切都建立在这个基础之上并且由此而导出,而且正是借此偶然才有可能达到了戏剧与悲剧的效果。因为判断一个时刻是否具有戏剧性的关键标准,归根结底只在于它的象征性力量的程度:该时刻在多大程度上涵盖了当事人的全部本性与命运,以及象征着其生活的强度大小。除此之外,其他所有东西都只是外在的,并且假如缺少了这些东西,那么精致与激烈以及激情与形象化就无从谈起了。然而,非理性在一些关键情况下仍未得到处理。因为扬弃偶然事件的偶然属性的过程,(它因此使事件变得戏剧化)在我们现今拥有的表达手段下只能在事后进行心理处理,它只能绕个弯路通过当事人的心灵来表达出来。因此,任何直接的感官化都会异常地困难,的确是几乎不可能做到的,而且随之而来的象征化在

---

① 《夏洛来伯爵》(*Grafen von Charolais*)是一部德国悲剧。1922年卡尔·格鲁内将该悲剧拍成一部无声影片。——译者注

情节的感官力量中亦不可能实现：真正的戏剧性效果。或者更确切地说，戏剧性效果达到与否同这种感官化或象征化有机地联系在一起，而问题恰恰在于，除了事后的反思，我们是否还有其他手段使这种世界观戏剧化地表现出来。

在迄今创作的唯一戏剧中，贝尔-霍夫曼仍然没有解决这个问题；构成这部戏剧之本质的有三大命运转折点，一个发生在史前，一个在过去，还有一个非常激动人心，也非常具有暗示性。当然，易卜生以及在他之前的黑贝尔就已运用了这种解决方案（在《俄狄浦斯记》中就有了），以试图克服非理性主义。可是，尽管它的效果是可靠的，然而却不能在所有情况下加以利用，因为——正如保罗·恩斯特[①]所云，即使他是从另一个角度所展示的那样——这种方案必定会导致作家及其艺术作品变得贫乏，因为它使剧本的变化过少而（在一部剧中的）所容许的活动自由度也太小。另外两个没有找到这种解决办法的人，他们在其直接事件的描述中没有足够的说服力，尽管他们创造出来的一切对我们有很大的吸引力。然而，人们不能因此就冷漠地断定——即使从戏剧的抽象概念的角度来看——他们是失败的。与在其他任何地方一样，贝尔-霍夫曼在此所选择

---

① 卡尔·弗里德里希·保罗·恩斯特（Carl Friedrich Paul Ernst，1866—1933），德国作家兼新闻记者。早年参加过工人运动并且加入德国社会民主党。1890年10月5日，弗里德里希·恩格斯在《柏林人民报》上称保罗·恩斯特是一个表面的、易于伤感的人。他著有大量短篇小说、剧本与诗歌，晚年居然归附了法西斯主义。——译者注

的道路是最危险的，然而或许正因为如此，这条道路为未来带来了希望。然而，没有一场戏是纯心理的；第二场更大胆一些，它也比其他场景更强烈一些。在戏中，离奇交织的偶然事件导致了一个女人——一个纯洁与自豪的女人——对丈夫至死保持完全忠实，她对丈夫与孩子的爱无比坚定，但却出事了，被她或许所鄙夷的、无论如何漠视的另一个男人诱惑了。离奇偶然事件导致的一次离奇邂逅排除了近旁的人们并让他们两人同处在一间黑暗的房间里；然而就在小青年的忧郁呼喊与诉求完全没有产生效果时，就在她感到对丈夫的深爱最为安全的那一刻，一根燃烧着的木柴却从壁炉里突然掉了出来，而这个残酷的偶然伤及了冷漠被拒的那个男子。而尽管她从心底里对他的谗言还仍然无动于衷的时候，然而现在却唤起了人类的同情心。而正是这种毫无戒备的同情心使她迈出了那个第一步（尽管如此，任何后续的情节仍旧不必发生）：她满足了他提出的离奇请求，陪伴他穿越花园走一段路。

> 我想让月夜
> 看到我们两个人穿过花园，
> 夜幕笼罩着一切。我想要
> 月夜成为见证人。无论我到了哪里，
> 我可以跟她谈起你！她
> 看到过我们的！她知道你我的事！
> 我说："月夜，你看到她了，不是吗？

>　　她不是很漂亮吗?"而我该抱怨:
>　　"她不爱我,月夜,我是多么爱她!"

而花园小路蜿蜒曲折,月光下飘落着雪花,他接下来所吐露的离奇话语也令他们发生了后续的情节,直到发生了一切,她原本不想做的,或许她真的没有意识到发生了什么。后来,在巨大的悲剧性对抗中,当深深的悲伤已经取代了开始时的愤怒与痛苦时,她的丈夫带着深切的忧伤问道:

>　　到底是什么把你,我的傲骄,
>　　带到这里——带进这所房子?

她只能悲哀地摇着头作答:"我不知道",然后搜肠刮肚地说:"他说……"在我看来,这里主宰我们生活的奇妙而可怕的偶然事件,离奇瞬间的恐怖奇观全然可见,周边乐声清晰可辨;偶然事件、瞬间赢得一种可以直接感受到的生动活泼的气氛,犹如它们在坚定地主宰着生活。在这里,偶然事件成为符号性的,成为其自己主宰威力的象征。而这是朝着真正的戏剧性表达迈出的第一步。仅仅是第一步;因为它们最大程度的暗示作用也在这里先为事后发生的事件做了铺垫,以及只为事后赢得的感觉做了伏笔;它们给予我们的只有,好像是一种微弱的预兆,并非直接体验的征服力量。可是,这种体验感觉的瞬间也已出现了。

心灵与形式

正是在这些瞬间里以及他们所表明的道路上,现代戏剧风格之初始的迹象以罕见的力度显现出来了。不是当今生活肤浅的、重要性微不足道的与基本上无人会感兴趣的表述令这种风格成为一种现代的(例如,自然主义戏剧)风格,而是我们当今感觉、评估与思考之特有的方式,它的速度、它的编排与它的旋律要逐渐发展到形式中去,要与它们合二为一,最终要发展成为形式。贝尔-霍夫曼的戏剧充满了令人难以置信的、意想不到的众多美妙之处。光是他所提问题的方式本身——即使提供答案的日子尚未到来——已使他有可能找到实现美感的奇妙解决新方案。自从歌德与席勒以来,就需要诗歌来使戏剧里的人物与伟大悲剧保持距离;可是,他们已放弃了让笔下的人物充满人性的尝试,并且席勒(自豪地或无可奈何地)给歌德写信说,个性角色甚至本来就不适合戏剧,而且希腊悲剧的"理想面具"比莎士比亚或歌德的人物更适合于戏剧。继克莱斯特之后,贝尔-霍夫曼或许是第一人,他的诗句成功地保持了整个戏剧世界的基调,即没有一个人物通过他个性化的过度贴近生活而出格;从而,这部戏剧的灵活性,它的脆弱的微妙之处以及瞬间品质都不会因此而丧失。

贝尔-霍夫曼表现人物的技巧是——与戏剧作品结构的本质息息相关——伟大瞬间的技巧。(勃朗宁[①]的《皮帕帕

[①] 罗伯特·勃朗宁(Robert Browning,1812—1889),英国诗人与剧作家。《皮帕帕斯》是他写作的悲情诗。详见《柏拉图主义、诗歌与形式》一文的译者注。——译者注

斯》与年轻的霍夫曼施塔尔笔下的抒情情节为这种发展做了准备。)他的每个人物在剧中的某个时间点(或根据其重要性也会在几个时间点上)突然变得活跃起来,当他的命运与其角色正好进入戏剧主线的中心轴的瞬间,他就不再是其他角色命运的如诗如画的背景了。仅靠这种瞬间在人性强度中累积的力量就能赋予一个完整角色以——光彩,其手段是兼顾对其过去与未来的重视——性格特征。因此,角色已被打造好,具有及至内心差异的细致入微之描述,可是所有这些仅能在这些瞬间表现出来,每个其他动作都是那些给定势能的结果,所以应将该势能压缩到最小,以至于无论强度如何它都不会破坏结构。综上所述:当今的作家(例如霍夫曼施塔尔)简化了他们的角色,将他们的特性压缩到最为必要的程度,贝尔-霍夫曼只对他们的表达形式进行了风格化。

贝尔-霍夫曼运用同样的技巧确保了他的人物之间心理上与结构上的对接,即人际关系的表现。在时间方面,这里也做出了严格的选择,挑选最紧凑的、对戏剧至关重要的瞬间。于是,人物在剧中没有任何多余的接触;贝尔-霍夫曼在此没有对发展做过实验。而人物在这些瞬间里的接触可以说是完全表面的,因为他们已经全身心入戏了,而并不是在表演个别的特征,所以抒情诗在此无论流传多么广泛、无论人声多么混杂都永远是在演戏。在所有看似成功的时刻,此处风格化基础的宽度,即要克服的巨大的风格困境,变成了巨大美感的源泉:因为这时人物之间的关系绝不能包含任何与戏剧整体无关的东西。这样一部作品不受现代心理戏剧巨大危险的威胁，其人物比他们的戏剧中的命运之绝对要求更加宽泛、更具细微变化，因此描写彼此之间接触的、最深刻的纯抒情诗虽则仍旧是抒情诗，然而它是停滞在那里的，因而变得毫无趣味且令人生厌。可是，贝尔-霍夫曼也避免了当今风格作家的主要危险：由于将复杂交织的精神生活压缩到几条粗大轮廓线之内，原本设想的正常角色或许由于描绘片面而易于陷入病态。（霍夫曼施塔尔的贾菲尔如今或许是这种风险的最明显之例证。）

生活在这个世界上的人们与所有新戏剧的角色一样都生活在巨大孤独中，然而这种状况并没有让他们之间的关系喘不过气来，即使它把他们的轮廓分割线拉得过紧。（为的是令他们从戏剧的视角清晰可见。）贝尔-霍夫曼的人物不是严格地各说各话，他们的言语相交就像伸开双臂拥抱一样，他们交织在一起，彼此都在寻找并且发现着自己。只有在这些相遇的背后，我们才能感知到永恒的孤独迎面而来，它以不曾减弱的力量并且更令人震撼地逼视着我们。将他的人物彼此隔开的深渊里长满了玫瑰，他的人物向四面八方散发出光芒，可是玫瑰无法在悬崖两侧架起沟通的桥梁，光线只能通过镜子来反射。

贝尔-霍夫曼是那些艺术家中的一员，他们在不制定大纲的情况下，拒绝任何妥协的建议，并且拒绝将片面倾向追求到极致的表面英雄主义。对他的深刻内容来说，旧有的抽象概念太狭隘了,他想要创造新的抽象概念,以便将他所有的抒情诗都分解成形式。这种倾向将他(人名在此仅代表流派)与保罗·恩斯特的刻板风格化、纯粹的艺术建筑模式,以及格哈特·豪普特曼①令人震撼的出色半身雕塑作品分离开来。在当今的所有作家中,他为形式所进行的战斗是最为英勇的。似乎有一种深刻的智慧在驱使着他将所描述的瞬间的洋溢丰富的内容压缩在严格的范围内。当今,形式仍然是他的障碍,他与之进行了艰苦与痛苦的斗争;这并不是因为自己所说过的话之缘故,而更是为了避免沉默与规避放弃。在每件作品中,他如此精美地添加的东西在多处地方崩溃了,突然的视野展现了其他领域,或许引向生活,或许引向他内心——谁知道是什么呢?假如总是与他拉开严格距离的后来人——他们只承认已经被赋予的形式,而忽视所有那些随意脱口而出的表达——假如后来人对它们无动于衷与不理解,而我们却可以情不自禁地玩味那些瞬间,在其中这位伟大的艺术家确实显得弱了一些,与之相比,这位真实而深沉的人更值得人们尊重。

1908 年

---

① 格哈特·约翰·罗伯特·豪普特曼(Gerhart Johann Robert Hauptmann,1862—1946),德国剧作家与作家。详见《柏拉图主义、诗歌与形式》一文的译者注。——译者注

丰富内涵、混乱与形式

——一段关于劳伦斯·斯特恩*的对话

现场是一个普通中产阶级的闺房,全新式的与古旧老家具奇特地混搭在一起。墙上贴着色彩鲜艳的、寻常的壁纸,白色家具显小,看来并不舒服。这是一间普通中产阶级家庭的闺房,唯有大写字台漂亮而舒适,屏风后面安放着一张黄铜制的大床。墙壁上的挂件也显得零乱。家庭照片与日本木刻,现代绘画与如今时尚的古老绘画的复制品:惠斯勒[①]、

---

* 劳伦斯·斯特恩(Laurence Sterne,1713—1768),爱尔兰—英国感伤主义小说家。从1738年至1759年担任约克郡的牧师。1759年发表了成名作《项狄传》第1、2卷;1761年发表《项狄传》第3至6卷,多位作家攻击其为不道德的作品;1767年完成了第9卷。1768年发表《感伤旅行》。他堪称18世纪英国最伟大的小说家之一,也是整个世界文学史上一位罕见的天才,以文风与做人方面同样的狂放不羁而闻名于世。——译者注

[①] 雷金纳德·约翰·雷克斯·惠斯勒(Reginald John Rex Whistler,1905—1944),英国画家、设计家兼插图画家。——译者注

委拉斯开兹①与弗美尔②的画作。写字台上方挂着乔托的壁画照片。

在写字台前坐着一个异乎寻常漂亮的姑娘。她的双膝上放着一本书：《歌德格言》。她在翻看着，看来像是在读书。她在期待着来客。敲门声响起。这时姑娘正沉浸在读物中，以至于敲门声第二次响起时她才听到：她站起身来招呼刚走进门的访客。他是大学的一个同窗，与她年龄相仿，或许还略微小一点：是个20到22岁间，体型健壮的金发年轻男子，头发偏分着。他戴着夹鼻眼镜，穿着彩色马甲，攻读现代语言学，他爱上了姑娘。他腋下夹着几本破旧的皮面书籍——19世纪初英国作家的作品——把书籍放在桌子上。他们握了握手，然后坐了下来。

她：您打算什么时候在专题讨论课上作报告啊？

他：我还不确定。我还必须查阅一些资料；我也得翻阅几年来的《旁观者》③ 与《长舌妇》④ 周刊。

---

① 迭戈·罗德里格斯·德席尔瓦-委拉斯开兹（Diego Rodríguez de Silva Velázquez，1599—1660），西班牙著名画家，详见《关于随笔的形式与本质》一文的译者注。——译者注

② 约翰尼斯·弗美尔（Johannes Vermeer，1632—1675），17世纪的荷兰黄金时代画家。弗美尔与伦勃朗经常并称为荷兰黄金时代最伟大的画家，他们的作品中都有透明的用色、严谨的构图以及对光影的巧妙运用。——译者注

③ 《旁观者》（The Spectator）是在1828年开始发行的英国周刊杂志，现属巴克莱兄弟（Barclay Brothers）与《每日电讯报》所有。其内容主要谈及政治议题，笔风偏于保守，同时涵盖广泛的题材，书籍、音乐、歌剧、电影、电视节目评论亦占相当比例。——译者注

④ 《长舌妇》（Tatler）曾是英国文学杂志，1901年改版为公众杂志发行。——译者注

心灵与形式

她：您为什么要折腾自己呢——就为了这些人？您迄今所做的准备已经足够好了——有谁会留意还缺少什么东西呢？

他：这可能吧。可是，约阿希姆……

她（打断他说）：是啊，因为您总是跟他商讨每一件事。

他（微笑着说）：或许不仅因为这一点。即使真的是这样呢？我这样做是为了自己好。现在工作给我带来乐趣。我喜欢工作。能弄清楚细小的事实是很有意思的事。这些细小的事实让我面对许多东西，若没有注意到这些提示，我可能就变得太懒惰了。然而，我不用反复思考，也不必特别费力。我过得很惬意的——我把它称为"我的科学良知"，能把我称为"严谨的学者"，我就知足了。

她（很喜欢他的认真劲儿）：文森特，别揶揄自己啦。我很清楚，这个材料的完备对您有多重要——您对这一切都那么认真。

文森特（他虽然不完全信服，然而乐意接受这种奉承他的说法。此后做了少许停顿后说）：可能吧，您是对的。当然！（又稍做停顿。）我把斯特恩的书带来了。您看，我没有忘记这件事。

她（把书拿到手上，轻轻抚摸着封面说）：一个很漂亮的版本。

文森特：是啊，1808 年的版本。很精致。您看到前面

丰富内涵、混乱与形式

有雷诺兹①的插画了吗？精美，不是吗？

她：还有其他的版画，多漂亮。您看看这个！（他们看了一会儿版画。）您打算从书上给我朗读哪段呢？

文森特：或许我从《感伤旅行》②开始读吧。假如您随后有了兴趣可以自己读读《项狄传》③。同意吗？（他的英语发音很好，然而却有些刻意地拿腔拿调。）请您听好！（他朗读了旅行的开始，关于托锛僧的第一个感伤的小插曲，对旅行者的幽默分类，购买安乐椅，与不知姓名的女士的第一次感伤的、柏拉图式的冒险经历。他快速而紧张地朗读着，口音清晰纯正，不带任何情感倾向，正当他读到感伤的段落时用了讽刺的语气，声音低微到几乎无法听到。朗读每个句子时，他给人的感觉是此处的情节对他来说并不十分重要，当读到的许多美好事物中恰好有让他喜欢的东西，并且在这时把自己的情绪也抒发出来。正在他们两人已深深浸沉在读物当中的时候，又响起一阵强烈而有力

---

① 约书亚·雷诺兹爵士（Sir Joshua Reynolds，1723—1792），18世纪英国著名画家，皇家学会及皇家文艺学会成员，皇家艺术研究院创始人之一，并担任第一任院长。以其肖像画与"雄伟风格"艺术闻名，英王乔治三世很欣赏他，并在1769年封他为爵士。——译者注

② 《感伤旅行》（*Sentimental Journey*），为爱尔兰—英国感伤主义小说家劳伦斯·斯特恩所作，根据他在法国与意大利旅行的见闻写成的小说。这是一部没完成的作品，起始篇章发表于1768年，数日后作者即病逝。——译者注

③ 《项狄传》全名为《绅士特里斯舛·项狄的生平与见解》，为劳伦斯·斯特恩所作。全书共9册，前两册发表于1759年，后7册在随后7年内陆续出版。全书既无主人公翔实的生平故事，更没有他的深刻见解。主要描述主人公项狄的精神世界与心理变化以及他对人生的感伤情绪。整部小说从头到尾反映了主人公对其长辈、家庭与人生的印象与态度。——译者注

的敲门声，紧接着走进房间的是另一位大学同学约阿希姆。他的年纪同他们相当，或许稍大一点，个子比文森特高，穿着很普通的黑衣服，几乎算是着装破旧。他的面容坚定，几乎不动声色。他也攻读现代语言学，而且他也爱上了这个姑娘。这就是为什么他看到他们两个人之间安静、融洽气氛感到不悦的原因。他走到他们跟前与他们握手。然后他拿过文森特手上的书说）：您在读什么书？

文森特（有点紧张，部分是因为约阿希姆打扰了他们，部分原因是他在这个提问中嗅出了挑战的意味）：斯特恩的著作。

约阿希姆（以认可的语气，微笑着说）：我大概是打搅了？

文森特（也微笑着说）：是啊！斯特恩不适合您。他的作品太美好了，很有趣，内容丰富，并且全然不是程式化的。

她（对被打断正生着气）：你们两个又要争论起来吗？

约阿希姆：没有啊。我至少没有。绝对没有。至少今天没有。（对着文森特说）仅在一点上您没说对——别害怕，我不想争论——并不是说斯特恩不适合我——尽管我不喜欢他，这个您猜对了——而是斯特恩不适合这一位。（他指着还在姑娘双膝上放着的歌德的著作）您在开始读斯特恩的书之前有没有读过那本书？

她（很感激，至少有人注意到她了，因此对约阿希姆热情地说，其中隐藏着一丝对文森特的挖苦）：是的，我刚才在读歌德。您为什么问起这个？

约阿希姆：因为，你们在读斯特恩的时候肯定会感觉到：歌德会对此说些什么呢？难道他不会对这种拼凑在一起的、未加处理的东西感到生气吗？难道他不会鄙视您正在朗读的东西吗？因为它是作者未经整理的、未曾加工的东西吗？难道他不会说您的作家是个业余作者吗？因为他把感情原封不动地复制出来，就像原始的、未经加工的素材一样，竟然没做丝毫努力使它们达到统一的造型上来，赋予它们形式，就不说它们有多卑劣了。您一定读过他关于业余作者所说过的话吗？您还记得吗？"业余爱好者的错误在于：想要把想象力与技巧直接连接起来。"难道不该把这句话放在任何对斯特恩的批评的前面吗？而且难道不应该提醒人们直接体验这样的言语，防止人们盲目地堕入某种形式缺失之中吗？

她（有点没有把握，试图用坚定的语气来加以掩饰地说）：您说的话有一定道理，当然，不过歌德却没有完全这么……

文森特：我想，我知道您想说什么，并且，请允许我帮您把开了头的话说完吧：歌德从来不是教条主义者，他说："让我们务必要多样化！"这就是您想说的，不是吗？

她（热情而感激地点头称是，像先前在这个插曲之前一样，她用沉默表明她同意文森特的观点，两个男人都领会到了）。

文森特（继续说着）："布兰登堡省的甜菜很好吃，特

> 心灵与形式

别是同栗子一起吃的时候,但这两种高贵果实生长之地相距甚远。"[1] 而我还可以引用千百段别处的引言。——不行!以歌德的名义来谈论这类享受是不可接受的。不能反对任何享受,不能反对任何喜悦。不能反对任何能让我们充实的东西,不能反对任何能给我们的生活增添新意的东西!

约阿希姆(带点儿讽刺地说):您说的什么呀!

文森特(他的神经质越来越显现出来了):好像我不知道一样——您不可能不知道——斯特恩对歌德意味着什么,他总是满怀感激地谈起他,说这是他一生中最重要的经历之一!您不记得了吗?您不记得他说过的那段话了吗?他说过,19世纪也得意识到自己亏欠斯特恩的是什么,并且学会审视自己可能还在什么地方亏待了他?您不记得了吗?而且别忘了他说过的那段话:"斯特恩的约里克是有史以来最美妙的精灵;无论谁读到这个人物,都会立刻感到美好与自由。"您不记得了吗?

约阿希姆(带着一副非常镇定与自负的样子说):引证名言并不能证明什么。您与我一样清楚这一点。我知道,您还可以继续在这方面引用上半个小时,而您自己一定知道,我也能够——不离开歌德的名言——为支持我的观点无限地引证下去。而且为了给自己辩护,我们两个人都可以引用一句歌德名言,那不可能说服任何人,因为错误的

---

[1] 歌德在《格言与反思》中写道:"让我们变得多才多艺!布兰登堡省的甜菜很好吃,特别是同栗子一起吃的时候,但这两种高贵果实生长之地相距甚远。"——译者注

丰富内涵、混乱与形式

判断深深植根于每个人的生活中，人们所能做的就是在它们面前不断地重复真相。我们每个人都可以用那些同样无可奈何的话来针对他人，直到我们的对手反复陈述自己的观点后而不再理会我们的观点。不行啊！用引言来支持一切，实际上根本没有用。而即使世界文学的所有引言都反对我——我仍然确信：歌德在这场辩论中站在我这一边。而即使不是这样——歌德可以做很多我们不容许自己做的事情！——我的第一感觉仍然是正确的：读完歌德著作之后再读斯特恩的书就深感风格的缺失。而且我或许比我先前的看法更加坚定：同时喜欢歌德与斯特恩是不可能的事。而且非常看重斯特恩作品的人，并非也喜欢真正的歌德，或者对自己的喜好没有正确的理解。

文森特：我想，您才是误解了歌德的人，不是我（眼睛看着姑娘），不是我们。您喜欢歌德的某些东西在他自己看来是次要的。然而，您在一点上是对的：我们不要以他的名义来谈论。他不会说，我们中的任何一个是对的，他只能给我们提供论据；而且无论如何，我想，我们中哪一个是对的，这对他来说几乎都是无所谓的。实际上，到底谁有理也根本就是无所谓的事。

有理！没理！多么小题大做，不值一提的问题啊！而且这个问题与我们谈论的事情几乎不沾边啊！生活！充实！假设说，我承认您是对的——我肯定不会这么做——假定您有理：我们看法不一致，我们所谈论的两个主题彼此不搭界——那怎么办呢？假如我们对事物仅有些许强烈的体验，那么我们体验的强烈程度就会驳斥外界强加的任何理论。在两种强烈体验之间可能存在一种强烈的、深刻的矛盾，这种情况根本不会发生。这种情况是不可能成真的：因为本质的东西恰恰在于，我曾经体验事物的那里，在于体验的力量之中：这两件事能让我们有深刻体验的可能性，排除出现矛盾的可能性。矛盾在两者之外的某处，在我们对此可能知晓的范围之外——在虚无里，在理论中。

约阿希姆（带着一些讽刺口吻说）：诚然，一切皆蕴含于万物之中，因此……

文森特（激烈地打断他说）：那为什么不呢？共同点在哪里，矛盾又在哪里呢？这不是事物的属性，它仅仅是我们所拥有可能性的极限。而在可能性面前是没有先验的，一旦可能性停止了存在，一旦它们变成了现实，就没有什么可以指摘的了。统一性意味着一些聚在一起的事物，而此处聚在一起乃是真相的唯一标准，没有比这个判断再高的审级了。

约阿希姆：难道您没看到，从逻辑上看，这将导致最彻底的无政府状态吗？

文森特：不会的。因为这里谈的不是从逻辑上看的问题，而是生活的问题。谈的不是系统的问题，而是新的、永不重现的现实问题。在现实中，每个接踵而至的现实都不是前一个现实的延续，而是全新的东西，是一些绝对无法预见的东西，不是一些依靠理论、依靠"坚定地从逻辑上看"所能捕捉到的东西。而且极限与矛盾仅存在于我们的内心,犹如统一的可能性一样。假如我们在某个地方感到存在一个无法解决的矛盾,那么我们就抵达了自己的极限;而假如我们确认了这一点,那么我们就是在谈论我们自己,而不是在谈论事物。

约阿希姆:诚然,这是句真话。然而,我们永远不该忘记,在我们内心深处是有一些极限的,它们不是由我们的(与感知能力相抵触之)软弱、怯懦或麻木所划定的,而是由生活本身所划定的。我们的生活。假如我们内心有一种警示的声音禁止我们越界,那它就是生活的声音,而不是被其丰富内涵所吓退的声音。我们觉得:我们的生活只存在于这些界限之内,而界限之外的东西只有伤病与死亡。无政府状态就是死亡。这就是为什么我痛恨它并与之抗争的原因。以生活的名义。以生活丰富内涵的名义。

文森特(讥讽地说):以生活及其丰富内涵的名义!这听起来很动听,只要您不把您的理论应用到任何具体的事情上的话。一旦您把它从永恒抽象的孤寂之中抽出来,它就变成了一种对事实进行粗暴践踏的理论。请您别忘了,我们谈论的是斯特恩,而且您对斯特恩提出了异议——以生活及其丰富内涵的名义?

约阿希姆:对啊。

文森特:可是您难道没有察觉到,斯特恩没有比这里更脆弱的地方了吗?即使我们否认他世界里的一切,我们从他那里永远也不能拿走:丰富内涵、充实与生活。现在我不想谈论他作品里细微的文体瑰宝有多么充实,也不想

> 心灵与形式

谈论他作品里富含的任何细小的生活启示。请您只要想一想《项狄传》中几个人物的活力十足的生活，在这些人物身上，您也会想到他们之间关系相互辉映着千变万化的闪烁光彩。海涅尊称斯特恩为莎士比亚的兄弟，卡莱尔[①]喜欢他，就像对塞万提斯特别推崇一样。黑特纳[②]将项狄兄弟之间的关系比作堂吉诃德与桑乔·潘萨之间的关系。而他还认为斯特恩书中的这种关系更深——而且您没感觉到吗？正是更深的关系赢得了何等丰富的生活。这位西班牙骑士与他的胖侍从：他们并肩而立，就像演员与布景一样，两个角色互为对方的衬景。他们是相辅相成的。当然，这可是仅对读者而言的。一种神秘的命运把他们连接在一起，引领他们终生相伴。其中一个人的每一次生活经历成了另一个人生活中每时每刻的扭曲图像，而这种连续的相关扭曲图像之序列就是生活本身的象征。一幅扭曲图像表现的是人与人之间的关系永远无法解决的不相称。好啊，可是您的确已察觉到了：堂吉诃德与桑乔·潘萨彼此之间却没有关系，至少没有人与人之间的关系。他们之间没有互动，除了图像中人物之间通常存在的那种联系之外：一种线性与色彩搭配的联系，但不是人与人之

[①] 托马斯·卡莱尔（Thomas Carlyle，1795—1881），苏格兰随笔作家兼历史学家。他的作品在维多利亚时代甚具影响力，代表作有《英雄与英雄崇拜》《法国革命史》《衣裳哲学》《过去与现在》。在《英雄与英雄崇拜》中提出"历史除了为伟人写传，什么都不是"的观点。——译者注

[②] 黑特纳（Hettner Hermann，1821—1882），德国文学史家、艺术史家兼任博物馆长。——译者注

丰富内涵、混乱与形式

间的关系。杜米埃①能够用纯线性术语来表达他们的全部关系，他们的全部性格。下面的断言听起来并不十分矛盾：塞万提斯所写的一切，他让书中主人公经历的所有冒险，所有这些都只是对这些图像的说明文字，仅是理念的发散，一种超越现实生活的先验生活的发散，这种生活能够在此种线性关系中表现出来。而且您也知道，如此表达这种命运关系意味着什么吗？它在此意味着塞万提斯构思的宏伟，同时也是其构思强度的极限。这意味着，他笔下的人物有某种面具般的特征：一个人高，一个人矮，一个人瘦，一个人胖，因此每个角色的存在都是绝对的，从一开始就排除了它的对立面。这意味着所有关系的相对主义、不稳定性只有在生活中、在冒险中才能找到，而两个人仍未完全气馁。他们面对生活的姿态是统一的，他们的性格是面具化，这两个不同的人之间没有共同东西，也没有联系的可能性。

斯特恩现在将相对性加入他对人类性格的看法中。项狄兄弟同时也是堂吉诃德与桑乔·潘萨。他们的关系每个瞬间都在发生着新的变化，发生着逆转，再变化回来。他们每个人都在与风车搏斗着，每个人都是对方进行漫无目的与毫无结果之战斗的既不理解又似清醒的旁观者。将这种关系归结为任何一种公式都是不可能的。项狄兄弟俩都

---

① 奥诺雷·杜米埃（Honoré Daumier, 1808—1879），法国著名画家，讽刺漫画家、雕塑家与版画家，是当时最多产的艺术家。——译者注

> 心灵与形式

没有戴上对世界持固定态度的典型面具。他们作为高贵骑士之孙的所作所为，所有这些似乎都是次要的，除了他们关系的崇高与怪诞的不相称之外。有人不无道理地说，沃尔特·项狄处理事物之不善是理论家面对现实时永远的无能为力。我知道，人们会这样说的，或许还没有人能以足够的精确与深度来表达出这种关系的强劲象征意义。然而，这本书真正深刻的是人与人之间的关系，而不是单独的人物；真正深刻的是这个圈子包罗万象的多样性与饱满度，即使这个圈子只由几个人所组成。仅这两兄弟之间的相互关系本身就丰富得很啊！看到他们是如何意识到自己的归属感，他们身上——以一种思想无法企及的深度——如何会有一种内心的认同感，正是此种关系绝望地将他们永远分离开来，由此而造成的巨大痛苦是如何在他们内心深处产生颤抖的，这难道不令人感动吗？当他们都时不时地试图分享对方的堂吉诃德式执拗，有时又试图用自己的生活经验来治愈对方，这是非常感人的。然而，在任何情况下，他们的关系都会以怪诞的喜剧方式表现出来。通常情况下，这种力量如此之大，以至于在大笑之中发笑的起因——两个心灵无法相遇——却只变成了次要的陪衬。我不知道您有没有注意到，在项狄的世界中文字游戏是以何种程度变成生活之象征的。仅仅文字的暗示性、传递性成为象征，只有受众体验过同一事物的情况下具备传达体验之能力的时候，文字才能成为象征。

然而，项狄兄弟只是彼此交谈，而不是彼此交心，并且每个人都仅仅关注自己的想法,而听到对方在张口说出词语,而不是听出对方的情感与想法。而且对方说话的每个词一旦远及自己的想法,马上就开始陈述之,并且另一个同样也在触及自身想法时会接茬说下去。文字游戏在这里成了交叉路口,使两个永远在寻找对方的人在此相遇,而又痛苦地擦肩而过并无法相认。而且沃尔特·项狄与他妻子的关系也是类似的情况,充满了同样怪诞—悲剧性的痛心与忧伤的喜悦。充满了哲学家的痛心,妻子从来不理解他在说些什么,甚至从来没有意识到这种不理解,从来没有向他提出过任何问题,从来没有对他动怒或者发脾气。即使是最繁复的智力机器也无法扰乱这位妇人的平静怠惰,这种怠惰让她接受了身为她丈夫的哲学家所说的一切——因此,一切事情的发生都如她所愿。哲学家写了一本书,讲述人们应如何在不受母亲影响的情况下教育儿子,可在他写书的时候,教育儿子自然是母亲的事。请想一想他的几个小满足感,既悲伤又好笑。比如,妻子想偷听"托比大叔"与"沃德曼夫人"之间的做爱情节,她告诉丈夫她很好奇,问他是否可以听,快乐的哲学家回答说:"亲爱的,用正确的名字叫它,透过钥匙孔想听多久就听多久吧。"还有另一个重大的不相称,那就是"托比大叔"伟大而天然的善良,他对生活与人类一无所知;人们在任何现实面前的束手无策,在与完全普通与正常的人打交道时遭遇最尴尬的局面,会引起巨大的误会。然而,在这个相互不能理解的夜晚却闪现出一丝组合的光芒:"托比大叔"与他的仆人"特里姆下士",他们曾经一起服役,特里姆与他一样头脑简单,然而他的消极、生就适合充当仆人的善良天性,不假思索附会他曾经的上尉长官的任何馊主意!在整个世界上,只有这两个头脑简单的傻瓜能够相互理解——只是机缘巧合才使他们生出了同样的强迫症的主意!

这就是斯特恩所看到的世界,这就是他所洞见的丰富内涵的世界,它的深度悲哀与它的荒诞滑稽同时存在,而且二者密不可分。他看到了这个从两方面合围而成的圆圈之多面性所包含的丰富内涵:哭泣变成了笑声,笑声包含着泪水。多亏了这种多面性,生活才成为真正的生活,而我永远不能真正并完全公正地对待它,因为我不能同时从圆圈的每一点上观察到圆圈的中心。

(短暂停顿)

姑娘(突然说):多好啊!中心……(文森特看着她,等待着即将到来的欢呼;姑娘脸红了,因为她意识到自己说错了话,倍感困惑)。是的——中心论——浪漫主义中心论……

约阿希姆(同样也很尴尬。可是他感到尴尬是因为他觉得,鉴于他所有的信念,特别是考虑到眼前的情况,他得从抽象形式的原则对文森特进行反驳;只是他还不知道该如何反驳。他脑海里浮现出许多想法,然而他感觉到,面对姑娘美好而真诚的热情任何辩驳都是小题大做,他担心会使姑娘彻底扫兴,倘若她也认为他的反驳是小题大做的话。可是另一方面他知道,出于同样的原因他必须说出自己的反对意见，而不能让文森特所唤起的气氛不被打破，因此，他轻柔而带着些许不确定地说，中间加了许多小停顿）：多好啊。是啊……多好啊……这本小说该是……假设是这样的话……假设真的是这样的话……这本书可能真会成为一部多么伟大的小说啊。

文森特（实际上，他也很尴尬。他觉察到空气中弥漫着有理的反驳论据——因为他了解约阿希姆——他也预感到反击大概会从哪个方面袭来。然而，他诚然无法确知这次反击将会是怎样的，更不用说他应该如何自卫了。他隐约感觉到自己的话有些过头，可是也觉得——固然为了姑娘的缘故——他现在不该从自己的激情退让半步。这就是为什么他开始讲话时非常紧张，语无伦次，以插话的形式开始说道）：本该可以这样的！太荒谬了！（他试图尽可能长时间避谈形式问题）。您完全清楚，我只引用了这丰硕宝库中的几个细节。本该可以这样的！太荒谬了！

约阿希姆（同样没把握，非常谨慎地说）：是啊，您没有提到这些著作里所有的东西，当然不得不省略了很多可能会进一步提高您的激情的东西。（姑娘一直热情洋溢地听着文森特的讲话，现在她的确意识到他所说的话里或许确实可能有成问题的地方，她暂且不想表明态度，她摇摇头并感到委屈，原因是她表示热情支持文森特而被约阿希姆将她与文森特视作等同。约阿希姆将姑娘的头部动作解读为赞同自己的意见，并继续放松地说下去——然而，姑娘的委屈情绪是针对他的，她因他才陷入不舒服的境地的。)

然而请您不要忘记，书里的有些其他地方您忽略了。您所遗漏的有些东西——您该相信我——对您的论点是有很大助益的。

文森特（与约阿希姆一样，他也曲解了姑娘的动作。他现在说话比以前更有激情，试图重新赢得那威胁要离他而去的气氛优势）：我想，我明白您在暗示什么，然而——请您原谅——我觉得您的异议是相当的小题大做。

约阿希姆（打断他的话，说道）：我的话还没有说完……

文森特（干脆继续说下去）：您大概想说"只不过是斯特恩写的书，《项狄传》就成了一部多么好的小说啊。而且我彻头彻尾伪造了斯特恩，当我谈论他时却省略了所有可能使整体受损的东西……"

约阿希姆：可是我……

文森特：请您稍等一下。我敢肯定，您在想斯特恩离题的地方，他的插曲似乎与主题毫无关系，他怪诞的哲学段落以及许多其他东西——我知道的。可是，假如认为一切乍看起来似乎运用不当的东西——或许只是从先入为主的、过于理论化的角度来看——立马看作是干扰总体布局与有损作品之伟大，那是多么肤浅的想法。您想想看，在您只看到混乱与无序的地方，然而可能会存在一个深刻而真实的意图，或许只有您才弄不清楚。我认为，斯特恩非常清楚自己在做什么，他道出了自己的文学平衡理论——得承认，这是一个相当独特的理论——"在智慧与愚蠢之

丰富内涵、混乱与形式

间保持平衡",他在《项狄传》中写道:"没有这一点,一本书在一年之内就站不住脚了。"而我认为,我知道哪些感觉确实要求这种平衡的想法。您或许还记得,我说过的关于斯特恩对人类的多方面观察。由此可见:他的方法是唯一的一种,或者——不管它是不是唯一的一种——至少是一种十分出色的方法,能够开启并形成了这类同仁的运动。简言之,我或许可以把它定义为:一个事实,以及围绕它的一系列无序的、由事实引发的联想。一个人出现了、说了一句话、做了一个姿态,或者我们只是听到了他的名字,而他又消失在他出现时所产生的图像、突发奇想与情绪的云雾中。他消失了,可我们的所有思想可能仍从各个方面围绕着他,即使他刚才的现身也破坏了他早先出现时给我们留下的各式各样之印象。因此围绕新的片刻留下同样丰富的印象,只是因为对以前印象的回忆仍然还在,相比之下旧有的印象更加丰富一些。这就是作家看到他笔下人物的一个姿态时的心境;记日记的人回想他的经历并整理自己的印象时的心境;能身临其境的读者之心境,而非只读字面意义的人,假如他想要对陌生人物感同身受的话。而且在生活中我们辨识他人的技巧即是如此。

约阿希姆(在说话时仍然有些不确定,慢慢地才进入节奏):您说的话或许有些道理。然而,我的感觉仍然与先前一个样:这本小说本该能够多么美好啊!因为您在此用省略的方法来给斯特恩帮衬——也就是帮助您自己。您谈到斯特恩的时候,仿佛您的话只是揭示了他看似混乱的内在节奏，然而您却只从他身上提取了这些东西，借助您的帮助使它们节奏化，而把其余的抛在一边——或许您没有意识到这一点。

文森特（紧张地说）：不是这样的。

约阿希姆：仅举一个例子，然而此例真的具有原则性的重要性。许多过时的、如今不好理解的地方，无论如何都会在这里支持我的观点。我曾经在一位英国文学史学家的著作中读到，斯特恩运用的"humour"（幽默）一词还是沿用伊丽莎白时代的古老意义。事实上，除了《本·琼森》的人物"幽默"之外，他创作的每一个人物只剩下盲目与无稽之谈的永恒旋律、"玩具木马"了吗？"幽默"是人所固有的品质，且能以如此之力量贯穿他的所有行动之中，以至于它已经几乎不再是他的品质，即他整个人不再有其他表现，仿佛他所有的生活表现都只是这种"幽默"的品质。不是此人拥有一种品质，而是品质支撑着这个人。我也可以说："幽默"是一种面具，它是远古的，仍然完全是寓言文化遗留下来的，当时生活与戏剧都被人格化了。在那种文化中，一个人的整个本性被压缩成警句、铭文；只要戏剧演出没完，角色就永远不能跳出角色，哪怕是瞬间。顺便提一句：任何面具，即使是像斯特恩笔下人物戴的面具一样破旧、千疮百孔，然而总是阻碍着人与人之间的互动。因此，原则上斯特恩在这方面并没有超过塞万提斯。

文森特（洋洋得意地说）：现在试着完全客观地深思一下您刚才说过的话。我不是说斯特恩与塞万提斯的关系；

仅在概念上，面孔与面具就是相互排斥的；实际上，它们只是两极，人们很难精准地确定它们的转换是从哪里开始进行的。

约阿希姆（迅即插话说）：然而就在此处呀！

文森特：可是，正如所说过的，这本来并不重要。您毕竟没有注意到，您关于"幽默"所说的一切在多大程度上是对我所提及的斯特恩对人之观察的一种补充吗？不过，您（带点讽刺地），这是您的事情，您对我的看法也在形式上给予肯定了。您所说的"幽默"，这是一切事物都围绕着的中心，斯特恩从无限多的方面表现出来的所有东西，他要的只是以某种方式公正地对待生活。然而，我也不得不假设这样一个中心的存在，即便我没有明确提到它；因为假如没有这个中心，一切就会崩溃了。而假如我给它下个定义——就像您已经做过的那样——那么我会让所有事物的联系更加紧密，并且这个世界的本质只会更加丰富，它的内容也更加多种多样。因为这个世界上也有稳定的物质，也有不断变化的物质，而且我们只能在抽象中将两者区分开来，就像一张面孔是通过周围的空气以及光与影呈现在我们眼睛里的。

约阿希姆：我已经说过，我不想争论（文森特微笑着，约阿希姆停顿了一下才继续说）——而且我也不是在争辩。（文森特重又微笑起来，然而他的目光随后落在了姑娘身上。他看到她没有跟着微笑，他此刻的感受是：我们两个人现在距离她有多么遥远啊，而且两个人与她都保持了同等的距离！他感到吃惊，想让整个争论终止下来。因此，他不耐烦地听着约阿希姆的话，等待着时机以便能表达出这种心情。可是约阿希姆此间仍在继续说着）：我只有一个想法还要说。假如我们正在谈论的一切真是这样，那该有多好啊——但愿真的是这样。假如您称之为斯特恩的方法真的是他的方法的话；假如斯特恩稍加一点逻辑地从同样的视角来观察他的人物的话。请您别在现在打断我！如您所愿，您尽可能采用此概念"从同一视角来观察"，然而此时您考虑的始终仍是一种特殊的观察方式——除此之外无艺术可言！——而您试图运用这种方式——您将看到，您会因此走得多么远。此外，斯特恩本人非常清楚这一点。当他谈起老托比的善良时，他觉得自己无法以同样的风格来塑造角色，犹如他描述托比建造城堡的胡言及其所有其他无辜的生活谎言，他在此运用的"玩具木马"方法是不可能的。

文森特（无论如何他都想结束这场辩论，只是现在也找不到一个自认为万全的托词来。可是每一句话都不由自主地拖曳着他，以至于他很难用几句话来概括自己的立场。此时紧张而很不耐烦地说）：您又来了，以会计师的准绳去衡量斯特恩的主导权之奢侈！而为此总是用同一的衡量尺度！斯特恩本应容许自己去揭露其方法的某个失误——而失误根本就不存在嘛。您难道没有感觉到，"托比大叔"性格的这两种特点之间有着难以言喻的深刻联系吗？您难道没有感觉到，斯特恩的主导权已同时考虑到了一种方法的方方面面、可能性与局限性,在这一点上考虑到了他的方法、任何方法的自然局限性吗?斯特恩的主导权……

约阿希姆:或者更确切地说,是他的软弱无能……

文森特(本来期待的回答是别的什么,而不是这种插话。他结束这场辩论的决心逐渐消失殆尽,而他自己越来越深地参与到争论中去,忘掉了其他的一切,他带着强烈的、"客观的"愤慨说):不对!您怎么能说出这样的话呢?您难道不能区分什么是演绎与什么是软弱吗?不能区分扬弃与放弃吗?

约阿希姆:当然可以,然而正因为如此……

文森特(打断他的话说):是的,可是我在这里看到了与他所有作品中同样的、天真确定性的提炼。打破统一性只是为了让它能更强烈地感觉到——让统一性与破坏它的事物同时被感受到!演绎可以做到这一点:这才是唯一的真正主导权!我们表现事物——可是我们保持不变,事物亦保持原样不变。只是在演绎的过程中,我们与事物双方通过戏剧都得到了提升。斯特恩一而再再而三地表现人与命运最繁复的联系。而他笔下的人物及其命运由此获得了难以置信的分量,因为整场戏——基本上——没有让角色从其所在的位置移开,只有情节像海浪冲击悬崖一样冲击着他们;然而戏中悬崖在海浪的冲刷下岿然不动,而且海浪越加猛烈地从四面八方冲击着它们,我们就越能感觉到悬崖的坚固性。然而,他只是在表现着它们!正是他的意志赋予它们这种分量,即使他不能拿走自己曾经给予的东西，因此这个意志比他的"孩子们"始终要坚强得多；他可以随时随地、随心所欲地调动他们，不管他们有多少分量。而这股巨大的力量被您称为……

约阿希姆：软弱无能，对啊。因为在任何此类情况下可以提出的问题是：作家在演绎着什么，何时以及为什么？是因为没有必要从那里再继续前行了，还是停留在那里，是因为他不能继续再往前走了？事实上，无法掌控自己充沛的精力才是这一演绎的理由，或是这一切都是巧妙地掩饰自己的软弱呢？因为，您看世界上没有什么比显示主导权的轻率姿态更能掩盖任何无能为力了。而且——我也无能为力——我从斯特恩的姿态中察觉到一些类似的东西，一些东西，那是一些并非实力的东西。每场戏之所以站得住脚——正是因为它凭借实力而生，而不是因为力不能及而存在——要是它似乎只是场戏的话。因为我们只有到那时才能突然中断并且大声说："说这么多废话有什么用啊？"假如……情况是这样的，假如话已经说尽了。而我从来没有过这样的印象，即斯特恩真的说了所有的事情，这样的例子一个都没有。当您拿我自己的例子来反驳我时，您似乎是对的。然而，这只是一种表象。因为虽然您在托比性格上看到的那种统一性并不存在，最多只存在于您的眼里。或许它——我甚至相信这一点——也存在于斯特恩的愿景中。可是我否认，它存在于他的作品里。在生活中，人们可以，甚至应该不断地改变自己看待事物的角度。绘画作品则硬性要求我们应从哪里去观看，然而一旦我们让自己置于那个位置时，它的威力即就此结束了。假如必要的话，从这里观察这一部分，从那里审视另一部分，这就不再是主导权的延续了，而是软弱无能的后果。我在这里感到的是软弱无能，就像我在这位作家的其他许多作品中所感受的一样。而在许多其他方面也仍然是……

文森特：举个例子？

约阿希姆：比如他的作品从未让我们感到满意。

文森特：当然，那是故意的……

约阿希姆：并不总是这样。甚至在极少数情况下才会这样。请您不要相信，我对这类段落的幽默无动于衷。比如，项狄经过长期的、一再加剧悬念的准备之后最终来到这对不幸恋人的坟墓前，为的是在泪水中来体验伤感——结果却突然发现著名的坟墓根本就不存在。不是，我想到的是这样的段落——我只想举个小例子——他非常微妙而又冗长地介绍了"特里姆下士"与比利时修女的爱情故事。这个故事开始讲了，一直没有结局——结果却用一句极其乏味与陈腐的话剥夺了他精心准备的一切效果。我对托比与寡妇的许多冒险经历亦有同样的感受——柯尔律治[①]虽然喜欢斯特恩的大部分作品，然而他称这些冒险是"愚蠢与令人生厌的"。每个地方都是这样：每当他到了真正决定性的地方，他就会将重要的东西弃之不用，让其变成一场嬉

[①] 塞缪尔·泰勒·柯尔律治（Samuel Taylor Coleridge, 1772—1834），英国诗人、评论家兼哲学家。——译者注

戏。因为他不善于进行塑造,他是在佯装,似乎他不想这样塑造。

文森特:您忘了,像今天我们手上的两本书都是片段。谁知道斯特恩会把"托比大叔"与"寡妇沃德曼"之间的爱情小说引向何处,假如他在世时间足够长的话,就会把它写完的。

约阿希姆:他是根本不可能活得那么长久的。他的作品都是由断简残编所构成的,假设它们事先真有构想的话。有一次,他戏谑地说:——克尔有机会时引用了一句《戈德维》①里的话——只要他能同他的出版商签订一份有利的合同的话,他就会把小说无限长地继续写下去。

文森特(在最后的交锋中,察觉到了约阿希姆的优势地位,因此正在紧张地等待对手露出破绽;故而可以这样说他听到的只是些词语):当然,假如您这样解释,那么一切都如您所说,像您认为的那样,那么您读到的却是截然不同的东西,而且……

约阿希姆:您误解了我的意思。我也知道——请您相信我——这里涉及的只是一个玩笑。然而在这类玩笑背后,我看到了刚才提到的斯特恩的姿态。斯特恩在这里表明——这一直是他(幸灾乐祸)演绎主导权的技巧——只是在另一方向上展示了他的玩世不恭,而不是在实际上本

---

① 《戈德维》(*Godwi*)是德国哲学家克莱门斯·布伦塔诺写的一部浪漫小说,又名《母亲的石像》,出版于1800年至1801年。——译者注

该展示的方向上。他揭示了自身与自己作品中的软弱之处，然而它就像您如此正确地指出的那样根本不是什么软弱；可他这样做只是为了转移我们对那里存在的另类真实软弱的注意力。可是，全然不是为了让我们感受到他的实力。他在这里非常玩世不恭，因为我们无法看到的是，即使他真的要进行构想，他也不会那样做的。

文森特（更强烈地感觉到约阿希姆具有明显的优势，可是他不想认输，而为此将争辩再次引向关键问题上去）：您刚才引用了《项狄传》的一段话；可是您忘了说明，克尔想用这段话来证明什么东西……

约阿希姆（觉得所有该说的话他都已经说了，并且感觉到对整个的交谈有一种——即使只是转瞬即逝的——强烈的反感情绪。当文森特说话时，他专注地看了看姑娘，他在前面的争辩发言时把她完全忘却了，这时一种情绪突然笼罩着他，就像先前文森特的情绪一样，因此他无动于衷地说）：因为我不认为这很重要。

文森特：这可是非常重要的。这里的问题是，您如此强烈指责的构想到底应当表达的是什么。而关于要表达的心灵基础是无可辩驳的，只有在这些基础确定之后争论才有意义。然后就可以争论作家是否成功地表达了它们，以及表达的深度如何以及为什么。克尔谈起过浪漫主义的讽刺——您肯定还记得——他在那时几次引用了斯特恩的话。他揭示了浪漫主义讽刺发展史的主要阶段，从塞万提斯，

> 心灵与形式

经过斯特恩与让·保罗①,直到克莱门斯·布伦塔诺。浪漫主义讽刺的核心命题是"作家的任意性不受任何规范所制约"。此外,斯特恩在那里也表达过,他在书的序列中略去了两个章节(第九卷的第十八章与第十九章)并将它们插在第二十五章之后。他在那时说道:"我所希望的,就是让人们以自己的方式讲述他们的故事。这可能是给世界上了一课。"您刚才将这种任意性称为"软弱无能",我很能理解,您从您的立场来看必定要这样看待它。然而,您身上是不是有很多教条主义的东西,粗暴地践踏了事实呢?情况可能是,斯特恩之所以无意进行构想,是因为他——在您看来——不能做,然而这里的问题是,他是否认为真的有必要做这类构想?假如他有能力表现自己的世界观,他对生活表现的直接形式,他感受与表达世界的方式,包括这一无限的主观性与对一切事物的浪漫主义讽刺的玩法,那么构想对他来说还会重要吗?而每位作家与每部作品只能给我提供一面镜子里的世界镜像,而镜子须有反射世界上所有光芒的能力。

约阿希姆(他宁愿什么都不予以回应;可是他却做不到不关注,当他一听到"有能力"时,就强烈地感到自己立场的优势,似乎觉察出文森特含蓄的认输,以至于他还是插话说):是的,一面有能力的镜子……

---

① 让·保罗(Jean Paul, 1763—1825),德国作家,他的作品跨越古典主义与浪漫主义两个时期。——译者注

丰富内涵、混乱与形式

文森特：假如我们回到世界观上来，假如我们能成功地将有些东西当作世界观来理解的话，那么您所有关于所谓软弱无能的指责就都不攻自破了。那么，要谈的只能是：感受这些实力的强度，能够享受并喜欢它们的效果。而斯特恩对一切的主导演绎就是世界观。不是现象，而是万物的神秘中心使所有的现象同时变得清晰易懂，并且立即化解象征意义中的所有悖论。所有浪漫主义的讽刺都是世界观问题。而它的内容永远是自我感觉升华成神秘的万物感觉。请您想想《雅典娜神庙》的断简残编，想想蒂克[①]、霍夫曼[②]与布伦塔诺吧。然而，您一定知道蒂克的作品《威廉·洛厄尔》中那些著名而美妙的诗句吧？

> 所有生物均因我们之所念。
> 世界沐浴在混沌的光浑间，
> 微亮可透进阴暗洞穴里面，
> 我们的到来即现微光一缕：
> 世界为什么尚未分崩离析？
> 我们负有天命来奋力维系。

[①] 路德维希·蒂克，详见《论浪漫主义的人生哲学》一文的译者注。《威廉·洛厄尔》为路德维希·蒂克撰写的书信体小说，1795—1796 年由卡尔·奥古斯特·尼古拉出版社出版，出版时的书名为《威廉·洛厄尔先生的故事》(Die Geschichte des Herrn William Lovell)。——译者注

[②] 恩斯特·特奥多尔·霍夫曼（Ernst Theodor Amadeus Hoffmann, 1776—1822），德国浪漫主义作家。此外，他兼任律师、作曲家、乐队指挥、音乐批评家、画家与漫画家。——译者注

◐ 心灵与形式

难道您没有察觉到，一切都必须从这样的生活感受里产生出来，为了剧情需要或则被庄严的提升或则被贬低？当然，所有的东西都很重要，因为能创造一切的自我可以从任何东西中创造出一些东西来，然而，因为它可以从所有事物中创造出任何的东西，所以出于同样的原因没有什么是真正重要的。万物都死寂了，只有它们的心灵可能仍然活着，只有唯一赋予生命的自我可使太阳光束照耀到心灵的那些时分。难道您没有察觉到，除了斯特恩以及他的前辈与后继者之外，没有任何其他合适的表达方式来找到这样的感觉：即浪漫主义的讽刺、主导的演绎吗？演出像教堂做礼拜一样，在自我圣洁的祭坛上，每一个事物都像祭品一样发着光芒；演出作为生命的象征，作为唯一重要的生活境况、自我与世界的关系的最强烈的表达。这是唯一的主导评价：只有我自己真的活在整个世界上，我与万物周旋着，因为我能够演绎万物——因为我能做的却只有表演而已。难道您没有察觉到，这种主导权表现出来的忧郁傲慢以及隐藏在这种掌控万物中的无可奈何吗？难道您也没有察觉到，斯特恩用他演出的魔杖触动我们原始悲伤的巨石，以便让最深的欢乐源泉流淌的姿态中表现的那种最后的主导权吗？是的，我们从每件作品只能得到一个世界的镜像，然而具有这种真正主观性的作家知道这一点，与那些拥有严肃的尊严而将血腥生活置入空荡阴影的人相比，他们通过自己的戏剧作品给了我们一个更为真实的图像。

约阿希姆：您已经两次使用镜子作为作家塑造世界的象征了，然而当您第一次用这个词的时候加了个修饰语，而我借助这个修饰语再回归到斯特恩上来，您的话语已使您远离了他。

文森特：我一直谈论的都是斯特恩。谈论的只是他！

约阿希姆：您想从争辩中去除对艺术家出发点的批评，然而您完全不由自主地——我可以引用您自己的话——被迫承认了这类批评的可能性。您说过，光线是由一面镜子反射的，这面镜子有能力把所有光线反射回来。有能力反射——这是什么意思？在这一点上，我可能会问，谁有资格对我们讲这个话；因为这里不也有我们的界限吗？这里也存在有能力或没有能力的问题吗？

文森特：您夸大了我所用修饰语的重要性。

约阿希姆：或许您低估了它的真正意义。

文森特（不耐烦了，咄咄逼人地说）：我说的话，您刚才也是这样仔细听了，就像项狄兄弟彼此的倾听一个样。在您的嘴里，一切都变成了文字游戏，因为您听到的只是单词——与伺机反驳的可能性。

约阿希姆（同样有些不耐烦地说）：可能吧。可是，这一点对我来说却是唯一重要的：人类自我的哪一部分有能力充当反射世界所有光线的镜子？

文森特：整个自我！否则它就没有意义了。否则，形成的"风格"或"真实造型"就是一种造假，故意或懦弱的违心。

心灵与形式

约阿希姆：自然是整个自我；唯一的问题是，谁的整个自我。我将非常简短并且——似乎——非常教条地说，以便您能很好地理解我的意思。康德区分了"可理解的自我"与"经验的自我"。一言以蔽之：艺术家容许表达整个自我——他甚至必须这样做——然而只有"可理解的自我"，而不是"经验的自我"。

文森特：这是空洞的教条。

约阿希姆：然而或许没有那么完全空洞。让我们仔细看看完全主观性的正当性，倘若您坚持它必不可少的话。为什么它会在那里，又会起什么作用呢！然而，这或许是它存在的唯一理由——您在讲述过程中自己也暗示过这一点——就是假如没有它，我们永远不可能了解到真相的一些细节。因此，它就是通向真相的唯一途径。然而我们永远不应该忘记的是：它只是通向真理的途径，而不是途径所指向的目标；镜子永远只是用来反射光线的。

文森特：您真的用烂了可怜的辞藻！

约阿希姆：词汇是无辜的，表意也是明确的。您看，借助词汇的帮助我或许可以更准确、更明白无误地说出我想表达的意思：自我是为我们反射世界光线的镜子，并且——镜子真该反射所有的光线吗？

文森特（不耐烦地说）：是的。

约阿希姆：那么——您看，整个问题可以通过一幅微不足道的简单图像得以阐明——那么问题竟然就不攻自破了，镜子的哪一部分反射了光线？诚然，是整个镜子！然而问题是:镜子必须具备什么特性才能让它反射所有光线,以便它给出一个世界的完整图像?

文森特:它可能是一面哈哈镜。

约阿希姆:有可能的。然而,它不得是模糊不清的。主观性的最大力量在于,只有它才能传达真实的生活内容。然而,也有的主观性——在我看来斯特恩就是其中之一——它不是用无法超越的强度给出这唯一本质的东西,而更多的是在我与生活内容之间设置障碍,以至于任何真实而重要的主观性也会丢失——恰恰是由于本身的缘故或者通过它们。萨克雷①……

文森特:然而,您大概不想引用萨克雷吧!

约阿希姆:我可以设想,您不喜欢他写的有关斯特恩的文章,我也觉得他的许多庸俗道德说教令人不快,然而我以为比这个更重要的是,他与我在这一点上有共识:"他总是让我感到疲惫,他没完没了的忧虑与心神不安地恳求着我那想笑的或多愁善感的本能。他总是看着我的脸,盯着看他的效果如何。"萨克雷写道。您看,这里说得非常准确——这正是斯特恩与风格类似的作家令我如此恼火的东西。他们的言语不得体,对真正有价值的东西没有感觉——也缺乏他们自己的想法,甚至最缺的就是后者。他们认为:因为他们的心灵中有某些东西对其世界的调解能

---

① 威廉·梅克皮斯·萨克雷(William Makepeace Thackeray, 1811—1863),英国中篇小说家、作者兼插图画家。——译者注

力是重要而有趣的,因此他们每个随机而乏味本质的表述都同样重要而同样有趣。而他们夹在自己的幻象与我们的惊诧之间;他们用小题大做的配料毁坏了自己的伟大之处;他们浅薄的忏悔有损他们的深度;他们用自己博取效果的冷笑取代了直接的效果。

文森特(想说点什么)。

约阿希姆(迅即接着说):我知道您在想什么。可是,我现在并不是在说具有象征意义的少数地方——正如您所说的那样:伟大戏剧的象征——斯特恩在突显着自己。我现在说的是上千个其他地方,这些段落阻碍了他的象征应该产生的效果。我想说,与其说是个别段落,不如说是他的象征所导致的那种文体—伦理的沦丧。这种不断的卖弄风骚侵蚀了他的每个图像、每个比喻,他写的文字无一例外都是毒药。他的观察、他的经历、他的描述,我总是不得不想到尼采宣示心理学家应有道德的那篇文章:"千万别搞廉价心理学!永远不要为观察而观察!它给出的是假象、斜视、勉强与夸张的东西。为体验而体验——行不通。当您在体验时不要盯着自己看。那时的眼光是邪恶的目光。"您看,这种廉价货色、这类深重的粗俗,在斯特恩的每部作品中我都感受得到,尤其是体现在约里克写给伊莉莎的信中。这不仅仅是对斯特恩这个"人"的厌恶——尽管我认为这种厌恶也是完全有道理的——而且它还是人们对他作品艺术质量的最深刻的谴责。他的作品是杂乱的、残缺不全的。不是因为他不能完成它们,而是因为他在任何地方都无法区分有价值与无价值，因为他从来不能在两者之间做出选择。他从不构思他的作品，因为他缺乏最基本的构思前提，他没有选择与评价的能力。斯特恩写的无原则选材的垃圾作品是没有形式的，因为他本可以无限地继续写下去，而他的死——对他的作品来说——只意味着终止，而不是结尾。斯特恩的作品是没有形式的，因为它们可以延伸到无限；可是无限的形式是没有的。

文森特（迅即说）：哦，不然噢！

约阿希姆：为什么？

文森特（他本来很想结束这场争论，可是上面最后的提法让他不能平静下来，所以他至少试着把姑娘拉进辩论中来，说道）：诚然，您会认为我现在想要说的话太自相矛盾了，然而您（他转向姑娘说）肯定会理解我的。

姑娘（很感激有人再次关注到她，可是又担心让自己在某种方式上招惹是非；然而为了说点什么，她插话道）：您是说无休止的旋律，是不是？

文森特（有点尴尬，因为他觉得这句话有些毫无意义）：是的，大致如此吧。

约阿希姆（全神贯注于话题，他发现姑娘的话绝对是空话，在"客观"的激情中，他与文森特一样，说得过快，几乎与文森特的话同时出口）：无休止的旋律？！

姑娘（感觉受了委屈）。

文森特（自然立即注意到这一点，并激动地将她的看法转化为自己的立场并加以利用说道）：是的，无休止的旋律是生命的象征——这就是您想说的，不是吗？

姑娘：当然。

文森特：作为向无限伸延的象征，生活的无限性与其丰富内涵扩展的象征。无休止的旋律在这里只是一个比喻，却是一个深刻的比喻，因为它十分精准地暗示了人们用千言万语也无法表达的事物。不过，或许我还是试着解释一下我们对此的理解是什么。

约阿希姆（在最后的话语之后立即意识到此话是多么笨拙与伤人。现在每提到"我们"时都会吓一跳；然而他看了一眼姑娘的脸色就知道，抗议已没有用了，于是保持沉默）。

文森特：正如所说，假如艺术形式这个概念有一个真正含义的话，那么我已经阐述了斯特恩形式的本质。现在我必须再补充一点：形式是任何必须要说的东西尽可能浓缩的核心，以至于我们只能更多觉察到它的凝聚，而几乎不知道它所凝聚的是什么。或许这样来说会更好：形式是将必须要说的东西节奏化了，而这个节奏随后——事后——变成了一些可进行抽象的东西，一些可以自行体验的东西，而有些人甚至觉得它是——永远在事后——每个内容永恒先验性的东西。是的，形式是终极情感的强化，是最强烈的情感强化到具有独立的意义。而且没有任何形式不能追溯到这样完全终极的、完全原始、崇高且简单的感情；所有形式的每一属性——您会称之为每一法则——都可以从这种感觉的特性中推导出来。而每一种这样的感

丰富内涵、混乱与形式

觉,也包括那些由悲剧唤起的感觉,都是一种对我们的力量与世界丰富内涵的感觉,尼采会说这种感觉是一种滋补剂。各个艺术形式彼此之所以不同,是因为它们展示这种力量的场合不同,而列举并排序这些感受将是一场徒劳的游戏。在这里,我们只需知道,有些作品直接表达了这种反思,这种对生活的形而上学的深刻而有力的反思,而大多数文学作品只能间接地表现出来。在这样的作品中,一切全都直接源于下述的感觉:世界的确是五彩斑斓的并且是无限丰富的,而我们也是强大而富有的——我们有幸将世界之丰富多彩变成内心所有。从这种感觉中孕育出的形式并没有给出伟大的秩序,而是巨大的多样性;不是整体的巨大凝聚力,而是从整体的每一个角落发散出来的五彩斑斓。基于上述理由,这些作品是无限的直接象征:它们本身就是无限的。无休止旋律的无限变化(他眼看着姑娘),就像您说过的(姑娘感激地回眸一眼)。因为像所有其他作品那样,它之所以构成形式并非出自内在凝聚力,而是让其界限消失在遥远的迷雾中,就像地平线上消失的海岸一样;是我们视力的极限——而不是作品本身的极限。因为,作品就像其中描述的情感一样是没有疆界的。我们不能够过没有彼此交往的生活,因此造就了情感之间的联系,而不是凭空即可一蹴而就的。因为它们就如孕育出来的情感一样没有用比较坚固的纽带绑定住,堪比我们梦中急如星火的图像迅即消失殆尽。这是真正坚实而无比新鲜的作品,它们是令人陶醉的瑰宝:中世纪早期的文学著作就属于这种类型。历险,历险,再历险,当主人公经历了上千次历险而死去之后,他的儿子依旧这样生活下去,接续创造无尽的冒险故事。而连接这些无数冒险故事的无非是:共同的情感、共同的体验,对各异的丰富内涵所表达的无限强大的体验,这一系列无数色彩纷呈的冒险系列向人们展示了这个世界。

斯特恩作品的问世也源于这类情感。然而,他并没有继承天真诗意世界的幸福丰足感;他所创造的东西都是对他那个没有诗意的、贫困的时代进行对抗的作品。这就是为什么他的作品内容都是如此有意识的与如此充满讽刺意味的原因,因为他失去了天真的可能性,生活自发等同于剧情的感觉对他来说已不复存在。弗里德里希·施莱格尔为这种形式找到一个冠冕堂皇的名称:称其为"阿拉贝斯科式"①,并且当他提到这种形式时已经认识到这类诗歌的根源及其在当今生活中的地位,将斯特恩与斯威夫特的幽默称为"我们这个时代较高阶层的自然诗歌"。

约阿希姆:当然,您现在援引的话里有很多正确的东西;可您也要想想弗里德里希·施莱格尔在您刚才引用的句子之后紧接着说过的话。除此之外,他对阿拉贝斯科式

---

① 阿拉贝斯科(Die Arabeske),源于意大利文 arabesco。它是从晚期古典、希腊风格发展而来的藤蔓装饰图案。这个术语既指文艺复兴时期的填补面积、自然主义的藤蔓卷须,也指伊斯兰艺术中更有风格的叶卷须装饰。这两者没有直接关系,但有类似的根源。此处形容注重雕琢、装饰效果的文学流派。——译者注

的评价不是特别高。

文森特：在某些方面，他仍然是捍卫旧有形式的教条主义者。

约阿希姆：当他写下这些文字的时候，已经不再是捍卫旧有形式的教条主义者了。然而，更重要的是，在这种始终颇受重视的形式里，他将让·保罗摆在比斯特恩更高的位置上，"因为他的想象力更加病态，因此也更加离奇与古怪"。而且或许我对这一判断的解读是正确的，假如我说：斯特恩与让·保罗的形式相似，然而在让·保罗的形式中，阿拉贝斯科风格是从素材中，从他的世界观与对人的观察中有机地孕育而生的；让·保罗的线条可以比斯特恩作品里更大胆、更加丰富与更加轻盈，尽管如此，图像也塑造得更和谐一些。您先前自己说过，斯特恩的世界是由多种素材组成的，这种多样性或许是他的作品令人不安、令人生厌的真正原因。斯特恩作品的每一个"现在"都在反驳着过去与未来，他的每一个姿态都在向他的言语妥协，而他的言语又倒了姿态之美的胃口。我在考虑这种素材的极大不和谐——自然，我只能非常简短地指出这一点——《项狄传》中的每一个人物，每一段人际关系都是如此笨拙，素材如此沉重，优雅则无从谈起，以至于风格化的、阿拉贝斯科式轻盈轮廓的每个瞬间都在与他们内心的东西相矛盾。诚然您说过，作者的演绎加剧了素材沉重的错觉。假如沉重是一个目标，假如这种对比增加了作品的怪诞反差的数量，那么这一点可能是真实的。但是我们知道，情况并非如此。我们到处都感觉到一方面在妥协并且削弱着另外一方；沉重感削弱了阿拉贝斯科风格的轻盈，优雅削弱了作品的自然沉重感。而这种不和谐或许在《感伤旅行》中看得更加明显，尽管那里的原因要微妙得多。在那里，每句话中的破坏性都来自整本书所蕴含的情感上的不和谐。简而言之，我想说的是：这本书的内容是情感的业余描述与每种情感的轻率享受。然而，情感的业余表达是自相矛盾的，只有轰动事件的业余表达况且可以设想：即当内心对事物的每个内在反应都保持如此距离的时候，以至于这些事物融入奇异的阿拉贝斯科风格可以作为它的自然表现形式；或者当情绪的细微变化已经达到如此的病态的时候，以至于情绪忽左忽右地自行来回摇摆。然而，斯特恩的情绪很简单，而且——往往——很普通。情绪是稳定的，其中没有什么大起大落。只有他才这样看待它们，并且把它们置入自己的生活，似乎它们本来就该是这样；只是他因此剥夺了它们的良好而健康的力量，却无法赋予它们病态感觉的微妙灵活性。然而，这里的不和谐现象不那么明显，而我可以理解法国人更加喜欢《感伤旅行》，而不是经过绝妙构思的《项狄传》。

文森特：可是，让·保罗对《项狄传》的评价更高一些，他是对的。诚然，《感伤旅行》是一道小门，我们可以通过它最深入地理解斯特恩，同时我们能够通过它满载斯特恩王国的宝藏而回归到现实生活中来。因为无论我们如何评价这些作品的纯艺术价值或者毫无价值——在这个问

丰富内涵、混乱与形式

题上我们永远不能说服彼此——对我们真正重要的原因是，的确是这个原因：它们向我们展示了一条通向生活的道路，一条丰富我们生活的新道路。斯特恩自己说过，这条路通向何方；在一封有关《感伤旅行》的信中，他写道："我在书中的设想是，教会我们更加热爱这个世界与我们的同类生灵。"而假如我们不只把它理解为写作大纲，而是结合它的实现来思考他的作品魅力所在，那么作为伦理家与教育家，斯特恩对我们来说就变得比这些书籍的"美学价值"及"文学史意义"重要得多。这些著作教会我们：丰富内涵囊括了伦理，会生活，从一切之中均可汲取生活。他写道："我很可怜这个人，他从但旅行到贝尔谢巴，接着哭着说，'到处都是一片荒芜'，事实也是如此；对于不愿耕种却想拥有果实的人来说，整个世界都是如此。"而斯特恩的所有作品都以牧师的热情与令人信服的话语宣扬这一点，以不断重复着开发世界的姿态宣扬这一点，他的作品都宣示了对生活的祈祷。而大与小、重与轻、趣味与乏味之间的每个区别不再具有任何意义，物质与品质之间的区别变得毫无意义——就像您刚才说的那样——因为一切都在伟大而强烈的体验之统一里相遇并融合；可是没有这样的体验，仅作为可能性根本不在考虑之列——也就是说，一切都以同等程度衡量是不恰当的。生活只是由瞬间组成的，每个瞬间都充满了整个生活的能量，除了它的活生生的现实之外，一切都消失在空洞的虚无中，对此我们只知道它曾经是，并且我们只能推断曾经会是这样；

◯ 心灵与形式

一切仅有联系与受约束的东西不会对我们的生活起到促进的作用。经历了一切成败，不管发生了什么，这是对生活最强烈的肯定。因为这个"是"在这个世界上任何地方都找不到与他抗衡的"否"。斯特恩的"是"总是只针对瞬间而言，而没有哪个瞬间不能给他带来所有的一切。他说过："假如我在沙漠里，我会找出其中的某个地方，用它来唤起我的感情。"您记得他到了巴黎，突然想起来没带护照，而且他知道除非能在几个小时内弄到一本，否则他可能会被关进巴士底狱蹲上几个月。您记得他是怎么出去找护照的！他在寻找的过程中发生了多少事！他经历了许多事情，而且每个经历对他来说都比他找护照的事更为重要。最后，护照完全意外地落到了他的手里——对他来说这似乎是次要的事，并不比其他所有发生的事更重要。您在这里难道没有感觉到，我们在他的作品中发现的所有离题以及赘述都是一种人生哲学吗？生活只是一条路，我们不知道它会引向何方以及为什么会如此？然而，路径的本身就是价值，路径就是幸福，路径就是美好，会赢得丰富成果，并且我们必须欣然接受每段题外话，至于它们来自何方都无所谓，至于原因何如亦不重要。而假如我从这个角度思考《项狄传》中的人物与他们的命运，那么他们的整个故事就获得了新的深度：因为一切将他们分开的东西，一切让他们以悲喜剧式的盲目性强行面对的现实，一切使他们的生活比任何一种现实所能创造的要丰富得多得多。他们的想象与空中楼阁，他们的幻想与虚度的瞬间：这就是生活，还有

丰富内涵、混乱与形式

伴随而来的一切空泛套话，我们在进行比较之后通常称他们的生活不真实。这样就把人与人之间深深的疏远变成了欢欣鼓舞的喜悦，因为让人们疏远的东西给了他们生活，因为任何其他的间接生活都将是空洞的、空泛的废话。

约阿希姆：您错了！错了！我否认会有一种瞬间的伦理，并且否认，您刚才描述的生活方式可以真的具有丰富内涵。（平静了一些。）我想着斯特恩，可您又把他忘却了，而我否认他真的曾拥有丰富内涵，也否认他混乱无序的经历会给人充实的感觉。不是的！混乱本身永远不会丰富多彩。创造秩序的东西与混乱一样源自原有的心灵根源，只有一个心灵是完整的并且会因下述理由而丰富，即两方面同样强劲存在的时候：混乱与法则，生活与抽象，人物及其命运，情绪与伦理。只有当它们同时存在的时候，当它们每个瞬间成长为不可分割的、生动的统一体的时候，人物才是真正的人，而他的作品才是真正的整体、世界的一个象征。而只有在这样一个人的、这样的作品里，混乱才是真正的混乱。在这里，每个原始的、巨大的冲突都融会成有意义的统一体，然而前提是在纲要的束缚下一切才能活跃起来，然而前提是在抽象的冰面之下一切都开始发热并沸腾起来。假如一件作品中只有混乱，那么混乱本身就会变得脆弱与无力，因为它只存在于原始状态，只是经验的、静态的、不变的、没有活动的。只有对比才能让一切真正活跃起来；只有约束才能产生真正的自发性，而只有在已成形式的事物中，人们才能感受到形式缺失的形而上学，人们才能感觉到混乱乃世界法则。

伦理！这是来自外部的东西！这是强加于我们的、无法超越的法则！您说起这一切来就好像它总是只会让心灵枯萎似的。诚然，您是以斯特恩的名义这么做的，那您就说对了：他的感受也是这样的——然而出于自我保护的本能。出于弱者的自卫，他们在任何价值判断面前都在保护自己，因为他们害怕如若略微诚实一点，他们的所有感受或经历——甚至面对自己也是如此——都会显得无足轻重。这些人逃避一切约束，因为任何约束都会一劳永逸地将他们压死；他们逃避一切战斗，因为他们可能战败于任何一役之中。在他们的生活中，一切都是同等重要的，因为他们没有能力选择真正重大的事情，没有能力品味与体验真正重大的事情。斯特恩的一生是个心灵插曲——这是真的——许多小事在他身上花费了比其他有些人更大的力气，然而任何能算得上重大的东西都小于千分之一。请您考虑一下——仅举个最明显的例子——在他的法国旅行日记中什么都有，只是没有巴黎，只是没有法国。而这并不是试图颠覆传统价值观，也不是谈论"卑微之宝"的先导；也不是要说重大事物之所以渺小，是因为渺小之物被视为重大的，它关乎无政府状态，无能的无政府状态。因为通过斯特恩的这些情节——犹如透过一扇肮脏的窗户——可以依稀猜到重大事物的模糊轮廓，然而只是猜测，既不能触手可及，又无法加以否认。对他与那些有能力进行评价的人来说，事物本是一样的，只是有些事物对他来说太强大

丰富内涵、混乱与形式

了、太庞大了。然而，真正的丰富内涵不仅在于评估的能力，并且真正的力量只存在于选择的能力之中，存在于心灵不受瞬时情绪影响的那个部分里：即在伦理之中。它在于人们可以为生活确定的某些固定要点。而这种力量以绝对的威力造就了事物之间的区别，造就了事物的等级次序；这种来自心灵本身的力量投射出它前行路上的目标，从而坚定地塑造心灵最深处的内涵并赋予形式。伦理或者——既然我们说的是艺术——形式，在任何瞬间及任何情绪中，都是一个自我之外的理想。

文森特（带点傲慢与讽刺的口吻说）：这是格雷格斯·韦尔[①]的世界观。

约阿希姆：当然啦！

文森特：然而，您永远不要忘记，格雷格斯作品中总是有些东西——请您原谅——既愚蠢又可笑。

约阿希姆（非常激烈地说）：可这仅仅是，因为他想让他的理想要求战胜一个无足轻重的人（赫贾马尔）！可是即便如此，尽管他表面上贫困及滑稽，他的内心是多么丰富与多么强大啊！照您所描述的，丰富内涵之中的内在贫困是多么可怕啊！当斯特恩有一次谈到自己时，他说内心撕

---

① 格雷格斯·韦尔（Gregers Werle），在挪威著名作家亨利克·约翰·易卜生（Henrik Johan Ibsen）1884 年创作的五幕话剧《野鸭》（*Vildanden*）中是主角。格雷格斯·韦尔在多年后回到了故乡，他遇到了他年轻时的朋友赫贾马尔（Hjalmar Ekdal）。当他觉得老朋友陷入了谎言与阴谋的圈套时，他想让老朋友睁开眼睛，面对事实。事实上，格雷格斯毁了赫贾马尔的生活，这并不符合格雷格斯的唯心主义。——译者注

心灵与形式

裂使他处于多么可怜的境地，他永远不会让较有价值的情感带入这种撕裂的状态，您一定会认为这是一种讽刺。然而，您务必也要想到那封信，他在其中带着伤感地坦率承认，无政府主义情绪造成内心深处的崩溃："我感觉，我的整个身体都被撕成了碎片。"他把自己的全部作品连同他的情感，还有他的奇想、情绪与笑话都撕成了碎片，贬低了他的伟大，把他的生活搞得可怜兮兮、毫无价值。然而，您很了解他这样的生活并且知道它的组成：一系列始于嬉戏、轻易放弃、终于轻率、有始无终的爱情故事；一系列温柔与软弱、娇柔与轻浮、多愁善感、柏拉图式的调情故事。而这就是这种生活的内容：开始永远不能得以继续体验，只有起始却去而无踪，待到消失之时未曾前行半步。情节总是一成不变，同一主人公总是出现在不同的故事中，其人软弱，让人啼笑皆非，既无生活能力又无力赋予生活以形式。因为只有具备评价能力，才能给人成长与发展的力量，才能拥有创建秩序的能力，才能拥有贯彻始终的能力；因为只有终结旧的才能开创新的事物，并且只有不断地开创，我们才能变得伟大起来。可是，在情节中既无开头也无结尾，并且大量杂乱无章的东西不可能构成丰富内涵，而是个堆满破烂的杂物间；而促成事态的印象主义不是一种力量，而是一种无能。（长时间的、有些尴尬的沉默。）整段时间里，姑娘几乎没有关注过所言及的客观内容，然而正因为如此，她强烈地察觉出了其中的个人因素，求爱的因素。然而，正是因为她仅察觉出这种——半无意

丰富内涵、混乱与形式

识的——内容,她误解了这两个男子,并在他们的话语中听出了比其中含义更多的东西。这种个人对整个争论的理解尤其表现在她对约阿希姆的愤怒上,她感到他非常不识趣并且最后是在拨弄是非。文森特也意识到了即将结束时所说的话里的个人因素,即使全然不同:这是约阿希姆世界观的表达。而在这里面,他感觉到了一种比他自己更为强大的力量,而在他看来,姑娘不可能没有感觉到这一点。两个人都如此全身心地投入争辩中,以至于文森特感到自己在其中落败了——此时此刻他非常强烈地感到——自己不得不承认全线失败了,而在他评估现在的情况之前,他没有底气再说话了。有那么一瞬间,他觉得自己遭受了如此的打击,以至于他想最好一走了之,打算放弃战斗。——约阿希姆对沉默的解读更加谬误。他期待文森特能给他一个非常强硬的答复,他确实对文森特个人进行过攻击,并且或许攻击的强度并非适当。因此,他把没有得到回复做了下述的解读:我这时候发言反正是徒劳的,根本没有人听得进去。现在他这种感觉变得如此强烈,尤其是因为他感觉到姑娘情绪充满着如此强烈敌意的时候,以至于他想他必须得走人了。在说了几句敷衍了事与明显的托词之后,他还是走掉了。在他佯装友好告别之后,留下来的两个年轻人又陷入了悄无声息之中,而他们再次误解了对方沉默的原因。文森特现在更多地感到不在场的约阿希姆是赢家,并担心姑娘也有同样的想法。然而,他也觉得必须发生点什么事,而且得立刻(这时他突然间看了一

> 心灵与形式

眼那本书，并且紧张而犹豫不决地把它拿到手里说）：这场辩论完全破坏了我们美好的读书兴致。面对生活的生动美好，任何辩论都显得多么枯燥乏味啊！（姑娘看着他，他却没有注意到。他说道）请您听好！（他开始朗读，然而现在声音十分热情，带点过于多愁善感的味道。他想用斯特恩来重新找回半小时前的气氛，它被这场辩论毁掉了。起初，姑娘无法掩饰自己对再次言及文学话题的失望心情。可是她平静了下来，并试图通过极度关注来掩盖自己的紧张情绪；而这时文森特也非常紧张，他自然把姑娘伪装得不好的焦躁误解为，她可能认为走掉的那个是对的，因此，当他读到一段实在有失风格的段落时，把书合上后说）：这确实是个不令人满意的段落。（他开始越来越神经质地在书里翻着，最后带着某种倔强的心情，在最伤感的地方——与来自穆林斯的玛丽亚会面——重新开始朗读。这同样是一个交织着失望与误解的故事。他带着焦躁的心情专注着读到的每一个词，越来越强烈地感觉到斯特恩多愁善感的虚伪与软弱，最后恼火地把书放下，站起身来，开始紧张地在房间里来回踱步，并说）：这样不行！这场辩论把我们读书的兴致全给毁了。今天我不能再继续读下去了。

她（非常伤感地说）：遗憾。今天的确挺好的，不是吗？

他（突然明白了个中的就里，非常动感情地说）：哦，是的。（用一种更轻柔的声音说）我们改天再继续读，好吗？

她：好的……

丰富内涵、混乱与形式

　　他（非常近地站在她身后，轻柔地说）：下次吧……（突然弯下腰亲吻她。）

　　她（容光焕发的脸上显示出她松了一口气，因为终于释怀了，整个长时间的辩论只是一场非常多余的过场，她也亲吻了他）。

1909 年

悲剧的形而上学
——论保罗·恩斯特[*]

自然让孩子长大成人,蛋破壳变小鸡;
上帝先造人后生孩子,先有鸡后生蛋。

埃克哈特大师:《高贵心灵的长者》

1

戏剧是一场演出,戏剧是展示人与命运的一场演出,一场上帝当观众的演出。他只是观者,他从不用自己的话语或表情来干预表演者的言辞或表情。他仅仅用眼睛紧盯

---

[*] 保罗·恩斯特(Paul Ernst, 1866—1933),德国政论家兼剧作家,著有大量的短篇小说、剧本与诗歌。详见《瞬间与诸形式》一文的译者注。——译者注

着他们。"谁见到上帝，他就死定了。"易卜生曾经写道。可是，上帝目光落在身上的人还能活下来吗？

也有热爱生活的聪明人感受到了这种不相容之处，他们对戏剧提出尖锐的指责。并且他们的明显敌意比戏剧的怯懦捍卫者的话更微妙、更准确地切中戏剧的本质。他们指责：戏剧是对现实的伪造，它使现实变得更加荒蛮。戏剧夺走了现实的充实与丰富内涵，即使莎士比亚作品亦如此，而且不仅如此，因为戏剧只描写在生死之间抉择的残酷事件，它暴露了人最微妙的心理细节。主要的指责仍是：戏剧在人与人之间制造了一个真空区。在戏剧中，总是一个角色在说话（他的技巧在此无疑反映了他的内心本质），而另一人只在应答。可是一个角色张口说话，另一个就停了下来，而真正让现实生活生动起来的二人相互关系不知不觉的无声交流却停滞在这条僵直的单线上。他们所说的全是最深刻的真相。可是草率的戏剧捍卫者挺身而出，并引用莎士比亚的充实为证，引用自然主义对话的急切的快闪切换，引用梅特林克[①]命运戏剧中所有命运轮廓的模糊不清。他们是草率的捍卫者，因为他们的辩护摧毁了戏剧的最高价值；他们是肤浅的捍卫者，因为他们为捍卫戏剧所做的建议只是一种妥协，一种在生活与戏剧形式之间的妥协。

---

① 莫里斯·波利多·玛丽·伯纳德·梅特林克（Maeterlinck Maurice Polydore Marie Bernard Maeterlinck，1862—1949），比利时法语作家兼剧作家，象征主义的重要代表人物之一。1911年，他获得诺贝尔文学奖。——译者注

心灵与形式

生活是明暗交替的无政府状态:生活中没有什么是完全得以实现的,也没有什么东西能够走到头;新的声音,令人困惑的声音总是混入那些已经在从前就鸣响的大合唱中去。一切都在流动并且相互交融,不受拘束地形成不纯净的混合体;一切都在被摧毁,一切都在被打碎,任何东西都不会绽放到现实生活中去。生活:这就是能够活出一些滋味来。**剧中人生**(Das Leben):没有什么东西是完全的与十全十美的。生活是一切可以想象的存在中最不真实与最不活跃的;人们只有抱着否定态度才能描述它。只能是这个样子:总有一些东西会出现在其间捣乱……谢林[①]写道:"我们说一种事物之所以持久,是因为它的存在与其本质并不相符。"

真正的生活总是不现实的,是的,对于生活的经验来说总是不可想象的。一些东西放射着光芒,闪烁亮光出现在经验主义生活平庸的小径上;一些搅动人心与引人入胜的东西,一些颇有危害与令人惊讶的东西,偶然事件,伟大瞬间以及奇迹。一种充实与一种困惑:这种状态不能持久,人们不能承受它,人们在自己的巅峰状态上——在自己生活的巅峰状态上,自己最后的机遇来临的时候——不能生活。人们必须重新陷入沉闷的生活中,人们为了能够生活下去必须违心地否认生活。

---

① 弗里德里希·威廉·约瑟夫·谢林(Friedrich Wilhelm Joseph Schelling, 1775—1854),德国客观唯心主义哲学家、人类学家、所谓浪漫医学理论家与德国唯心主义主要代表人物之一。——译者注

人们之所以喜欢生活是因为它的气氛、它的不确定性及其来回的摇摆永无止境，然而却从不会摆到极致；他们喜欢巨大的不确定性，将其视作一首单调的、令人昏昏欲睡的摇篮曲。可是，奇迹却是确定性的东西与已确定的东西：奇迹不可预测地闯入生活中，随机地且毫无关联地，无情地将整个事情分解为一个清晰而明确的等式——然后再来求解明确的答案。而人们对明确的事物又恨又怕。他们的软弱与怯懦使他们喜欢清谈任何来自外部的抑制、任何阻遏他们前进道路的障碍。因为难以想象的，永远遥不可及的天堂，正为他们的无为空想而绽放在每一个永远无法克服的陡峭岩壁后面。对他们来说，生活就是渴望与希望，而那些被命运阻挡的东西则轻易而廉价地转化成心灵深处的财富。活着的人永远不知道自己的生命溪流在何处终止；在一事无成的地方，一切则均有可能。可是，奇迹就是成就感。奇迹扯掉了心灵的所有欺骗性的面纱，这些面纱是由闪光的片刻以及模棱两可的情绪编织而成的；在残酷无情的轮廓画皮之下，心灵赤裸裸地站在它的面目之前。

可是，在一个神的面前只有奇迹才是现实。对神而言，不能存在任何相对性，不能存在任何过渡，也不能存在任何细微差别。神的目光剥去了每个事件之全部的时间与全部的地点概念。在神的面前，表象与本质之间、现象与理念之间、事件与命运之间不再存在任何区别。价值与现实的问题在此已经失去了其含义；价值将在这里创造现实，它不必通过梦想或想象才变为现实。这就是为什么每一部真正的悲剧都是一出神秘剧。它真正的内在含义是神在上帝面前的启示。总是沉默着的、总是得不到救赎的、掌管自然与命运的神，在此诱发出沉睡于人内心之神的声音，那声音在生活中已经沉寂；内在的上帝激活了超验的东西。关于完美生活的小册子里写道："因为上帝除造物之外无法显示其效能与活力，因此他要在造物过程中与在创造物身上做到这一点"，而黑贝尔也提道"上帝无法进行独白"。

可是，现实之众神、历史之众神全是鲁莽而任性的。纯粹的启示力量与美好并不足以满足他们的雄心。他们不仅想成为实现启示的旁观者，而且还想当掌控者与实践者。他们任性地插手神秘而清晰的命运线索的纠缠，搅乱它们直至现出明显的、毫无意义的计划性。他们登上舞台，登台之后他们就把角色贬低成了傀儡，命运变成天意，悲剧里的严重行为成了徒劳的救赎礼物。上帝必须离开舞台，然而他还必须留下来做旁观者：这是悲剧时代的历史可能性。因为大自然与命运从来没有像今天这样恐怖地空无心灵，因为人们的心灵从未如此孤独地走上他们所背弃的道路，因此我们可以指望一场悲剧的再次降临。假若一种我们感觉友善之秩序的所有摇曳阴影从大自然中全然消失的话，那么阴影会将我们获取虚假的自身安全感的怯懦梦想投入其中即成泡影。保罗·恩斯特说："只有当我们变得完全不虔诚之时，我们才会再次遭遇一场悲剧。"因为莎士比亚笔下的《麦克白》，他的心灵无法承受通往必然目标的必经之路的重压，在命运的交叉路口上，诱人的女巫仍在他身边载歌载舞，她们将向他宣布期待的奇迹，最终实现的日子已经到来。围绕着他的狂放混乱局面通过他的行动加以改变，纠缠着他的意志的混乱局面仅对他的盲目渴望才是真正的混乱，而如同对于他自己的心灵来说只有自身的疯狂才必定是真正的混乱。事实上，两者都是上帝的审判：同样的天意之手掌控着二者。天意之手诡诈地引领他向上，用成就感蒙蔽着他的渴望；它们诡诈地将一切胜利成果交到他的手中；他所做的一切都会成功，直到一切都实现了——然后他的一切突然都被褫夺而去。麦克白的外表与内心仍然是一体的：同样的手引领心灵与命运。戏剧在这里展示的仍然是上帝的审判：这里利剑的每一击仍旧都是天意周密计划的一部分。即使那个在梦中永远称王的也只能在梦中称王的贾尔·易卜生，希望从力量的争斗中得到上帝的审判，对终极真理的判决。可是，他周围的世界却走着自己的路，对所问及所答无动于衷。一切事物都变得悄无声息，斗争无论胜负均授以桂冠与诅咒。在命运的进程中，再也不会听到上帝明确的公开判决：是上帝的声音赋予了整个世界以生命，现在生命应该独自继续存在，而审判的声音也永远消失了。这就是为什么那个贾尔·易卜生能够在莎士比亚笔下的国王被击败的地方取得胜利；他是注定要走向灭亡的战败者——与其说是逃亡者，不如说是胜者。悲剧睿智之音纯净、清澈地在这里响起：生活的奇迹、悲剧的命运只是揭示心灵的东西。双方面对面，彼此太过陌生但又不至于为敌：揭示的与被揭示的，动机与启示。因为通过他的触摸所揭示过的内容与动机不同，它更为高级且来自其他世界。而变为自我的心灵用陌生的眼光来审视自己至今的整个人生。对心灵来说，虚无的与死气沉沉的是不可理解的，它只能是在做梦，它以前曾是另一副模样——因为这个存在就是它的存在——而闲散的偶然追逐着梦想，远处的钟声不经意间带来了清晨的觉醒。

赤裸的心灵在此与赤裸的命运进行孤寂的对话。两者都被剥夺了一切不属于其内在本质的东西；生活中的所有关系都被断绝，以便能够建立起命运的关系；人与事物之间的一切紧张气氛都消失了，也就是两者之间仅存最后的问题与最终的答案之清晰、毫无遮掩的稀薄高地之空气。从那里开始了悲剧，在那里偶然的奇迹唤醒了一个人及其生活：因此他就永远地被逐出了悲剧世界。因为他能给今生带来的是平凡生活，而不再是危险重重的充实内容。这场悲剧只有一个延伸方向：向高度延展。悲剧开始从此刻起利用神秘力量从此人身上激励出本质，迫使他面对本质的东西，而它的进程只是这个真实的独特存在的不断剖析的过程。排除偶然事件的生活是平淡无奇而徒劳无益的，是毫无起伏的一马平川；它的必然性是廉价的安全感之必然，是在任何新事物面前被动封闭的态度之必然，是守着枯燥的理性生活而高枕无忧的必然。可是，悲剧不再需要偶然事件，因为悲剧世界已将它永远纳入了囊中，无处不在地存在于其中。

悲剧的可能性问题就是存在与本质的问题。该问题为，是否所有存在的东西都已经为此而存在了，仅仅为此而存在，因为它已在那里，它就是一个存在的事物吗？不是有存在的程度与层次吗？存在是任何事物的一种属性或者是对事物的一种价值判断，是事物之间的一种区分与区别？

那么，这就是戏剧与悲剧的悖论：本质如何才能活跃起来？它如何能在直接感知的情况下成为唯一的真实，成为真正的定在呢？只因为戏剧"塑造"了真实的人物，可是必须——正是通过这一塑造——从他们身上剥离的东西只是鲜活的定在。台词与姿态就是他们的生活，而他们说的每一个词与做的每一个姿态都不再仅仅是一个词或一个姿态；他们剧中生活中的所有表现都只是终极关联的密码，他们的剧中生活是苍白的寓意，只不过是他们自己柏拉图理念的寓意。他们的剧中存在不可能具有实际的真相，有的只是精神上的现实。一次经历与一种信仰的现实。"经历"作为一个危险紧逼的深渊隐藏在生活的每一次经历中，作为通往法官大厅之门：它与理念的关联，仅仅是理念的表象，只不过是对现实生活的杂乱偶然事件中建立这种联系的可能性。而信仰肯定了这种关联，并将其永远无法证实的可能性转化为整个定在的先验基础。

这种定在既无空间，又无时间；它的全部事件都来自各种推理，而它的所有人物的心灵都经过心理学的筛选。我想更加准确一些：悲剧的空间与时间都没有可能在视角

心灵与形式

上做出任何改变或削弱，并且行动与受难的外部与内部原因从未触及它们的本质。在悲剧中，每件事都很重要，每件事都具有同样的力量与同样的分量。悲剧中有个生活可能性的门槛，即唤醒到生活的门槛，可是能够生存的东西总是当前的，并且一切总是同属当前的。悲剧中人物的"存在"是完美的存在。中世纪的哲学对此有清晰而明确的表达方式。它是这样说的：完美主义也是现实主义；事物越完美，它也就越现实；越是符合它的理念，就越有存在感。可是，人们在现实生活中是如何经历——悲剧的素材是最为生动的——素材的理念与它的重合，即对同一理念的认同？对于生活来说，这不是一个认识论的问题（正如对于哲学而言），而是要痛苦地直接体验的伟大瞬间之真理。

　　生活中这些伟大瞬间的本质是纯粹的自我体验。在日常生活中，我们只是在外围体验着我们自己：我们的动机与我们的关系。在这方面，我们的生活没有实际的必然性，只有经验存在的必然性，只有千百种偶然联系与关系被千百条线纠缠之现实的必然性。可是，整个必然性网络的基础是随机的与毫无意义的；存在的一切也可能是异样的，只有过去的东西似乎才真的是必然的，因为过去的东西反正无法再进行撼动了。可是过去的东西真的是必然的吗？时间的随机洪流，对体验的任意观点进行任意推移能改变其本质吗？从随机事件中能创造出一些必然的、本质性的东西吗？能把周边变成中心吗？答案往往似乎是可能的，可是仅看似如此而已。因为只凭我们一时偶然的知识就想使过去的某些东西变得圆满且成为不可逆转之必然。可是，任何偶然所能导致这一知识的最细微的变化，都可为这个"不可逆转"的过去带来新的曙光——而在这种新的光照下，一切都有了不同的含义，一切都变得异样了。易卜生只看似是希腊人的门徒，是俄狄浦斯作品的延续者。他的分析性戏剧的真正含义在于，过去本身没有什么是一成不变的，它是流动的、闪烁的与可变的，被新的认知转变成新的东西。

伟大的瞬间也带来了一种新的认知，然而它仅仅看似是一系列不断的、永恒的重新评价的组成部分。事实上，它既是终结，又是启始。它赋予人类一种新的记忆、一种新的伦理与一种新的正义。许多迄今似乎是生活基石的东西消失了，而几乎察觉不到的、微小的东西变成了生活的支柱，并且站住了脚跟。人的双脚不会再踏上过去走过的路，他的眼睛在那里再也看不到方向。可是，他现在迈着飞快的脚步，毫不费力地攀登着无路可走的山峰；坚实而安全地快步跃过深不见底的沼泽。记忆的深度忘怀与洞察力压倒了心灵：新的认知之闪光照亮了心灵的中心，不在其中的一切都消失了，而属于中心的一切都使生活活跃起来。这种必然性的感觉并不是由于无法解决的原因纠结而产生的；这是毫无根据的，跳过了经验主义生活的所有理由。必要性在此是与本质密切相连的；否则，就不需要辩解，记忆只保留这一必然的东西，而干脆忘却其他的一切。

因此，心灵的审判与自我惩戒只能因此而受到指责。除此之外的所有一切都被遗忘了；一切的"为什么"与"怎么会这样"都被忘却了；起重要作用的仅有这一点。这个法庭是残酷而严厉的。它既毫无怜悯，又不认诉讼时效。它会因为最小的失误而遭受无情的谴责，哪怕只是包含了对本质不忠的征兆。它盲目无情地将每个人清除出人类的行列之外，只要他曾做出不经意的、过去瞬间心不在焉的、几乎毫不显眼的表情。心灵恩赐的财富与荣耀，都不能使他被从轻发落；在法庭面前，充满光荣事迹的一生皆不算数。可是，完全开明的慈悲宽恕了任何普通生活中没有触及核心的罪过；甚至说到宽恕都是夸大其词，因为法官的眼睛只是忽略了这些罪行而没有注意到它们。

这一瞬间既是启始，又是终结。没有什么会随之或从中而产生，没有什么可以将它与生活联系起来。这是一个瞬间；瞬间并不意味着生活，可是瞬间又是生活，是另一种生活，一种与普通生活相对立的生活。这是戏剧在时间上进行浓缩的形而上学原因，是对时间统一之要求的形而上学原因。它来源于下述渴望，将脱离了时间性的这一瞬间的内容尽可能表达得接近真实，然而这一瞬间就是整个生活。（这个地点的统一性是不断变化的周围生活之静止状态的、理所当然的、最接近的象征；这就是为什么它是在戏剧造型技巧上必要的途径。）悲剧只是一个瞬间，这就是时间统一性的意义所在，也是技巧上的悖论，它包含在下述事实中：这一瞬间按它的概念应该叫作一个没有体验的时段，然而恰恰应是一个时间段，它正是来源于面对一种神秘体验时任何语言表达手段的使用不当。苏索[①]问道："没有图像的事物如何形成，没有证据的事物如何证明？"悲剧在此必须表达出时间的永恒性。统一的所有要求之实现，是将过去、现在与未来进行坚持不懈的聚合。不仅它们经验主义——真实的序列被撕裂并打乱，将现在变成次要的与不真实的东西，将过去变成可怕的威胁，将未来变成早已熟悉的、尽管可能是无意识地经受的体验，可是即便这些时刻先后次序也不再是正常的时间序列。在时间上来说，一部这样的戏剧是一个永恒的、一成不变的静态；它的时刻是平铺开来的，更像是平行存在的，而不是前后串接在一起的；它不再处于时间体验的平面上。时间的统一性本身就已经是自相矛盾的概念：任何限定时间或使其循环的企图——这是实现时间统一性的唯一手段——都与时间的本质相矛盾。（只要想想尼采之"永恒轮回"的圆周运动的内在刚性吧。）然而，戏剧不仅在开幕与剧终处打断了永恒的时间流，两端彼此相向弯曲、相互融合，而且在戏剧的每一节点上都进行着这种风格化；每个时刻都是一个象征，一个整体的浓缩写照，只能以大小来区分。因此，它们的组合一定是相互交融，而不是依先后次序来排列的。法国古典主义者想在此为其正确的见解做出理性的阐释，

[①] 海因里希·苏索（Heinrich Suso 或 Heinrich Sense），德国神秘主义者。详见《形式面对生活的破碎》一文的译者注。——译者注

而且通过将神秘的统一性合理化,并将其深刻的悖论贬低为任意与平庸。他们将这个超时空与时空外的统一变成时空内的统一性,将神秘的统一变成了不加思考的统一。莱辛的感觉是正确的,即使像他们一样,表面上是理性的,而理由却是谬误的,也就是说莎士比亚在此以与他们的貌似继承者相反的方向用相反的途径更加接近了希腊人的本质;不管多少——正是从这个角度来看——人们都可以反对他。

启始与终结同为这种经历,每个人在这一瞬间里都经历了新的生命诞生,也有人早已死去;每个人的生活都是最后审判前的生活。一个角色在戏剧中的每一个"发展"都是假装的;它是这一瞬间的经历,即一个角色被提升到悲剧世界中的经历,至此只有他的身影进入悲剧世界的外围。"发展"就是他的角色生成,是角色从迷茫梦境中的苏醒。情节总是突然发生并且毫无准备——铺垫部分只是为了观众而设置的,为大变革的飞跃做好心灵的准备。因为悲剧人物的心灵忽视了一切铺垫,迅即发生了一切变化,一切都变成了本质,因为命运的话语终于响起。还有,悲剧人物的赴死决心,他们面对死亡的乐观平静态度或者心醉神迷只在假装英勇,只是对人们心理的观察;悲剧中垂死的主人公们——正如一位年轻的悲剧家所写的那样——早在剧中死亡之前就业已死去了。

这样一个世界的现实与世俗存在的现实不可能有任何共同之处。每种现实主义都必须摧毁悲剧的所有创造形式的价值，因此也就是摧毁了悲剧维持生命的价值。我们已经列出了所有的理由。假如因贴近生活而掩盖了戏剧的真实，那么这类戏剧肯定会变得陈腐老套，可是当它被构建成一个真正的戏剧性结构时，它的一切都变得多余，易被我们的感官所忽视。戏剧的内在风格是中世纪经院派之意义上的现实主义，这排除了任何现代现实主义。

戏剧性悲剧是存在的诸多高潮之形式，它的最终目标与终极极限的形式。在这里，本质的神秘——悲剧之体验不同于神秘主义的本质体验。神秘的狂喜所体验到的存在之巅峰消失在万物一体的云霄之中；它们所带来的生活之提升使体验者与万物融合，万物亦相互融为一体。只有当一切区别永远消失之后，神秘主义者的真正定在才刚刚开始；神秘主义者的世界所创造之奇迹必须摧毁所有的形式，因为他的现实、本质只存在于形式的背后，被其所掩饰与隐藏。悲剧的奇迹是一种创造形式的奇迹；自我是它的绝对本质，正如他的本质在那里是自我迷失一样。神秘主义的体验是忍受一切，悲剧的体验是创造一切。在神秘主义中，无法解释的是自我如何能够吸纳这一切；它是如何在处于液态融化状态下摧毁自身以及整个世界的一切独特之处，并且仍旧能够保留自我来体验这种自我毁灭的。此外，悲剧中的对立面是同样令人费解的。自我利用一种排他性的、毁灭一切的力量强调其自身，可是这种极端的自我肯定赋予所遇到的一切事物以钢铁般的硬度以及自负的生活——在纯自我达到登峰造极的时候——自行抵消了；自我的终极张力已经超越了一切仅仅是个人的东西。它的力量将万物提升到命运的地位，可是它与自创的命运的巨大斗争使之成为某种超个人的东西，使之变成一种终极命运关系的象征。于是，神秘的世界体验模式与悲剧性的世界体验模式相互联系、相辅相成并且相互排斥。两者都在自身神秘地将生与死、封闭的自我与在较高级的本质中的自我彻底消融结合在一起。虔诚是玄者之道，奋斗是悲者之道；解体是前者的终结，破碎是后者的结局。前者从与一切合二为一跳转到其狂喜的最深的个人世界，而后者在最真实的升华瞬间失去了他的自我。谁能说出生活的高峰点在哪里，死亡的高危点又在何方呢？两者是生活可能性的两极，与日常生活融为一体，彼此削弱对方，因为只有达到这样地步，即虚弱无力与难以辨认，两者才能彼此相容之。而且对两者来说，一方单独存在都意味着死亡，达到极限。可是，双方保持兄弟般的敌意，它们却得以共处：每一方都是唯一真正有能力克制对方者。

悲剧奇迹的智慧是极限的智慧。奇迹总是明确无误的，可是任何明确的东西都会分裂并导向世界的两个不同的方向。每次剧终都同时是一次抵达与一次终止，一次肯定与一次否定；每一个高潮都是一个巅峰与一个极限，是生与死的交汇点。悲剧的人生是所有世俗人生中最为独一无二的人生。这就是为什么他的生命极限总是与死亡相融合。现实生活永远不会到达极限，它只知道死亡是一种可怕的威胁、毫无意义的东西，是突然截断生命流的东西。神秘主义人生超越了极限，因此剥夺了死亡的任何现实价值。对于悲剧来说，死亡——极限本身——总是一个内在的现实，死亡与现实发生的每一件事都有着难分难解的联系。不仅因为悲剧伦理必须把一切已经开始的东西驱使至死作为绝对要求；不仅因为悲剧的心理效应只是一个死亡瞬间的信息，也就是有意识的最后瞬间，即心灵已经放弃了定在的宽阔富有，仅深切地恋恋不舍自己的亲眷；不仅因为在这些——以及其他许多——消极的意义上，而且也在对生命的纯粹积极与肯定的意义方面。体验生与死之间的极限是心灵对意识或自我意识的觉醒；心灵之所以意识到自己，是因为它是有限的；只是因为，并且只要它是有限的。保罗·恩斯特撰写的一部悲剧的结尾处提出了这个问题：

> 我还能要什么，即使我能要一切
> 而其他玩偶仅系在我的线段上吗？
> ……神有可能赢得荣耀吗？

而问题的答案是这样的：

> 我们的能力须得有极限，
> 否则我们生活在死寂沙漠中间；
>
> 我等只靠不可能实现之物生息。

> 心灵与形式

"神有可能赢得荣耀吗?"更广泛地说,问题可能会是:一个神能活着吗?完美不会抵消一切存在吗?正像叔本华所说,泛神论不就是无神论的一种礼貌的表达形式吗?神变换成人类的各种形式,他对人类形式的手段与方式的依赖,难道不是这种感觉的象征吗?这种感觉的象征意味着,他为了真的活跃起来也必须离开他的无形之完美状态?

极限的双重意义在于,它既是一种实现,又是一种放弃。在不加掩饰与不纯净的混合中,这也是日常生活的形而上学的背景,日常生活或许在肤浅的认识中找到了最深刻的表达,即只有当所有其他可能性都被毁掉之后,才能设想一种可能性用某种方法得以变成现实。可是,在这里一个心灵的原始可能性变成了唯一的现实;它与其他心灵的对立不仅是已经变成现实的东西与仅视为可能的东西之间的对立,而且是真实与虚幻的对立。是的,它是必然经过思考的东西与彻头彻尾的不堪设想与荒诞之对立。这就是为什么悲剧是心灵的觉醒。对极限的认知从心灵中剥取了它的本质,鄙夷地抛弃了心灵中其他的一切,可是心灵却赋予这一本质以唯一的与内在的必然性的定在。因为极限只是从外部来的,一个限制性的与排除其他可能性的原则。对于觉醒的心灵来说,极限是对真正属于自己的东西之认知。一切人类的东西都是可能的,前提是对人要有一个抽象的绝对理念。悲剧性戏剧是人类具体本质的一种展现。悲剧在此坚定而确定无疑地回答了柏拉图主义最棘手的问题:个别事物是否也可以有理念与本质的东西?悲剧的答案则将这个问题反了过来：只有个体，只有被驱使到极致的个体才足以符合其理念，才是真正的存在。那些无所不包的、笼统的东西无色无形，在各种意义上都是虚弱无力的，其统一性太过空洞，不能成为现实。它没有真正的存在，却又无所不在；它的本体即是一种赘述：这个理念适合于它自己。因此，悲剧用克服柏拉图主义的方法回答了柏拉图关于悲剧的判断。

人类生存最深切的渴望就是悲剧的形而上学的根源：人对自我的渴望，渴望把自己定在的高峰变成人生之路的一马平川，他的生活含义转变成日常的现实。悲剧的经历、戏剧性的悲剧，是它们最完美的、唯一完美无瑕的实现。可是，渴望的每次实现都是它的破灭。悲剧来源于渴望，所以它的形式必须排除各种渴望的任何表达。在悲剧进入生活之前，它已经通过本身的力量得以实现，也就是离开了渴望的状态。这就是现代抒情悲剧注定要失败的地方。它想把悲剧的先验引入悲剧本身，它想从中创造出一部有效果的戏剧；然而它只能把抒情性上升到沉闷的内心残酷状态；它从未跨过戏剧性悲剧的门槛。它的对白气氛与充满渴望又不确定的颤抖使其抒情价值远远超出了戏剧性悲剧的世界。它的诗歌是对日常生活的诗意化，也就是说，只是日常生活的加强版，而不是直接转化成戏剧形式了。并且不仅这种风格化方式，而且风格化方向也与戏剧背道而驰。它的心理效应所强调的是心灵的片刻性及短暂性，它的伦理是理解一切与宽恕一切的伦理。那是对人类的一种美好的柔化与诗意的钝化。这就是为什么我们的时代总是在抱怨，每位真正戏剧性悲剧作家的对白都是严厉的与冷漠的，然而这种严厉与冷漠只是对本应围绕着一切悲剧胆怯的心醉神迷的蔑视，因为悲剧伦理的否定者太懦弱，无法否定悲剧本身，而支持者也太软弱，只能忍受他们毫不掩饰的威严。因此，对白的知性化，其局限于对命运感受的清醒反映也并不意味着冷漠，而是在生活的这个领域中表现出人性的真实与内心的真切。悲剧中人物与事件的简单化并不是贫乏，而更是由事物的本质所赋予的，经过强烈浓缩的丰富内涵：只有那些出现在其中的人物，他们的相遇变成了他们的命运；只有他们生活中的那一时刻被从整体中截取出来，该时刻的遭遇正好变成了命运。因此，这一时刻的内在真相成为显而易见的外在表达，而它在对白中概括性公式化的表达将不再是一种冷漠的知性化，而是其人物命运意识成熟的抒情。戏剧性与抒情性在这里——而且仅在这里——不再是对立的准则；这种抒情诗将真正的戏剧性推向了顶峰。

2

《布伦希尔德》是悲剧作家保罗·恩斯特的第一部成功之作。作为理论家，他早就预见到了这一成功兑现。在现在与前不久创作的、最有诗意的佳作面前，他都持有一种深刻的、原则性的断然拒绝的态度，并且总是试图从戏剧的本质中更加深刻地诠释这种拒绝态度。因此，在几篇论文中，他完全触及了戏剧的"本质"，用他的话来说，就是触及了绝对的戏剧。可是对他来说，他的理论只是追溯性地证明实现目标是正当的途径；而这些行动是通过随后的行动来证明的。《布伦希尔德》现在是他的第一个真正的行动，他的第一部一气呵成之作，作品虽有不足，可仍是瑕不掩瑜的作品。

这是他的第一部"希腊式"戏剧。这是伟大的德国戏剧自席勒与克莱斯特时代以来第一次坚定地偏离了传统道路：索福克勒斯①与莎士比亚的联姻。德国剧作家为现代古典戏剧风格进行激烈斗争的原因在于，他们不情愿必然要放弃各种希腊形式自带的许多东西。他们希望——保罗·恩斯特的早期悲剧也尝试了同样的做法——在不牺牲事件五彩缤纷的莎士比亚式多样性的前提下，来实现与希腊式同质的简易版的宏伟效果。可是，这样的尝试必然会失败，因为这样一来强加给他们的就有两种完全不同的关系构建的方式，即戏剧必要的方式与生动可能的方式。两种方式相互排斥，其中一种总是遏制另一种的效果，甚至于必然毁了另一种。在这方面，恩斯特花费了很大力气，直到做

---

① 索福克勒斯（Sophokles，前497/前496—前406/前405），雅典三大悲剧作家之一，其流传至今的作品有《俄狄浦斯王》等。他既相信神与命运的无上威力，又要求人们具有独立自主的精神，并对自己的行为负责，这是雅典民主政治繁荣时期思想意识的特征。——译者注

出放弃的选择。直至放弃生活的一切外在丰富内涵，以达到内心的丰沛；放弃其感官之美，以获得更深层的、非感官的终极之美；放弃任何素材，以便能够揭示纯形式的纯净心灵之内容。这是重生的经典悲剧，是高乃依①、拉辛②与阿尔菲里③最高意图的深化与内化，这是对所有寻求形式心灵的戏剧永恒伟大模式的较为真切的回归——回归到索福克勒斯的《俄狄浦斯王》。

就像在《俄狄浦斯王》中一样，这里的一切都局限于最精简的程度与最密集的强度。城堡与大教堂之间的城堡庭院是唯一的舞台：登场的只有一对恋人与哈根，命运的展开时段只有短暂的一天时间；戏开始在新婚之夜后的日出时分，当因狩猎而身亡的齐格弗里德被送回家时日落尚未到来，在布伦希尔德自杀后与他一起在火刑柱上焚烧，二人中间只以他的剑相隔。而这种冲突不仅仅是外在的，也是内在的。这些人物的动容，他们的爱与恨，他们的起起落落，以及他们反映这一切的言辞，没有一丝多余的痕迹，也没有一丝为了特意表现自身的丰富内涵而进行雕琢的痕迹，只有命运，只有必然性。它的人物的态度与言辞在其深层的本质上也更具希腊色彩，或许——因为塑造时

---

① 皮埃尔·高乃依（Pierre Corneille, 1606—1684），法国巴洛克时期作家、剧作家。详见《关于随笔的形式与本质》一文的译者注。——译者注
② 让·拉辛（Jean Baptiste Racine, 1639—1699），是法国古典文学最重要的人物之一。——译者注
③ 阿尔菲里（Vittorio Alfieri, 1749—1803），意大利启蒙时代的悲剧诗人。——译者注

更加注重风格化处理——比起有些古代悲剧来更具希腊化色彩。与黑贝尔的悲剧相比，他们的命运辩证法意识可能更加清晰与尖锐，而它的表达就像希腊人一样，是一种警句式的、尖锐的、将本质结合在一起的表达。可是就像在那里，就像在任何真实的悲剧中一样，一种如此的合理化——可以说是一种神秘的理性主义——然而却永远不能压倒命运的不可言表的特点。导致了人物与行为的悲剧性相互纠缠的肯定不是意志，更不是理性。而这些人物是高贵的人，具有深切而透彻的精神力量，他们是认识到自己的命运并且充满敬畏之心默默从命的人，这只会也必须——因为没有对命运的进程施加丝毫影响——加深其起源与作用的神秘莫测。

这部悲剧是一出关于爱之高低贵贱的神秘剧目。有一种爱是清晰的与具有指南作用的，是绝对必要与振奋人心的；而另一种爱是迷茫的、永恒黑暗的、漫无目的的，无计划的与走投无路的。《布伦希尔德》是一部关于爱的神秘剧，涉及高低贵贱人物的爱情，涉及平等与不平等的爱情，涉及引人向上与导致沉沦的爱情。冈特作为一个主人公与国王，在每一部悲剧中都被宠坏了，恩斯特在作品中也没有试图拯救他，他甚至还牺牲了克里姆希尔德。他们都是卑微的人，本能低劣的人，在爱情上不寻觅与自己相似的人，他们必然担心以及不应指望己出之后人也会与自己相同，始终害怕另一种人的定在，另一种人可能会大步迈进，更自由地追求他们所看不见的目标，即构成了一种恐惧与责备。卑微的人想要快乐，也实施报复，却又害怕遭到报复。可是，齐格弗里德与布伦希尔德就是另一种人。

这是一部关于高尚、幸福与极限的神秘剧目。那种高尚在于寻觅自我，找到幸福以及在幸福的温暖混沌中渴望重归自我，以便将自己推向极限，以便找到悲剧、找到死亡。幸福原本是追求向上直至高尚，可是在这里它却只会将高尚拖累下来，拉到自己身边来；它只会使其走的路更长、更艰难，可是却无法阻止这一进程，在生活中它必然是空虚的与孤独的。高尚想要尽善尽美，这是必然的，而尽善尽美是悲剧、是终结，是所有声音的绝响。悲剧具有表现高尚的优先权：布伦希尔德与齐格弗里德在同一根火刑柱上被焚烧，而克里姆希尔德与冈特还活着。悲剧表现的是世界的规律，表现的是终极目标，然而这只是万物永恒循环的开始。

> 因为我们有如渐绿大地，
> 厚厚的积雪覆盖在上面，
> 就像静待冰封雪盖消融。

可是人类了解自己的命运，因此命运对人类来说比波峰更有意义，波峰将下沉到波谷，以便再次变为波峰，并且这一幕将永远重复下去。人类了解自己的命运，并将这种认识称为：罪孽。通过将势必发生在自己身上的事情视为自己的行为所致，他内心的一切都用强有力的轮廓勾勒出来，而这一切又是偶然落入他的随机生活情节的周而复始的洪流中的。他使之成为必要；他在自己周围划定了界限；他设定了自己。因为从外部来看，没有罪孽，也不可能有任何罪孽。每个人都把别人的罪孽看成是命运的纠缠与偶然，看成是一丝微风的变化都可能造成任何细微的差别。可是由于罪孽，人类对发生在他身上的一切都表示认可，因为他认为这是他的行为与罪过所致，他征服了它并由此塑造了自己的生活，即通过将他——源于自身的罪孽——的悲剧设置为自己生活与宇宙之间的界限。并且高贵的人比卑微的人设定的界限更多，不会放手一旦属于其生活的任何东西：这就是为什么他们把悲剧当作自己的特权。对卑微的人来说，有的是幸福、不幸与报复，因为他们总是觉得其他人有罪；因为对他们来说一切都来自外部，他们的生活无法融入自身，因为他们的生活没有界限，因为他们没有悲剧感，他们的生活没有形式。可是，对于一个高贵的人来说，他人的罪孽——并且罪孽毁掉他自己——永远只是命运所致。这是一个关于罪孽、纠缠与命运的深奥谜团。

所有这一切都建立在一种僵化的、无过渡的二分法的倾斜架构上。生活中千丝万缕的命运连线将高贵的人与卑微的人纠缠在一起，然而却没有一条连线能在他们之间建立起一种联系。而且两类人这种内在的分离是如此无情与尖锐，以至于戏剧作品或许会分崩离析，假使恩斯特不在

◯ 心灵与形式

这个连接两个极端的鸿沟上架起一道宽阔拱桥的话,尽管他还加强了它的宽度与深度。这个起着联接作用的人物就是哈根。这个高贵的人身为奴仆,他自身的体量与极限成了自己的奴仆;他的内心既有高贵之处,又有对命运的罪孽,可是他却被一些外部因素所限,受某些远远超越他自我的极限所制约。这个人还不算是悲惨的——尽管他受到命运的打击如此之深——因为他的"迫不得已"虽不能排除所有内在因素,然而决定的因素却是由外部来的,可是他能感受到所发生的事件仍旧是自己的,是命运所驱使的。他的极限既由外部因素又由内心因素所限定,因此,他通过划定的内外界限以及赋予自身生命以形式来保持着比卑微的人高的地位,可是仍置身于权贵之下,作为他们最高级的附庸,作为接近王位的人。可是仅仅做个亲信而已,因为他的内外界限也限制了自己,因为他的人生追求之可能成果是命中注定的,而不是预先由他自己设定的。

而文字的晶莹剔透只会让一切神秘而深不可测的感觉更加深刻而已。就像它们的清晰不能揭示命运的进程一样,那么它们用来表达人类所有本质的清醒意识,也不能使他们更接近彼此,使他们更容易相互理解。每一个单词都有两面性,朗读者总是看到其中一个方面,而听者始终看到的是另一方面,而在此没有相互接近之可能。因为每个应该起桥梁作用的词汇,就其本身而言,也需要一座桥梁。而且,行为也不能充当标志,因为好人做了坏事——时有发生——坏人做了好事,并且渴望掩盖着真实的途径,而职责摧毁了最牢固的爱之纽带。因此，每个人最后都是孤身一人，在命运面前没有共同之处。

3

可是，在戏剧中对所有关系的这种简化所做出的牺牲是十分重大的。因为戏剧世界的历史元素——一言以蔽之，系指剧中所有多彩的、独一无二的东西——毕竟远不止是构成对严格风格化的阻碍；描写美妙的外部世界不仅引起了感官—艺术的愉悦，而且唤起了人们对历史描述的渴望。历史与悲剧的关系是戏剧形式中最深刻的悖论之一。亚里士多德就曾说过中肯的话：戏剧比历史更具哲理性。可是，戏剧不会因为这样的哲理化而失去其全部、本身与特殊的本质吗？它最深层的含义很可能在此受到了威胁，还有它的合法性的纯净内在，理念在事实中的完美隐藏，它完全消失在事实的背后。我们在这里谈论的不是理念与现实的统一，而是两者纠缠交织在一起并且双方无法区分彼此。偶然性与必然性，独特的事件与永恒的规律，行动与效果在这里失去了——感觉有些东西是历史性的——其绝对性，而只可能变成了与事实相关的观点，这些事实充其量强行地被那些观念所改变，可是永远不会消失殆尽。历史的存在是一种完全纯净的存在，人们可以说，历史存在本身就是这样的存在。有些是因为它本身就是这样的；它就是它的本来面目。它的威力、伟大与美妙恰恰在于它的不可比性，在于它与由理清秩序的理性强加的任何先验知识的不相容性。

然而，在这个世界上隐藏着一种秩序，它是由错综复杂的线条组成的组合体。可是，它是一张地毯或一支舞蹈都难以定义的秩序：似乎不可能解释它的含义，更加不可能的是放弃进行解释；似乎卷曲线条的整个织物只等着用一个词即可使之变得清晰、明确以及易于理解，就好像这个词总是在你舌头上打转——然而还从来没有人说出过它。历史似乎是命运的深刻象征：命运的合乎常规之偶然性，它的任意性与专横性，归根结底总是公正的。悲剧针对历史的抗争，是一场重大的生活征服战；试图在战斗中找到——与日常生活相去甚远的——它的含义，从中找到它隐藏的真实含义。历史感永远是最贴近生活的必然性；单纯事件的引力就在它出现的形式中，是事物发展进程中不可抗拒的强大力量。那就是一切事物相互联结在一起的必然性；否认价值的必然性：一切都是必然的，一切都是同样必然的；事物不分大小、意义多寡。该是什么，就必定是什么；每个时刻都紧跟着刚刚过去的时刻，不会受目的与目标的影响。

历史戏剧的悖论是这两种必然性的结合：一种是从内部无端地涌流出来的，另一种是毫无意义地在外部流淌的。形式的形成，即两个似乎基本上相互排斥的原则相互得到提升，就是它所追求的目标。两者彼此距离越远，悲剧似乎就能够变得越深刻。因为只有在被推到极致的时候，它们才会真的彼此接触到；它们通过对立状态彼此界定并彼此得到强化。这就是为什么剧作家被故事的历史元素所吸引，而不是被历史中可以解读的一般意义所吸引。在这里，剧作家自认找到了人类局限性的最终象征，对纯意志的纯粹约束，每种物质对每个意志形成的渴望之明确无误的抵抗。仅仅通过他的生计而存在的人所具有的不加选择的作用力无情地将行动与意图分离开来，并驱使每个有意采取行动的人去完美无缺地完成他的行动；以一种完美无缺的方式去完成，该方式玷污了其意图与理由的心灵纯洁性，将他所追求的一切高贵与他的行为永远分开来。隐藏在这一行动或生活情境中的理念在此被揭示出来，并且由此摧毁了隐藏在其中的永恒的以及未竟的真实理念，而只有这种真实理念才能够将其提升为本质的存在；仅仅是存在的力量就会摧毁自己应有的存在。年轻时，黑贝尔在日记中写道："一个好教皇从来就必定是个坏的基督教徒。"

这就是保罗·恩斯特历史悲剧的意义，他笔下的主人公德梅特里乌斯①与纳比斯②、希尔德布兰德③与海因里希

---

① 德梅特里乌斯（Demetrius，生卒年月不详），斯巴达国王纳比斯的继任者。斯巴达（Sparta）位于希腊南部的伯罗奔尼撒半岛拉哥尼亚平原，斯巴达人即指来到这里定居的多利亚人。现在的斯巴达是1834年重建的。——译者注

② 纳比斯（Nabis，古希腊语 Νάβις，公元前207—前192），斯巴达的统治者，据传称王并非合法，也曾被称为暴君。公元前192年他被埃托利亚同盟刺杀。斯巴达此后消失在古希腊历史中。——译者注

③ 希尔德布兰德（Hildebrand，1025/1030—1085）为教皇格列高利七世的原名，1073—1085年间任罗马教皇，获得格列高利七世（Gregor VII.）的称号。他曾推动11世纪的教会改革，长期以来是教会改革的中心人物，决心使教皇的权力凌驾于世俗统治者之上。他也是罗马天主教会历史上最具争议的教皇之一。——译者注

皇帝①的经历。在这些角色行动之前,他们的一切高贵情怀均在他们的心灵中而未曾分离——而且所有变为高贵与卑微的可能性也在每个所要表达的行动前未曾分离。可是,他们的相遇在一瞬间就化解了未曾分离的一切。这些人物经历了唯一真正的失望:对完美实现的失望。此处,我不是说现实会夺去他们的幻想,现实会令浪漫主义者回避生活以及自己所有的行动,也不是说每个现实都有必然的缺陷;这类戏剧的人物就是活在悲剧的世界里,而不是在日常生活中。那是对实现的失望情绪;是在行动之后随之而来的失望,也是紧跟新的行动而来的失望,而不是厌倦的放弃。因为任何虚无都不能从他们身上剥夺内心想要一切的纯真:高尚与善良、权力与自由、道路与目标。这里出现的渴望与实现的不相称,不是理念与现实的不相称,而是不同理念之间的不相称。高贵的心灵总是被挑选出来当国王,高贵的心灵中的一切都朝着这个目标努力着,可是王权与其理念容忍不了高贵。王权的最高目标,其内心最深处的精髓却要求其他的东西:严酷与邪恶、忘恩负义与折中妥协。王室的心灵想要在王室生活中实现人格的最终价值,在其他任何地方它都是受限制的与受约束的;可是

---

① 海因里希皇帝(Kaiser Heinrich IV.,1050—1106),亦译为亨利四世皇帝。他出身德国,继位当上了中世纪神圣罗马帝国皇帝。他与教皇格列高利七世之间围绕主教叙任权展开激烈的斗争。1075 年,海因里希四世与教会的冲突表面化。1083—1084 年,海因里希皇帝终于夺取了罗马,并于 1085 年赶走了教皇。——译者注

王位对所有人都提出了同样的要求，它以其最高贵的责任感迫使人们去做所有不得不做的陌生与令人生厌的事情。因此，德梅特里乌斯与纳比斯对面而立，国王之子作为得胜的叛逆者面对着伤重濒死的篡位者。年轻的国王迈着沉重的步伐猛然进入大厅，杀死他父亲的凶手已被制服在那里正等着他，可是垂死的篡位者只生硬地说了几句睿智的话语，而另一个德梅特里乌斯跨过他的尸首走向了王位。国王的话不是对他的征服者说的，而是针对继承他的王国一事说的（一个内心深处渴望善而深切失望者的话）："善良原本是如此容易理解的。"并且血海不得不流淌，他的心灵不得不在他体内枯萎，以至于他成为国王，正如他的职责对他所要求的那样，正如他的时代对他所要求的那样。他的躯体尚留余温的时候，此时一个新的国王纳比斯已坐在他的宝座上，被运气抛弃而心碎，被迫接受残酷的现实，孤立而没有朋友相助；德梅特里乌斯，他的充满希望的纯洁心灵——一位年轻的国王被一群忠实的朋友所簇拥——听到了他的第一句话。

在白雪皑皑的卡诺萨城堡①庭院里，格列高利七世与海因里希四世第一次也是最后一次相遇，战胜者与战败者仍

---

① 卡诺萨城堡（Burg zu Canossa），建于约940年的一座城堡，位于意大利北部雷焦艾米利亚省卡诺萨，以神圣罗马帝国皇帝海因里希四世的卡诺萨之行而著称。1077年，在叙任权斗争期间，神圣罗马帝国皇帝海因里希四世来到此地，恳求格列高利七世的宽恕。1878年意大利将城堡收归国有，宣布其为国家历史文物。——译者注

然难分难解。教皇与皇帝,已经在他们一生的前四幕中决定了彼此的命运,现在终于相遇了。上帝给了教皇一个温柔的心灵,给了皇帝一个渴望并创造幸福的心灵,可是他们的争权斗争践踏了双方身上的所有人性与人格魅力。希尔德布兰德不得不变得冷酷无情。他不仅必须抛弃所有平凡的幸福,还不得不牺牲并且背叛他的穷人——他本以拯救穷人为其使命的——以便将创造上帝国度的权力拿到手里。他必定成为罪人却不得不以圣人面目出现,而对他来说为每个人都敞开减罪与赎罪的道路是行不通的:他的心灵将下地狱,受到永恒的诅咒。他所有的奉献都是徒劳的。被他赶出教会的通奸者,阻碍他登基大计的皇帝像个聪明的政治家一样跪在他面前假装在忏悔,而他,这个未被救赎的人不得不用自己的双手打碎他唯一的武器,撤销将皇帝逐出教会的决定。皇帝得胜了,可是那个曾经容光焕发的人,那个曾用闪亮的双手获取幸福的人,那个毫不费力地享有并给予他人幸福的人却死了,那个名叫海因里希四世的人死了。格列高利七世屈从落败,撤出了卡诺萨,皇帝海因里希四世将以胜者身份进驻罗马。

> 与下跪相比,我站起身来身份已不同,
> 他要诅咒上帝,因他想要公正的东西;
> 我做过错事,但我仍祝福上帝。
> 他行将死亡,而我曾经死过了:
> 他的死是死,可我的死却是生。

海因里希皇帝在此已胜出，而格列高利七世落败了。皇帝确实获胜了，教皇被打败了吗？进驻罗马已经成为可能，格列高利七世行将被废黜，可是世界的国王、世界上所有荣耀之主，不是像忏悔者一样跪在神父面前做过忏悔吗？皇帝难道不是在教皇面前躬身行过礼吗？被格列高利七世永远剥夺了任何类似常人之处与亲近幸福感的神父们，从现在开始将不会总是站在每个凡人之上充当审判官与救赎者了吗？当海因里希四世定要取胜时不曾忘记皇帝的身份吗？而当格列高利七世抱怨着折断他的宝剑时不曾忘记教皇的名号吗？

这种必然性——它或许是其中最真实的，当然也是最为实际的必然性——确实有些羞辱性。在这里，等待死亡的以及从生活中得到救赎的主人公们不仅心碎了，亦被玷污与自我疏远。扮演悲剧主人公的人总是心情放松的，虽然死去却仍然活着；可是死亡在此不是生命的绝对升华，不是生活在正确方向的直接延展，而是逃离压迫，逃离现实世界的龌龊，心灵从陌生的生命回归自身。诚然，"主人公"在这里也不会为他的行为及其徒劳无益感到懊悔，他会回归到现实继续做天真的美梦，这些美梦在他接触剧情前就是属于他自己的。他知道一切挣扎与任何屈辱都是必然的，对他的生活、对他的启示、对唯一可能的救赎都是必然的。然而，这唯一可能的救赎并不是真正的救赎：这是他心灵所经历的最深切的失望。历史事件围绕他的心灵划出的界限，是该事件驱使它所达到的界限，而不是它自身真正的终极界限；那是可能触及这些事件的所有人物之界限，也是所有现场观众能够承受的界限。这些悲剧赋予主人公的特定剧情总是有一些与他们的本质格格不入的东西；他们的实际情况是——被日常生活压抑的心灵所幸得到解脱而深吸了一口气——通过他们内心的最后发力而将一个陌生的剧中人物表现出来。而对他们来说，只有死亡才是回归，是他们的第一次，也是唯一的回归到自身的本质。然而，伟大的斗争只是达到目的的一条迂回之路。历史通过其非理性的现实将纯粹的普遍性强加到人物身上。历史不容许人物表达自己的理念，在其他层面上表达该理念也是不合情理的：历史与人物之间的接触产生了一种对两者都陌生的东西，即普遍性。毕竟，历史的必然性是一切必然性中最接近生活的。

然而，历史的必然性也是距离生活最遥远的。在此实现这个理念的可能性仅仅是真正实现它的一条迂回之路（在尽可能大的范围，上述现实生活的伤感琐事在这里得到再现），可是整个人类的全部生活也只是通往其他的、更高的目标的迂回之路；他个人的最深切的渴望与他为实现渴望而进行的奋斗，只不过是沉默而陌生的车间主任之盲目工具。只有很少数人将意识到这一点；教皇格列高利七世生命中的几个欣喜若狂的瞬间就心知肚明了：

> 我的身体是一块石头，
> 男孩甩手把它湖里抛。

> 我的"自我"受力打出层层水漂,
> 石头曾在阴暗底部沉睡很久很久。

历史必然性的两个方面均不适合用任何戏剧造型来呈现：对它们来说，一个过高了，而另一个则过低了，然而两者难以拆解与不可分割的统一性才是真正历史性的东西。在这一点上，历史悲剧的技术性悖论产生于悲剧人物与历史存在之关系的形而上学悖论：演员与人物的内在距离的悖论，人物不同的活力程度与生活强度的悖论，历史剧人物及其事件中的象征性与逼真性的冲突之悖论。因为从历史角度来观察生活，不允许对时间或地点以及其他个性化原则进行抽象化。人物与行动的本质看似与无关紧要的以及偶然的东西密不可分：历史剧中的人物必须"活生生的"，并且所发生的事件也必须是生气勃勃的、多姿多彩的。正因为如此，莎士比亚能够而且必定——尽管他在内心是反历史的——成为一部历史剧的最伟大典范，因为他的作品内容丰富而又令人眼花缭乱地贴近生活：莎士比亚下意识地代表了历史剧中的经验主义元素，他以可望而不可即的力量与无与伦比的丰富内涵做到了这一点。可是，超越一切个人因素的历史终极含义是如此抽象，以至于为了表现它必须使我们熟知的古老戏剧更加具有希腊特色。创作一部历史悲剧的愿望催生了综合索福克勒斯与莎士比亚的悖论渴望。

可是，进行这种合成的任何尝试都必须将某种二元性带入剧中人物。在主人公的身上，问题的解决尚可想象：这种不相容的二元论正是他们的经历；素材的缺陷可以提至塑造的中心位置，这样或许仍是可以克服的。迄今还没有人获得过成功——然而这并不能证明这个问题是无法解决的。不可能塑造历史戏剧性的命运（其中历史事实确实很重要，并且不仅是纯粹与永恒的人类冲突之偶然的表现形式），可是这一点原则上也是至关重要的。承担命运角色的演员被分裂成完全不同的两半：现实生活中间的普通人在转瞬间突然毫无准备地变成了象征，变成了超越个人的、历史必然性的承载者。由于这种象征生成不是从心灵最深处有机地生长出来的，而是经由外力的接力传递的，并且人物个性在此只是偶然的链接环节，仅起着一种对个性陌生的命运特质的桥梁作用，它势必要无可挽回地破坏造型的统一性。对演员来说，完全陌生且遥远的动机要在人物身上发挥作用，并且将他们推升到非得丧失自己所有人性的范围。可是当塑造了这种非个性化的东西，那么人物就不会在他生活中未曾或者不再具有象征意义时段里隐形地徘徊在一群活人中；他将必定会被另眼看待，就像他周围的一切一样，然而他却又必然与之组成一个单一的、不可分割的世界。格哈特·豪普特曼[①]总是到处选择塑造个体的途径——因此放弃了历史事实的更高层次的需要，所放弃

[①] 格哈特·豪普特曼（Gerhart Hauptmann, 1862—1946），德国作家与剧作家。详见《新的孤独及其抒情诗》一文的译者注。——译者注

的恰恰应该是戏剧塑造的真正意义。保罗·恩斯特的目标自然是相反的。即使他笔下的卡利尔霍，德梅特里乌斯的新娘，应该通过认识到政治历史的必然性而从充满爱与活力的人突然变成尽善尽美的人，那么纯粹抽象的东西的具体化被夸张到了几乎荒诞的地步。《卡诺萨》中纯粹的象征和谐的人物，尤其是老农夫，扰乱了世界单一的感觉，而在有关"黄金"的悲剧中，此种缩略被夸张到了巴洛克式的程度。

形式是对生活的最高评判者。历史上表现出来的悲剧并不完全是纯粹的悲剧——任何戏剧技巧都无法掩盖这种形而上学的不和谐；是的，无法解决的技巧性问题必然会出现在戏剧的每一个环节里。形式是对最纯粹之经验的、唯一纯粹的揭示，可是正因为如此，它将并且必然始终拒绝接受塑造压抑的或不明确的角色。

4

形式是对生活的最高评判者。赋予形式的能力是一种评判力量、一种伦理的力量，而且任何造型之中都包含着价值评判。任何类别的塑造、任何文学形式都是生活可能性的梯级中的一级；关于一个人物及其命运，说出决定一切的话语之时，即是确定了他的生活表述所能承受的及其高潮所要求的形式之时。

◯ 心灵与形式

因此，悲剧宣示的最深刻的判词就是在它的大门上镌刻的铭文。正如但丁地狱之门上的铭文同样无情地严厉，它将永远锁住所有那些进入地狱的人，它永远拒绝软弱或卑微的人进入它的地府。我们的民主时代想要维护对悲剧的平等权利是徒劳的；任何向精神上的贫乏者敞开这个天国的大门之企图都是徒劳的。而那些坚持要求人人平等权利的民主党人总是对悲剧存在的理由提出质疑。

保罗·恩斯特在《布伦希尔德》剧本中写下了他的悲剧人物的神秘故事。《围栏的尼农》[①] 即是它的对立面：一部非悲剧性的剧目。在前者里，恩斯特塑造了他最渴望的几个人物；在后者里，作者创造了与他的本质最为陌生的人物。然而，一位悲剧作家却也写了这部戏剧，所以他就不得不将自己的故事推向极端，直至到了悲剧的地步——可是在最后决定的那一时刻，他的女主人公逃离了悲剧的羁绊，坚定地拒绝了以前像光环一样高悬在她头上的一切高尚与类似命运的东西，回到了一直热切等待她的平凡生活中，奔向她所向往的生活。最后的瞬间带来了抉择的话语：以此道出了她的价值，同时也道出了她的局限性。通过为自己的自由而与自身进行的斗争，她已经变得足够坚强，以便忍受悲剧的气氛，以便能够长期生活在悲剧周边的环境中。可是，像所有与她同类型的人一样，她缺乏生

[①] 《围栏的尼农》(*Ninon de l'Enclos*)，德国作家罗伯特·埃马努埃尔·海因里希·比尔克纳（Robert Emanuel Heinrich Bürkner, 1813—1886）的作品。——译者注

活的最终奉献。她属于下等人中的佼佼者：这就是戏剧形式对其生命价值的评判。她想要为自己争斗并且也赢得了最高的目标：自由。可是她的自由只是摆脱了所有的羁绊，而不是——在最后的意义上——从内心最深处有机生长出来的，也就是说，不是与最高必然性认同的人，也不是生活的尽善尽美者。她的自由就是妓女的自由。她把自己从一切外在强力与内心束缚中解脱出来，从男人以及孩子，从忠诚与伟大的爱情中解放出来。她为此做出了沉重的牺牲：她曾忍受屈辱性的卑贱束缚，给这个女人的生活带来的是卖身或为了转瞬即逝的情感而献身。她为自己失去的东西感到难过，她为自己选择的命运加给她的考验而自豪——可是，这仍然是一种生活的解脱，是从生活最沉重的必然性中的逃脱。女人的这种自我解放并不是其本质之必然性的终结，就像一个悲剧男人的任何真正必然性一样，而这部戏剧的结局提出了理论家恩斯特很久以前就看到的一个问题：一个女人难道本身就是悲剧，而不是与她生活中与男人关系的悲剧吗？自由能成为一个女性生活中真正的价值吗？

保罗·恩斯特毕生巨著的核心是诗歌文学的伦理，正如弗里德里希·黑贝尔的诗歌文学心理学一样。因为对他们两人来说，形式变成生活的目标，变成高尚与自我完善的绝对必要条件，所以前者被认为是个冷酷的形式主义者，后者是个病态的形而上学者。可是，黑贝尔笔下的众主人公的命运是，真实的人物进行的悲剧性之绝望斗争，为的是那些在艺术作品中的人物实现完美的人性，因此这种斗争所引发的最深切问题是，要在心理上能体验到经验主义生活的高潮。而恩斯特将这个完整的、更高级的世界视为一个警示与警醒信号，作为人们的指路明灯与前进目标，而不在意其确实的实现。伦理的有效性与力量并不取决于它是否得到遵从。这就是为什么只有一种被净化直到成为伦理的形式——不会因此而变得盲目与贫乏——才能忘记一切成问题事物的定在，并将其永远逐出自己的领域。

1910 年

论精神上的贫乏*

——一段对话与一封书信

您的猜测是对的。您的儿子去世之前两天,我曾见过他。我妹妹自杀后,我的精神状态迫使我做了这次短途旅行。当我回到家后发现了他寄来的这张明信片,上面写道:"玛尔塔,请您不要指望我会来探望您。我很好,我在工作。我不需要有人在身边陪伴。您让我知道您已到家的消息,这真是太好了。您是好人,一如既往。说起来,在您眼里我还算是个人。然而,您误会了。"——我感到不安,当天就又前往去看望他了。

我发现他坐在书房的写字台旁。他的状况看上去并不坏,在出事后几天里他的神情恍惚以及语无伦次的状况几乎不见了,他的状态曾使我感到担忧。他说话清晰、镇定、

---

* 1911年,卢卡奇撰写了《论精神上的贫乏》这篇文章。一个名叫玛尔塔的女人向已故妹妹的公公详细地讲述了她与妹夫两天前的一次谈话,内容涉及妹妹自杀的原因等。妹夫于两天后用手枪结束了生命。——译者注

> 心灵与形式

简捷,看上去完全神宁自若。我在他那里待了很长时间,我想尽力向您告知我们谈话的所有要点。我觉得,这也将使您能进一步了解有些情况。在我的记忆中,他的行为给我的感觉几乎是不可名状的清楚,至今让我感到非常困惑的是,我没有预见到这一点,也没担心会发生什么;相反我几乎完全放心了,心情愉悦地离他而去。

他非常热情地同我打招呼,并谈了不少有关我的旅行见闻,谈到比萨,谈及坎波桑托纪念碑,还谈到最新法庭的组成,这与他以前谈论这类事物的时候一个样,绝对热切而有说服力。有时我得到的感受是,现在回想起来这种感觉似乎完全清楚了:他不想谈论自己。他知道:在我面前,他必须坦诚,他不能搪塞,而这就是他不想谈论自己的原因。可是,这或许只是一种事后的推测,试图将一切都集中到中心话题上,理解这些对我们来说是最为重要的。可是我仍然完全清楚地记得,就在他谈到一幅寓意绘画的可能性时,我打断了他的话,问他,他到底从最近发生的事情里恢复得怎样?他回答说:相当好,谢谢。——我沉默无语并且平静而疑惑地看着他。他重复道:相当好,谢谢啦。并在短暂停顿之后接着说:我的事都想清楚了。

——清楚了什么?

他用犀利的目光看着我,完全平静而简单地说:是的,清楚了。我知道,她的死是我的错。

我跳了起来:您?然而,您得知道——

——玛尔塔,让我们别提这件事了。我自然是知道的。

现在我知道了,在一切都发生了之后,我们才得知了所有应该知道的东西。可是,我当时一无所知……

——您事先不可能知道啊。

——不可能,情况就是这样,我事先不可能知道。

我疑虑地看着他。他冷静地回答:玛尔塔,请您耐心一点,而不要以为我疯了。我会尽力向您解释这一切。

——可是请,请您坐下吧。

——您大概了解我与她之间过往的一切……

——我知道。您曾是她最好的朋友,或许是她曾经拥有的唯独一个。她经常谈到这方面。这种关系得以存在,有时让我感到惊奇。您一定吃了不少苦头。

他轻微并略带轻蔑地笑了笑:您高估我了,一向如此:假如没有的话?那肯定是徒劳、盲目与没用的。

我此时相当困惑:那么……没用。谁能在这里帮得上忙?谁会知道些什么?……而且因为您无法猜到有些外人不可能知道的事情,所以您就责备自己——不,我不想再次重述这些毫无意义的事情。

我想继续讲下去,然而他那镇定、单调的目光落在我身上。我受不了他这样,只得保持沉默,眼睛看着地面。

——玛尔塔,您为什么这么怕说话?是的!我要为她的死承担责任;当然是在上帝面前啦。根据人类品德的所有规章,我是不承担任何责任的,相反,我已经诚实地履行了我的所有职责(他以极大的蔑视说出最后一个词)。我做了我能做的一切。有一次,我们曾谈过能够帮助与想要帮助的事情，而且她是知道的：她要求我做的事情没有一件是徒劳无报的。可是她毫无所求，而且我什么也没看到，没听到。对于她沉默之中的大声呼救，我的耳朵却无法听到。我保持着书信里所用的生活乐观之格调。请您不要说：我本不会知晓的。或许真是这样的。可是，我是必须得知道的。假如我被善良恩典的话，她的沉默之声定会已传至远方，已跨过我们之间的疆界……而倘若我来过这里的话？玛尔塔，您是否相信心理的感知力？或许我本该看出她脸上的痛苦，以及听到她声音里新添的一丝颤抖……可是，我该由此而知道些什么？识人之术是对陈述与征兆的阐释，又有谁知道它们是真实的，或是虚假的呢？而可以肯定的是：我们根据自己的准则，解释那些在他人身上正在发生的永远未知的事物。可是，善良就是恩典。您还记得他人的秘密想法是如何被阿西西的方济各教士知晓的吗？他不是猜到的。不是！别人的想法对其而言是显而易见的。他的知识超越了符号与阐释。他很棒。在这样的时刻，他是知己知彼的。可是，您仍然还秉承我们的旧信念：一朝成为现实的事物将永远成为可能；一个人完成了什么事，必须要求自己把它作为永远应履行的职责，除非我不想把自己排除在人类行列之外。

——然而您对自己说：善良就是恩典。人们怎么能要求恩典呢？就因为上帝没有在您身上创造奇迹而责备自己，您难道不是太自以为是了吗？

——玛尔塔，您误解我了。奇迹发生过，我无权抱怨这个或者要求另外的奇迹。我也不会这么做的。我言及自己所说过的话是一种评断，而不是抱怨。我只是说：我的定在已生就如此，而不是说，我也可能会说：可是我拒绝我的存在。这里涉及的是生活：一个人可以毫无生气地过活；人们甚至时常不得不这样活着，那么这样的活法可就是有意地、清醒地选择的。诚然，大多数人的生活也没有活力，而且根本没有察觉到这一点。他们的生活只是社交的，只是人际交往。您看：他们能够应付得了职责与其履行。甚至对他们来说，履行职责也是他们生活的唯一可能的提升。因为每个伦理规范都是纯属形式化的。职责是一种道德上的基本要求，一种形式，而一种形式越完善，它自身的活力就越多，它离任何直接关系的距离就越远。职责是一座分隔的桥梁；一座桥梁，我们在桥上走来走去，并且在内心总是抵达我们自己，与他人永不相遇。可是，这些人无论如何都不能走出自己，因为彼此之间的接触充其量是对符号的一种心理阐释，而职责的严苛赋予他们的生活一种——即使不是深刻与内在的——至少是牢固而安全的形式。有活力的生活位于形式的彼岸，而日常的生活却在此岸，并且善良受到青睐：能够用来打破那些形式。

——可这就是您的善良吗？（我有点担忧地问他，因为我担心他会从这种理论中引申出要求来，可是这种善良不只是一种道德上的基本要求吗？真的有这样的善良吗？在短暂停顿后我补充说）我不这么想。

——玛尔塔，您不相信（他淡淡地微笑着回答了我），而您看，您恰巧现在打破了形式。您立即看穿了我的卑怯。您已看到：我想让别人，让您相信我的认知是站不住脚的，我本来不敢自己下决心摈弃它的。

——假如情况真是这样的话……我向您发誓，只有您的紧张与疑虑才会使您上了当！然而，即使这是真的，这个真相将是反驳您的说法的最有力论据。假如我想让您放心的话，我就绝不会以此强化您的疑心，使您的自责变得更加困难吧？

——为什么善良要考虑后果呢？印度人说："我们的职责是做好工作，可不是为了谋求其成果。"无缘无故的善良是没有用的。因为结果在于机械力所支配的外部世界，与我们无关的外力，而我们行动的动机来自心理学的纯符号世界，来自心灵的外围。可是，善良是神圣的，它是属于心灵学的范畴。当善良出现在我们心中时，天堂就变成了现实，并且神性在我们心中被唤醒。您究竟相信吗——即使善良仍然能够起作用，那么我们还是人类吗？这个不纯净、无活力生活的世界还能存在吗？这可是我们的极限，我们做人的原则。您记得吗？我曾经总是说：我们之所以是人类，只因为我们能够创作文学作品，只因为我们能够在不幸的躁动与生活的浊流中建立起极乐岛屿。倘若艺术可以塑造生活，倘若善良能够变成行动，那么我们就是神仙了。基督说："你说我好是什么意思？没有人是好人，因为上帝只有一个。"您还记得陀思妥耶夫斯基作品里的索妮娅、梅什金侯爵与阿列克谢·卡拉马佐夫吗？您问过我，是否有好人:好人就在这里。而且您会看到,他们的善良也是徒劳的,令人困惑的,毫无结果的。令人费解与误解的是,善良从生活中突现出来,正如一件孤零零的大型艺术品一样。梅什金侯爵给谁提供了帮助?他所到之处不是都播下了悲剧的种子吗?而这真的不是他的意图吗?他自己生活的领域肯定超越了悲剧,这是纯伦理的领域,或者,假如他们愿意,可称之为纯宇宙的领域。然而,梅什金侯爵却从那个圈子里走了出来,正如克尔凯郭尔笔下做出牺牲的亚伯拉罕离开了悲剧冲突的与主人公的世界,牺牲品阿伽门农①的世界。梅什金侯爵与阿廖沙都是好人,这是什么意思呢?我不能不这么说,他们的认知变成了行动,他们的思想已经离开了仅仅是对认知的论述,他们对人类的观察已经成为一种知性的看法:他们是行动的诺斯替教派②。我不知道,我如何才能让您明白这一点,除了把理论上不可能的一切都称为他们的真实行为。这是一种人类对万物的透彻认识,一种客体与主体重合的认知:好人不再

---

① 阿伽门农(Agamemnon,意义为"坚定不移"),希腊迈锡尼国王阿特柔斯之子。特洛伊战争中,他成为希腊联合远征军统帅。战争胜利后,他的妻子克吕泰涅斯特拉对于阿伽门农在出征时因得罪狩猎女神阿耳忒弥斯而以长女伊菲革涅亚献祭之事怀恨在心,便与情人埃奎斯托斯一起谋害了他。——译者注

② 诺斯替教派(Gnostiker,亦译"灵智派""神知派"),是基督教异端派别。罗马帝国时期各地流行的神秘主义教派的统称。他们认为通过真知就可以了解宇宙,把人从物质世界中拯救出来,并且最高神的本质是心灵、生命与光,物质世界不是由至上神所造,而是由低于至上神的"巨匠造物主"所造。与物质世界相平行,存在一个真实的精神世界。——译者注

> 心灵与形式

解释他人的心灵，他若解读他人心灵就像了解自己的一样，那么他已然就变为他人了。这就是为什么善良是奇迹、恩典与救赎。天国降临到人间。假如您想要：真实的生活，有活力的生活（无论是自下而上还是自上而下都是一样的多）。善良是对伦理的背弃：善良不属于伦理的范畴，您在任何逻辑伦理体系中都找不到它。而且理由很充分。因为伦理是普遍的、有约束力的、与人保持距离的；伦理是人类从日常生活的混乱中第一个升华，也是最原始的升华；伦理是人类脱离自我、脱离自己经验主义的状态。可是，善良是对实际生活的回归，是人类对家园的真正发现。我不在乎您所称的生活是什么样的生活！重要的只是将两种生活严格区分开来。

——我想，我了解您的意思；或许比您对自己的了解还要好些。您已施展了自己的诡辩术，以便能够从您所缺乏的一切当中创造出一种积极的东西，创造出一个奇迹来。您自己也承认了：即使您的善良在此也无能为力……

他激动地打断我：不对！这个我没有说过。我只是说了，善良并不是给某人提供能够帮助的担保；与尽本分的提供而又从未兑现的帮助相比，这可是对于绝对的与敏锐的帮助意愿之保障。没有担保啊！我心里可是明白这一点：假如我拥有善良，假如我是一个人的话，我本可以救助她。您一定知道的：多少次了，一切都悬于一字之差上。

——这个我们今天知道了。

——可是,一个人本该当时就知晓的!

(我不敢再坚持我的拒绝态度,因为我看到,这里的每个矛盾点都在激怒着他。我们沉默了一会儿,然后我又开始说话。)

——因此,让我们撇开具体细节吧。现在对我来说,一般性问题也更为重要;而对您来说,一般性问题的毫无异议或许是个生活问题。

——玛尔塔,您说得对;可是矛盾在什么地方呢?

——我有点害怕残酷地指出矛盾之处。您很敏感——

——没有!请您直说吧!

——或许很难完全清楚地描述出矛盾的所在之处。实际上,我对您的观点持有更多道义上的反感。可是我知道——您总是说这是我的女人气质——我的感受在这里没有什么不同;我的道德观念也奋起反抗推理中的错误。可是,我的感觉告诉我:您的善良无非是一种极其巧妙的与精心设计的轻浮,是收获了未经战斗即可获得的狂喜礼物,或者——对您而言!——廉价地放弃生活。您知道我对神秘主义作为生活方式的厌恶——可是,埃克哈特也厌恶的。然而您知道,他是如何重新诠释"玛尔塔与玛利亚"的情况的,一个是实用—伦理的,而另一个是世俗—行事的。我揣测,您的善良具有两面性,某些东西"的地位在世界之上,然而在上帝之下,其周边的东西才是永恒的"。您的这种善良,它可能是一种恩惠;那么人们就必须把它当作一种责任并且将这种恩惠当作上帝的礼物来接受,人们必须接受一切您现在看来如此鄙夷的东西,而且以谦卑的献身精神来爱慕之,然后人们才能真正走出那个境界。在我看来,您想跳过这里最重要的阶段,在没有路径的情况下达到终极目标(假如它是终极目标并且是可以达到的话)。期待恩典是对一切的赦免,它是轻浮的化身。可是,您的轻浮甚至更巧妙一些,更能自我折磨一些。您是个轻浮的苦行僧。您将她能给予的欢乐赠予了他人,您编造出欢乐专属的一类人;可是您不快乐,被生活拒之门外,十分卑劣。您承受着永恒的诱惑,以便让那类人分享到永恒的阳光。然而,不管那本书的结语如何,是美化还是诅咒之评判,略过书页以便人们更快地到达结尾,将永远都是一种轻浮之举。

——您今天真的很有女人气质,也很执拗。您无论如何都想来拯救我,根本不考虑,我到底是否真的处于一定要被您拯救的境地。而且您对轻浮的指责是不确切的与不公平的。您死抓住我的表达方式,似乎您并不知道,人们在进行解释的时候必须将一切做抽象化处理,也就是说必须意识到它们,而且我始终或许做了不必要的夸张。是的,善良是一种恩典,善良是一个奇迹,然而不是因为我们以懒散、安于现状与轻浮的方式去期待它,而是因为它是一个美妙的、意想不到的、不可预测的,尽管如此也是一种必要的解决方案,用来解决一个极端矛盾的悖论。上帝对我们提出了绝对的与无法实现的要求:破除人际交往的形式。我们对这种不可能性的认识同样是绝对的与不可动摇的，然而他被赐予善良的恩典，他在善良之中，他对"尽管如此"的信念同样是绝对的与不可动摇的。善良是一种痴迷，它不温文尔雅、不沉静，也并非精心策划，它是狂野的、残酷的、盲目的与离奇的。好人的心灵已经变得没有任何心理上的内容，没有原因与后果，它变成了一张纯粹的白纸，命运在上面书写着荒谬的命令，而且这种命令将被盲目、鲁莽与残忍地执行到底。这种不可能性变成了行动，这种盲目性变成了目光犀利，这种残酷变成了善良——这就是奇迹，这就是恩典。

——那您呢？那您的——过失呢？

——玛尔塔，您看，假如您想谈及轻浮的话（而您的直觉在这方面真的很准确），那么您本应在她在世的时候指责我过去轻浮。您看，那时我跨越了阶段并且混淆了类别。我曾想对她好的。可是，一个人不被允许（您是对的）想要当好人，而最重要的是不被允许对某个人保持良好关系。人们必须要拯救某个人，然后他才是个好人。一个人要得救，行事却恶劣、残酷、暴虐，并且每个行为都可能是个罪过。可是，罪过本身也并不是善良的对立面；即使是这样的话，它只是伴音中出现的不可避免的不和谐音。体谅，对自己与他人的思考，前因、细节、克制、顾虑——您在这里看到了我以及看到了这里的一切，不近人情的、死气沉沉的、被上帝抛弃的与真正有罪的一切。我曾想要过一种纯净的生活，在这种生活中，所有的事情都只用小心翼翼与谨小慎微地保持纯净的双手来处理！可是，这种生活方式是将一种错误的类别运用在生活上了。脱离生活的作品必定是纯净的，可是生活永远不能变得纯净，也不能保持纯净。日常生活与纯净无缘，纯净在生活中不过是对无能为力的一种否定，不是摆脱混乱的途径，更确切地说只是添乱而已。而伟大的生活，善良的生活不再需要这样的纯净；它具有另一种纯度，更高级的纯度。生活中的纯净仅仅是个装饰品，永远不可能成为行动的有效力量。我没看到这一点，那是我的轻浮。可是，人们本来就不能像我那样去想要纯净，因为这样的话纯净就将变成绝对的否定，并且失去了其宏伟而令人敬畏的"尽管如此"：在罪过、欺骗与残酷之中保持纯净。这就是她永远无法向我倾诉的原因。她必定把我看作是轻浮、玩世不恭与不认真的人；甚至她对我说话时的语气也从来都不是真实的，语气已经适应了我的不诚挚的态度。她是一个女人——而我一度或许是她的一线希望。我是想要她得救的，可是我并没有痴迷于这种想法：我应该保持纯净，我想她必须保持纯净，或许我让她得救的全部意愿只是我想要自己达到善良与纯净的迂回之路。我跳过了可直达目标的路径，而目标对我而言只是一条通往另一条路的途径，借助后者我似乎可以达到目标。可是，现在我已经全明白了：这个毫无意义的、荒谬的、非悲剧性—灾难的结局对我来说是个神意的判决。我要离开生活而去了。因为正如在艺术哲学里唯有天才允许出人头地，所以在生活中，只有得到善良恩典的人才能在生活中发挥作用。

我吃惊地跳了起来。他说话虽然很平静,语气有如他在阐释一种新论点,但是其中的含义却使我感到害怕。我走向他,抓住他的手说:

——您到底想要干什么?您打算做什么?

他笑了。——玛尔塔,您别担心!自杀是生活的一个范畴,我可是已经死去很久了。我现在明白了这一点,比以前所知道的更加清晰。当我想到您会来的时候,我本希望与您谈有关她的事,并曾感到担忧。担忧与(您看,我是如此含糊不清与傻里傻气)设想我会说不出话来并且会哭泣起来。可是,现在我们谈论的却是善良;我们本可以好好继续谈论寓意的。您活得好好的,您一定知道的:我们这个谈话不是过于残酷了吗?您会否认这一点,因为您是个好人……毕竟,这只是我的谈话,可是,您很友善并对此做出了回应。

——您哭得很厉害,现在也哭了。这是您的哭泣。

——您自己知道,您与我会说同样的话:这是我的哭泣。我模糊并且混淆了形式:我的"生活形式"不是生活的形式,这一点直到现在我才弄清楚。这就是为什么她的死是对我的一种神意判决。她一定得死,这样我的任务就完成了,这样除了我的任务,对我而言世界上已一无所有了。

——不对!不是的!

——您又想把事情极度简单化了。请您想想我前面提到的三个因果关系:一切都有其起因与动机,可是也有其含义并且神的判决只能在这种含义上。让我们不要理会外部原因与心理动机,我的问题与这一切毫无关联。您知道关于建造寺庙的古老传说,白天造好的部分夜晚即被魔鬼摧毁,直到人们下决心让在工地干活的一个人牺牲他的妻子,这个女人将在某天头一个来到他们那里。那是领班的妻子。谁能探究出她第一个来到的原因?有不计其数的外部原因与心理动机,然而,只要人们从物质世界或精神世界的角度来看这件事,这肯定是一件残酷的、毫无意义的偶然事件,就必然正好是她。请您也想想耶弗他的女儿[①]!尽管如此,整个事情具有一种含义,不是针对领班而言,不是针对耶弗他而言,而是针对他们的工程。这个工程超出了生活范畴,可它却从中爆棚出圈了,它产生于人类的行为,可是它没有人性,的确是反人性的。将工程与孕育的新生命连接在一起的黏合剂,又使新生命永远分离:他是人类的血液制造出来的。基督说:"假如有人到我这里来,而不恨自己的父亲、母亲、妻子、儿女、兄弟、姐妹,甚至自己的生命,他就不能做我的门徒。"现在,我完全没有考虑到艺术家悲剧的心理方面,这种情况对我而言无非是个事实:一个不人道的事实,假如您愿意这样说的话,

---

[①] "耶弗他的女儿"是一段出自《圣经》的故事:耶弗他是《旧约圣经》"士师记"中的人物,曾担任6年的士师。耶弗他出征之前曾向耶和华许了愿,在胜利归来时将最先从家里出来迎接他的人献祭给神。在耶和华的庇佑下,耶弗他打了胜仗,他也遵守诺言献上自己的独生女儿。女儿也决意为父亲与祖国而献身。——译者注

可是人性不再是这里的话题。我再也无法忍受日常生活的这种含糊不清与不诚实的态度，它一下子想要所有的东西，也能一次得到所有的东西，因为它不想要任何真实的东西，也不是真的想要任何东西。所有明晰的事情都是非人性的，因为所谓的人性是由界限与领域的不断模糊及混乱组成的。现实生活是无形式的，因为它位于形式的彼岸，可是在这种生活中，因为任何形式都无法变得清晰与纯净。然而，只有当它被强行摆脱这种混乱并且切断与地球相关联的一切之时，所有明晰的事情才能形成。真正的伦理也（请您只要想想康德！）是反人性的：它想在人身上贯彻他的伦理学……因为对我来说过去生活中的一切——就是真正的伦理——这就是为什么她的死亡以及因我的无能相助造成她死去都是神灵的判决。您可不要以为是我鄙视了生命。可是，现实生活也是一种任务，而加在我头上的却是另一种任务。

——这又是一种回避，又是一条太过笔直的路径！您想成为僧侣，可是宗教改革却不能被当作从未发生过的事情。您这样讲，不是又成了您的纯净理想了吗？面对一切残暴的、不清晰的与肮脏的东西，您想把您神经质的触觉过敏同与人的共同生活统一起来，并且因为您把这种尝试看作是失败的，所以您想抛弃整个生活。可是这种了结难道不是太过轻易了吗？您的禁欲主义不就是要解脱吗？您想以人的血液为基础来拯救您的任务吗——难道它不会变得更加贫血与站不住脚吗？

> 心灵与形式

——玛尔塔，对您来说，您没有才华是件幸事；假如不是这样的话，我一定得总是为您担惊受怕的。一个女人永远无法以全部感官来理解，生活只不过是词汇而已，生活只有通过模糊的思想才能获得统一的现实。生命有如此之多，正像先验地决定了我们活动的多种可能性。对您来说，生活干脆就是生活，并且（请原谅！）您无法相信真正伟大的事情，或许到了最后，或许只有经历了巨大的苦难，然而不是生活的顶峰，然而不是真正的喜悦与欢乐。一个女人从未超越过喜悦与痛苦的世界，只要她没有残废，只要她没有在生活的入口即已止步。体现了生活、含义与目标的统一，这是无与伦比、浓烈而美好的事。然而，前提是生活本身即是生活的含义与目标。可是，您在此能够找到任务的一席之地在何处吗？全部有才华的女人都不得不在悲剧或轻浮中找到自己的结局，难道不是很奇怪吗？她们无法搞定任务与生活的统一，因此不得不使二者之一沦为轻浮，或者自己走向崩溃。认真的女人，不把其他一切排除在外的女人，注定要死亡。甚至卡塔琳娜·冯·锡耶纳①也不是清醒而自觉的苦行者，而是基督的新娘。东方妇女不得上天堂，这并非是毫无意义的；这是不公正的，甚至是完全错误的，可是事实确实如此：她们永远不会攻克精神上的贫乏。

---

① 卡塔琳娜·冯·锡耶纳（Katerina von Siena, 1347—1380），意大利人，14世纪天主教女圣人，天主教圣师。她是道明会第三修会会士，经院哲学的哲学家与神学家。1970年，教皇保罗六世封她为教会圣师。——译者注

论精神上的贫乏

——精神上的贫乏？

——请您不要对用词怀有偏见。它说的是非常简单的东西，这是对它最简单的表达。一个平常的、不甚明白的人永远不会有精神上的贫乏：他的生活在他内心与自己的面前总是拥有无限的可能性。假如在一个领域里行不通，或者他在其中失败了，那么他就会既不哀伤又不惆怅地踱步走入另一个领域。精神上的贫乏只是一个先决条件，只是真实生活方式的初始阶段。耶稣在山上布道时承诺了幸福，可对费希特[①]来说，生命本身就是：幸福的生活。精神上的贫乏是：将自我从本身心理局限中解脱出来，从而使自己屈从于形而上学与心灵学的、更深层次的自我必然性。放弃自我以便由此来完成这项任务，从我的角度来看，这份任务只是偶然地属于我，可是由此我自己却变得必要了。我们只是一捆愿望与恐惧、愉悦与悲伤的不明之物，它在自身实体丧失的每个瞬间即走向毁灭。可是，倘若我们想要这种毁灭呢？那么，难道我们不能彻底扬弃我们实体丧失的状况吗？并且永远不要再让实体丧失被一种同样注定要腐烂的重要性所取代吗？我们生活的含义总是被其动机所掩盖，其目的论被因果关系所掩盖，我们的命运被我们各自的命运所掩盖。我们寻求含义，寻求救赎。老子说："善者果而已（善于把握结果者会适可而止）"。可是，日常

[①] 约翰·戈特利布·费希特（Johann Gottlieb Fichte），详见《论浪漫主义的人生哲学》一文的译者注。——译者注

的经验主义生活永远不会给我们带来真正的诱惑。人们谈到自己的不和谐时，往往会高估了它。不和谐只存在于音调系统中，也就是只能存在于业已统一的世界中。干扰、抑制甚至混乱根本与不和谐无关。不和谐是明确而毫不含糊的，它是本质的对立面与补充；不和谐就是诱惑。这就是我们所有人一直在寻找的东西，我们真正的诱惑，它动摇我们真实的本质，而不仅仅在外围制造些混乱。救赎（我也可以称其为形式生成）是一个巨大的悖论：在人身上实现诱惑与被诱惑的统一、命运与心灵的统一、魔鬼与人身上的神性的统一。您知道在艺术哲学中，每一种形式都是在它的可能性中发现了富有成果、唤醒生命的悖论的时候出现的，在严酷的界限结出硕果并且分离变成宝藏的时候。精神上的贫乏令心灵同质化，任何不能成为命运的东西，就它而言甚至永远都不会发生什么事情，只有最狂野的诱惑才会构成刺激。

——那么任务呢？您的任务呢？我担心：您想再次谈论善良，再次只是为了赞美陌生的完美？

——不是的，我只是在纯形式上谈谈，只是谈论一下生活变迁的先决条件，因此也谈谈关于善良，然而不仅是善良。我说的是关于一种非常普遍的伦理，关于一种涵盖一切事物的伦理，不仅限于日常生活的人际交往行为。因为我们的每项活动都是一种行为，所以每项活动都具有相同的、纯形式的先决条件，相同的伦理规范。可是，这种伦理却因此始终是消极的、禁忌的、毫无意义的；假如伦理中有一条措辞非常清晰的戒律,那么它得这样来写:别做你不必要做的事情。它是消极的,因此总是有准备阶段与中间步骤;它是完成任务、实现美德与达到正面效果的先决条件与途径。我进一步说:美德就是痴迷。我们不拥有美德,我们也不是美德,而是美德拥有我们。精神上的贫乏意味着:我们为自己的美德做好准备。我们必须这样来生活:我们的生活是毫无价值的、毫无意义的,并且我们得时刻准备着把生命献给死神,是的,我们每个瞬间只是期待着得到抛弃生命的许可。然而,我们必须生活,努力地、全身心不遗余力地生活。因为我们只不过是个皮囊,可它是展示精神的唯一皮囊。酒只能在我们的体内倾泻出它的启示,只有在我们体内并通过我们才能成就真正的启示,成就圣餐变体。因此我们无权逃脱。并且皮囊必须是纯净的,可是这种纯净不是我先前所说的纯净,它是心灵的统一性与同质性。爱德蒙·德·贡考特①即将失明之前,写道:"我或许有可能写一本书,或者更确切地说是一系列的笔记,全是唯心主义的,全是哲理的,写在思想的阴影里。"当他这样想的时候,他的精神是贫乏的,而他的美学包含着痴迷的美德。我们必须变得先知先觉;我们所有的感知能力与反应能力必须宿命地、不由自主地集中在任务所在的类别上。到那时,缺乏活动导致的心灵匮乏才会激

---

① 爱德蒙·德·贡考特(Edmond de Goncourt, 1822—1896),法国作家。他与弟弟茹尔·德·贡考特(Jules Alfred Huot de Goncourt, 1830—1870)共同创作,献身于艺术与文学。——译者注

心灵与形式

发出富有成果并令人生畏的痴迷热情去实现急需完成的任务。精神上的贫乏是先决条件，是消极的方式，是摆脱生活的无尽困境，摆脱千差万别，又无本质差异的穷困之出路。新的丰富内涵在这里开花结果，出自统一的丰富内涵。普罗提诺①说："每一个部分都来自整体，而部分与整体却总是融合在一起的。既无多样性，又无差异可言，一切都是不懈怠的，无穷尽的。观察在感知中扩大了自己的眼界。"只要我们困惑于日常生活中，我们就只不过是上帝徒劳的讽刺漫画；我们很难支离破碎地重复他的全面创世中宏伟的片段。在这个源于贫困与痴迷的任务中，未竟事业被四舍五入成了一个圆环，多样性提炼成为音阶上的音调，而脱离了原子的剧烈运动形成了行星及其运行轨道。这里的共同点是通往任务的途径，即美德之伦理；可是，每个任务都与任何其他事情截然不同。我不知道，这条道路本身是否就是上帝所愿之路以及它是否通向上帝；我只知道，这是我们唯一的途径，没有它，我们就迷失在沼泽之中。善良只是众多途径中的一种。可是，善良肯定会通向上帝。因为对于善良来说，一切都会变为通途，而在善良之中，我们的全部生活却失去了曾经仅仅活跃于生活中的东西；在善良之中，任务中的反人性成分变成了人性的最高境界，

---

① 普罗提诺（Plotinus，一译为柏罗丁，204—270），埃及人，哲学家。普罗提诺的哲学体系博大精深，内容丰富。他认为，"一"作为一切存在的产生者，本身不是存在，也不是一切。正因为"一"空无一物，所以万物由它产生。——译者注

对直接性的轻视变成了与本质的真正接触。

——假如我理解的正确的话,您想要在形而上学基础上重建种姓制度。因此,在您的眼中只有一种罪过:种姓的混杂。

——您十分绝妙并准确地理解了我的话。我不知道,我是否已经足够清晰地表达了,而且担心会把自己与愚蠢的现代个人主义对自己的责任混为一谈。我现在没有资格确定种姓的数量、它的种类与每个种姓的责任,我看得出,您与我一样知道并确信,这些种姓只有一个特定的数目。您现在理解自己为美德尽责的重要性了吧?通过美德,这一生活中的虚假富有与虚构的物质得以抑制,它们在我们身上被救赎为形式。精神的本质渴望迫使其将人们划分成种姓,以便从这个杂乱无章的世界里创造出许多清晰的形式世界。形式产生于对物质的渴望,并且物质似乎将通过这种唯一可能的实现方式来提升自己。然而,只有形式生成的途径,形式生成的规律与形式生成者的责任是不相同的:它们中的每一个只是个比喻,一个精神活动过程的镜像。正如它们的形式前提是一样的,因此它们存在的事实具有相同的含义:将物质从不真实当中救赎到真实世界,而且救赎仅可能发生一次。形式彼此不相同,它们的本质即是彼此之间最严格的区分,可是它们的相同点是,它们的存在是统一的,是统一体。对于品德高尚的人而言,他们已经履行了自己的责任(并且,您知道:只有自己的责任,并且根据这些责任,我们将人类划分为许多种姓);品德高尚的人已经抵达上帝，他们就不必再分种姓了。在此，所有疑虑都必须保持沉默：救赎只有一次而已。

我们沉默了一阵子。然后我问他，非常平静地，只是为了结束这场谈话：那他们的责任呢？

——这您知道的：假如我想活下去的话，那将触犯了我的种姓。我曾经爱她，曾经想帮助她，这就已构成触犯了。善良是比我更高之种姓所具有的责任与美德。

之后不久，我们道别并商定他在几天内来拜访我。两天后，他开枪自杀了。如您所知，他把全部财产留给了我妹妹的孩子。打开的《圣经》摆放在他的书桌上，启示录中加重点的文字显示着："我知道你的行为，你既不冷也不暖；我巴不得你或冷或热。因为你既不温也不热，所以我要把你从我的口中吐出去。"

1912 年

（最先刊载于《新刊物》1912 年 5/6 卷，第 67—92 页）

威廉·狄尔泰[*]

假如将狄尔泰的去世看作是无法弥补的损失，那就言过其实了。少数相信哲学复兴的人已经很久没有用充满期待的眼光看待狄尔泰了，甚至在他已经发表的作品中，也几乎看不到任何关于伟大事业即将开启的预兆。他的逝世对于文化爱好者蒙受的损失比哲学要大得多。随着狄尔泰的逝去，一个在作品中、在思想与感情上仍然坚持德国伟大而崇高旧传统的人走了。他与格林兄弟、罗德①等都属于同一类人，对他们来说，文化意味着生动与丰富的体验，在他们无所不包的宝库中，科学与哲学、诗歌与艺术及其

---

* 威廉·狄尔泰（Wilhelm Dilthey，1833—1911），德国哲学家。人生哲学的奠基人。曾先后在巴塞尔大学、基尔大学、布雷斯劳大学与柏林大学任哲学教授。他是格奥尔格·卢卡奇的导师。——译者注

① 埃尔温·罗德（Erwin Rhode），德国重要的古典语言学家。详见《关于随笔的形式与本质》一文的译者注。——译者注

充满新鲜与活力的心理学并存，而不是作为书本上的知识或标本室里的植物。从这个意义上说，狄尔泰在自己年轻时论述过施莱尔马赫①的早期作品，后来，在去世前不久，他论述了黑格尔的青年时期，其间还写作了一系列精美而内容丰富的随笔，论述歌德与诺瓦利斯以及个人与历史的问题，所有作品都是精彩的人物写照与丰富的发展史之断面。

他的一生虽然创作了那么多完美的作品，然而却是悲剧性的。这不仅是因为所有这些作品都属于零敲碎打之列（实际上，狄尔泰写就了《人文学科导论》的头三卷，施莱尔马赫与黑格尔的传记以及导论的前言：人文学科导论），而且因为这种精细、这种幽雅来自听天由命以及与生命崩溃的内心和解。《人文学科导论》本应是康德要做的事，其原题为《历史理性之批判》。狄尔泰是最早看清《自然科学世界观》的哲学空虚与无底本质的人之一，也是看清《基于社会学的规律》的人之一。自然，这赋予了他领导与他们进行决定性斗争的任务，然后去建立一个新的世界，一个人文科学的世界。可在这种完全负面的批评中，狄尔泰只是走在了他的时代的前面。他还遭受到该时代的第二个同样致命的偏见，即相信心理学是一门可以解决语言学问

---

① 弗里德里希·丹尼尔·恩斯特·施莱尔马赫（Friedrich Daniel Ernst Schleiermacher，1768—1834），德国基督教神学家、古典语言学家、哲学家、宗教政治家兼教育家。他曾在多个领域起过重要作用，并且以现代诠释学的奠基人著称。他将柏拉图的著作译成了德语。——译者注

题的通用科学。此外，除了哈特曼①与尼采之外，同时代的人普遍对形而上学存有恐惧心理，他亦不例外。批评他的人甚或要求他克服一切障碍去创造一种新的形而上学。在某些历史观的看法上，他也相当接近柏格森②的非理性主义，而且也在一个对他更加有利的领域里，即历史领域里。但是，狄尔泰总是缺乏勇气来得出自己思想的全部结论。相反，在他的一生中，他把心理学术语"体验"当作一个核心范畴来看——对随笔家来说，它是个含糊的、不可靠的概念。当我们在他的墓前悼念这位文笔优美的德国最后的随笔家的时候，我们已经在他的有生之年哀叹了一位哲学家的陨落，一位杰出的人物被毁掉了，因为他生不逢时，而且又无法从中解脱出来。

---

① 爱德华·冯·哈特曼（Eduard von Hartmann，1842—1906），德国哲学家，他被称为"无意识的哲学家"。在他的作品《无意识哲学》（*Philosophie des Unbewußten*）中，冯·哈特曼试图通过强调无意识的核心作用将两种不同的思维方式（理性主义与非理性主义）结合起来。他的体系是黑格尔和叔本华的一种综合——它接受谢林哲学的无意识概念、莱布尼茨个性—（单子）学说和现代自然科学实在论塑造而成。主要著作是：《无意识哲学》（1869），《关于生理学和种源论观点的无意识》（1872），《美学》（两卷，1887），《认识论的基本难题》（1889），《范畴论》（1896），《形而上学史》（两卷，1900），《哲学体系概要》（8卷，1906—1909）等。——译者注

② 亨利-路易·柏格森（Henri-Louis Bergson，1859—1941），法国哲学家兼作家。1927年，他获得了诺贝尔文学奖。尼采、狄尔泰与他并称为人生哲学的最重要的代表人物。他认为，人脑仅仅作为一种自动器官的思维起作用，而智力只能理解无机自然的固定不变者、死者，但却不是就其本质是创造性的积极性并在概念上不可理解的人生。有灵魂的个人是一种变化的、在理性上不能坚持的、无法分开的多样性，人生只有通过自己的经历、通过直觉才是可理解的。他后来导向非理性主义和生存哲学。——译者注

利奥波德·齐格勒[*]

在我们这里的某些哲学圈内（我所说的哲学圈指的并非世界各地的），人们认为对过去的无知即是独创，并且忽视问题的存在即是有活力，通常用贬损的口气来谈论德国哲学。人们指责德国哲学只知模仿而毫无新意，指责它疑惑的洞察力没有集中在现实的问题上。此系实情，现今的德国哲学正处于一个十分困难的境地。它所面临的时代已失去对生动文化的感受，仅对科学的纯粹实际问题感兴趣，正因为如此，它是肤浅的、无政府主义的与撕裂的。这也是失去与德国精神生活任何联系的伟大时代（自然，我指的是埃克哈特[①]、伯麦[②]或

---

[*] 利奥波德·齐格勒（Leopold Ziegler，1881—1958），德国哲学家。利奥波德·齐格勒的最出名的著作是1920年出版的《诸神的变形》（*Gestaltwandel der Götter*）。——译者注

[①] 迈斯纳·埃克哈特，一译为梅斯特·埃克哈特（Meister Eckhart，也称 Eckehardt 与 Eckhart von Hochheim，约1260—1328），中世纪晚期有影响的图林根神学家兼哲学家。——译者注

[②] 雅克布·伯麦（Jakob Böhme，1575—1624），德国神秘主义者、哲学家兼基督教神学家。黑格尔称他为德国第一位哲学家。——译者注

者康德与黑格尔的时代），因此变得内容空洞、毫无形式并且缺失特色。可是，哲学不能满足于充当时代的生动良知，不能为时代指出从现在通往未来的路径，并面对眼前的文化缺失而保留一种业已实现的文化作为遵循的榜样。不行，这是不够的，主要原因是内在的，认识论与形而上学之间的桥梁不够牢固，无法涵盖整个世界，即此种哲学的最高文化价值。因此，对抗现今的斗争同时意味着对伟大的过去之评判，对过去悲剧的审视。为了理解这种悲剧只能从过去的目的与效果入手，当时用来实现这一目的之手段对我们来说已经不再适用了。正因为如此，现今德国哲学界占主导地位的是认识论与哲学史。两方面都既反对过去又对抗当前，并且指出现今"自然科学世界观"的认识论基础肤浅，及其后门走私进来的形而上学既虚假又空洞。两门学科同时要为一种综合的、创造性文化的伟大新哲学奠定基础，而不是作为伟大的过去之相称的继承，他们采取的做法是突出强调认识论的问题并且拒绝伪问题，如同对待无法解决的问题那样。

利奥波德·齐格勒是爱德华·哈特曼的门生，在其职业生涯之初沿袭导师的哲学思想。在迄今最重要的著作中，他对理性主义的关键问题——知性观点进行了尖锐的批评。他描述的是理性主义的悲剧。我之所以称之为悲剧，是因为在每位伟大人物的人格身上我们既能感受到他的伟业又能感受到他的局限性。我们感觉到理性主义的价值比现今的精神涣散状态要高得多，尽管如此它必然会消亡。在新近出版的一本书中，齐格勒则更进了一步，对哈特曼归纳的形而上学做了毁灭性的尖锐批评，即再次做了历史性批评，然而又是具有现实意义的批评。因为哈特曼的大问题——可以说是他的悲剧性失误——在于对现代科学之成果所做的妥协上，尤其突出的是自然科学与心理学方面，在于利用它们作为解释世界与通往世界之路的基础尝试上。齐格勒的作品在此也揭示了他们的绝望，并展示了通向未来的唯一途径：对纯哲学的真正问题的清晰认识以及它们与"科学"问题的明确划分，总而言之，是一种大胆的、经验的与透彻的哲学。

这里发表的关于康德的章节选自齐格勒所著的有关理性主义的书。他的伟大功绩在于，康德在此介入了自柏拉图至黑格尔的理性主义的发展，并明确而尖锐地打破了——我们仍在一直传播着的——错误观念，即康德想要在此创造某种心理经验主义，并且要终结任何的形而上学。为了完整起见，还必须强调的是，在齐格勒关于哈特曼的书中，先验——首先是其认识论方面，它与认识论主体的关系——的表述有些不同，这对在此讨论的问题不会有决定性的影响。

本文是卢卡奇为利奥波德·齐格勒的《西方理性主义与厄洛斯》（耶拿，1905年出版）中的一章匈牙利语译本写的简介。——译者注利奥波德·齐格勒主要著作有：《论悲剧的形而上学》（*Zur Metaphysik des Tragischen*），1922年，迪尔出版社出版；《文化的本质》（*Das Wesen der Kultur*），1904年，迪德里希斯出版社出版；《西方理性主义与厄洛斯》（*Der abendländische Rationalismus und der Eros*），1905年，迪德里希斯出版社出版；《哈特曼世界观》（*Das Weltbild Hartmanns*），1910年，埃克哈特出版社出版。——原书注

犹太神秘主义

《巴尔舍姆①的传说》与《学者纳希曼②的故事》③ 两本书所做的主要贡献在于彻底消除了看似在理的成见：在近代，犹太教的形而上学之源已经枯竭，它只能产生"极其聪明的"、机智的思想家，却不能造就出具有洪荒之力创造性的天才人物。哈西德教派运动是一种原始的伟大神秘主义运动，是自德国宗教改革以来唯一真正伟大的运动，与之前的这类运动完全可以相提并论。该运动拥有第一位伟大的代表人物巴尔舍姆与最后一位重要人物纳希曼。在这种背景下，最引人注目的事情是，任何神秘主义——尽管

---

① 巴尔舍姆（Rabbi Israel ben Elieser "רועילא ןב לארשי"，1760 年生），犹太教哈西德教派创始者，被称为巴尔舍姆（意为"佳名拥有者"）。——译者注

② 学者纳希曼（Rabbi Nachman，1772—1810），犹太教哈西德教派的拉比（学者或教师，亦指被委任的犹太教宗教领袖）。——译者注

③ 《巴尔舍姆的传说》与《学者纳希曼的故事》，这两本马丁·布伯翻译的书由吕腾与勒宁出版社出版。

内心深处的虔诚——却很少与宗教有什么联系。巴尔舍姆对《旧约》的解释同样是自由的，就像埃克哈特对《新约》的解释一样，他只是将其用作其象征的主体。在这一背景下，一个尤其有意思的因素是旧犹太教发展最薄弱的领域，来世及死后的生命跃居到中心地位。

经常被广泛讨论的心灵迁移理论是否是一个真正独立的精神产品，还是印度的影响是否以及在多大程度上决定了这一点，我们掌握的信息仍然太少了。正如我们稍后将回答这些问题一样，值得注意的是下述事实，正是这种强烈个人化的、几乎非科学的，因此无法证实的思维——神秘主义——才是最为一致的。众所周知，在关于事情的本质上吠陀①、普罗提诺②、埃克哈特与伯麦的说法是一致的，现在巴尔舍姆与他的弟子那里找到的说法与所有过去的神秘主义者惊奇地相吻合。为此，许多引人注目的新的与原有之老问题的变体说明了这样一个事实，这里既不涉及"接纳"又谈不上"效应"（至少在本质上是这样），例如对巴尔舍姆转世的伦理解释。此外，在这里可以发现神秘主义一致性的另一个有趣的证据。就像在任何地方一样，不是事关有天赋的人，而是有关一种神秘的"运动"，这里

---

① 吠陀（梵语：वेद，罗马化：Veda）意为"知识""启示"。这部印度婆罗门教的早期文献用古梵文写成，是印度宗教、哲学及文学之基础。——译者注

② 普罗提诺（Plotinus），埃及人，哲学家。详见《论精神上的贫乏》一文的译者注，第314页。

也像任何时候一样,是第一人与创始人,经典大家与"大师",紧随其后的是颓废派与巴洛克风格。纳希曼与巴尔舍姆之间的关系在许多方面同苏索①与埃克哈特之间的关系相类似。转承与否在此无法得到证实,有些地方至少在风格上给人留下均呈现着显著的现代化印象。

---

① 海因里希·苏索(Heinrich Suso 或 Heinrich Sense),德国神秘主义者。详见《形式面对生活的破碎》一文的译者注。——译者注

学校里的艺术教育

在这个问题上,教育家与艺术家一定会达成更多的共识。自从与艺术失去生动联系的感觉开始蔓延以来,人们的呼声就越来越高,要求学校方面取代生活与社会条件从我们身上夺走的东西。自然,教育家接受了这一挑战,倘若否认有些东西是不能教授的,那会成为他们的生存问题。与他们不同的是,每一位艺术家,以及每一位重视艺术与艺术文化的人,都应当强烈反对任何代理行为。艺术家以及艺术爱好者应采取这样的立场,我们应该什么也不讲授,主张宁可什么也不教,什么也不学,什么都不知道,也比使我们造成下述错觉为好:我们本是通过出于某种好心安排的,但效果不佳的课程表或课外计划教授儿童来认识艺术。

厄登·马尔菲[①]说得很正确,儿童具有与生俱来的、直

---

① 厄登·马尔菲(Ödön Márffy,1878—1959),匈牙利建筑家、画家、版画家。——译者注

觉的美感。可是，他的说法还应该做个补充，几乎没有成年人与艺术真有关系。我想，在儿童与艺术拉开距离方面，学校负有相当大部分的责任，我并没有设想将所有过错都推给学校。从什么当中能够看出孩子们对艺术的接受能力呢？（为简洁起见，我想在这里只谈文学。）我认为，儿童与童话的关系比大多数成年人对他们最喜欢的小说或诗歌的关系更纯净、更深刻、更具艺术性，儿童对最终的形式问题（尽管是潜意识的）有着更强烈的预感。最重要的是，儿童并未对童话故事提出主要的客观兴趣，而是他们更期望重复地讲述故事，即使之后，之后甚至尤其强烈地期望，倘若一个童话故事已经熟记在心了。假如讲故事的人说错了什么，儿童能够纠正他。儿童也是童话最好的批评家。我们的伟大女诗人之一就经常给她的儿子讲述精彩的童话故事。可是，男孩对其中一个童话故事却不喜欢，尽管它是一个充满冒险的美妙而富有想象力的故事。男孩说，我不喜欢它，故事没有结尾。该童话故事是以一个象征作结尾的，它用动人的、强烈的图像表达了一种永恒的、伟大的渴望。具有"文学"修养的读者会被思想的深度与表达的力度所感动。然而，孩子看得更深刻一些，自然他不是有意识地对此做出反应的，但是却领悟了童话形式的决定性特征：童话必须有一个明确的结局，甚至应有个好的结局。

在成年人或从事文学专业的人中，谁对小说或戏剧有如此真正与深刻的理解呢？让我们说句实话吧：今天没有

学校里的艺术教育

人拥有这种感受特殊消遣的能力，它是由各个种类的特殊表达方式在我们身上引发的愉悦。对于那些认为文学是一件"严肃"事情的人来说，他们将其（充其量）看作是一座深刻的格言与思想的档案馆。在这种意义上，现代的与植根于传统的东西没有任何区别。有些人从文学家的作品中读出"社会"思想来，其他人读到的是爱国内容；没有人关心其中的诗意。

为了使学校的文学课程设置得有意义，人们必须摒弃当今如此流行的"深度"崇拜，并且放弃要求让小学生学会欣赏最完美（复杂而完美）的艺术作品。这样的课程剥夺了儿童的直觉与天真的艺术感，虽然否定了它，但是并没有提供任何与之相关的东西，带来的只有文学与读者之间的枯燥、肤浅、纯智力的关系。一个8岁的孩子喜欢童话故事，一个14岁的孩子爱读库柏①或约凯②的书，他们仍然具有生动的艺术感；一个16岁的孩子消化了《久莱》（*Gyulai*）与《佩特菲》（*Péterfy*）里的凯梅尼③之崇拜与约凯（对唯心主义）的蔑视，与生俱来的艺术感就所剩无几了。

---

① 詹姆斯·费尼莫尔·库柏（James Fenimore Cooper, 1789—1851），美国作家。他被称为"美国小说的鼻祖"，其小说题材广泛，情节曲折，对自然景物与海上生活的描写很出色，其代表作有《皮护腿故事集》等。——译者注

② 莫尔·约凯（Mór Jókai, 1825—1904），匈牙利著名作家兼记者。他是匈牙利科学院院士。他蔑视唯心主义流派。他一生共写作了142部小说，《佩特菲》（*Péterfy*）为其中之一。他还创办过多份报纸。——译者注

③ 茨格蒙德·凯梅尼（Zsigmond Kemény, 1814—1875），匈牙利作家兼任地方报纸主编。小说《久莱》（*Gyulai*）是他1847年的作品。——译者注

◎ 心灵与形式

这件事的后果是什么呢？我觉得自己没有足够的能力提供具体的事实；我只想明确指出以下几点：儿童在上学之前与文学的关系比他们毕业离校时更密切一些。不过，在充分意识到我在教学经验缺失的情况下，我仍然想就这个计划总结出两点意见，倘若计划付诸实施，可能会令学校在这方面不会受到伤害，反而可能对学校有所裨益：1. 对教师与教授进行艺术教育，使他们真正看到文学中的文学，而不是得到哲学、文献学与浏览书目的机会。（最近发表在《民间文化》上的演讲中，没有一条评论是涉及绘画作品的。）2. 学生与生俱来的艺术认知的有机继续发展。所有的观察都表明，学生对史诗类的接受能力最强。懂得一些艺术的教师必须努力进一步发展这种理解力。对此相宜的途径是精心选择阅读经典（真正好的史诗！）并提高学生自己的叙事天赋。让学生在学校里阅读戏剧是荒谬至极的。戏剧体裁所需的前提是非常高度发达的、成熟的伦理文化，试图让学生理解一部戏剧作品不外乎只能使他们与之疏远。方法论必须以阅读兴致的发展为基础。在学校里，我们读死书，做死板的解释；随着时间的推移，学生们产生了一种自相矛盾的想法，无聊是古典文学的特征，非文学的东西才是真正令人愉悦的东西。这样做的话，并非把"艺术享受"的同时当作娱乐的人就永远不会对艺术有所了解。将一个没受过教育的低级趣味文学爱好者慢慢引导到真正的文学价值上来，要比引导一个怀着崇高情感欣赏"深度"与"微妙"的文学行家容易得多。而学校——充其量——也就是教育后者。

因为我觉得,我在这里概述的计划完全是乌托邦式的——对造型艺术而言比其他领域更强烈地多——所以我觉得有必要重复下述意见:什么都不教,比人们现在所做的更加可取。

对两本书的评论

亚历克斯·韦尼克博士[①]著:《伊曼纽尔·康德创立的德国唯心主义》[②]

卡尔·沃尔夫[③]著:《席勒与长生不老的问题》[④]

这两本书虽然价值迥异,但都属于专著的同一类别,都是"有助益的"与"辛勤耕耘的"书籍。供读者选购的两本书可能包含了关于同一个主题的所有材料,它们是作者通过扎实与勤勉的工作收集并且业已经过科学加工过的。他们将材料处理得很好,分类清晰、条理清楚、方便查阅,

---

[①] 弗里德里希·亚历山大·韦尼克(Friedrich Alexander Wernicke, 1857—1915),德国教育家、高校教师。亚历克斯(Alex)是亚历山大(Alexander)的简称。——译者注

[②] 布伦瑞格约翰·海因里希·迈耶出版社出版,1910年,第XXII卷,77页。

[③] 卡尔·沃尔夫(Karl Wollf, 1876—1952),德国戏剧家兼作家。——译者注

[④] 慕尼黑,C. H. 贝克书店出版,1910年,第V卷,124页。

对两本书的评论

并且可能防止读者会得出所有奇特与草率的假设。可是,这就是能就这类著作说的最好的评语了,实际上也算是一种负面的称赞。因为奖牌的背面是:从这类书籍中,我们没有得到任何的充实。因为它们没有提供任何新材料,所以并没有丰富我们的认知;因为这里既放弃了不好的原文,结果又缺乏深刻与真正的原文,所以无法令我们洞察到问题之所在。因此,从纯粹的科学意义上讲,这些书籍实际上是多余的。其价值,我不想否认它,在于有可能将其用作初学者的入门工具书;那么说,它们的价值是在教学方面了。在这方面以及所有其他方面,韦尼克的书无疑是较好的一本;这是因为它在很小的篇幅中概括了其主题的要领,简洁而清晰,值得特别夸奖的是,它的主题要大得多:康德的整个世界观,可是沃尔夫却仅局限在一个问题上。韦尼克的书中的简介部分大得多,也是更好的。关于康德的事迹与其前辈、同时代的人与后继者之间的历史关联仅做了一些暗示;对于熟悉这方面资料的人来说,它们几乎没有提供任何新的东西,对于初学者来说,这些暗示有可能引起混淆而不是起到澄清的作用。此外,该书如上所述作为康德思想的入门读物完全可用。沃尔夫这本书的优点与缺点是它的议题范围小:他只想揭示席勒内心发展的一个问题,从而有可能详细论述每一件事而不至于陷入漫无边际。想要概括席勒的全部内容是这类专著的宏伟目标,但是他并没有成功,零碎材料没有整合好,他的书仅成为一个问题的变迁及其一种答案的故事。这就是为什么该书的重要性也不大的原因，尽管他在前言里强调过这类材料还从来没有被汇总过，且他想要为席勒的形象提供的特征已经隐含在更早、更深刻的论述席勒的著作之中了。假如这本书能更完整些并准确给出所有引言的来源，那么它作为席勒对这个问题的表述之参考书是有价值的。

【附录】

格奥尔格·卢卡奇的著作：
《心灵与形式》

玛格丽特·祖斯曼[*]　撰文

我们这个时代的所有精神潮流汇集到一起的内容就是生活。这些图景越来越深刻地笼罩着生活的方方面面；绝对的星辰逐渐褪色并熄灭；越来越多的，曾经在生活之上寻求的意义与价值的人正在回归生活本身。因此，对于自己是个活生生的人来说，这些问题变得更加难解，更加棘手。人们身处并挣扎在混乱的生活中，无法立足高处看清真相，于是疑虑就加重了。神性的东西虽然总能察觉到，但是不再被人所关注，而是重视出自人们自己之手的东西。这就是为什么今天的人看待神性时，会对自身现实产生困

---

[*] 玛格丽特·祖斯曼（Margarete Susman，1872—1966），德国记者、随笔家与诗人。从1907年起，她作为随笔作家为德国《法兰克福报》供稿。——译者注

惑的怀疑态度，这让我们逐渐走向所有自我创造的东西。然而，人们寻觅着它，就像神秘主义者曾经寻找过自己的上帝一样，渴望神性回归内心，为此以他所有的精神激情为之奋斗，并且知道自己需要真正的认知与一幅真实的生活图景。神性越对人隐匿自己，人们就越有必要了解得更多。在过往的整个世界中，人们密切注视着它，为了给自己一个现实的确定性；对每个伟大人物，人们都会屈膝向神性致意，而那些暗中怀疑神性者恰是其启示之最热烈的崇拜者。

因为对历史的探索比以往时代都宽广得多，我们拥有更多的外部手段来探索它，这并不是关心历史的唯一推动力；我们的形而上学渴望也驱使我们走入历史，令我们在其中寻找永恒的形式与验证。我们这个时代的创造狂，因为创造意味着必须创造出一些与以往任何时代完全不同的东西，因为那时生活面前没有那些绝对的形式，而那时必须自己制造出来，那时必须开创出来，因为世界是空白的——同时经受了怀疑自己创造的现实之强劲抑制。在这些创造之中，形而上学的力量不再完全相信这些成果，因而不再能纯粹救赎自己；对真理的强烈追求，正如尼采所说的追求"纯净"，强化了怀疑的情绪，这对要开创的事物起到了破坏作用。形而上学的需求从自己的创造成果里逃逸到事件中，它在其中找到了可以绝对信任的安全现实，寻觅着超自然的东西、形式里的神性，它已在其中成为活生生的现实：不仅是在现有的作品与行为中，而首先是在时代与其成果的秘密暗流与间流中,在生活与工作、心灵与形式之间的细微而难以看透的关联中,我们从中得到了人类最后的启示,神性的东西。

在我们这个时代,历史或许比以往任何时代都更具宗教色彩,因为现在已揭示的、透明的神性逻辑已将所有的梦想打碎了。历史奥秘对我们来说较难破解,而就其本身来说是较为清楚的,同时历史事件被尊崇为神秘力量的、无限深度的纠缠。通过怀着更加敬畏的心情试图解密它们,而不是将外来模式强加给它们,从它们自身、从它们内部关联中去理解它们,或者试图以理解的心情接近它们,以另一种更为内在的意义去理解历史事件的必要性:不是作为执行外部给定的规范,而是作为我们尚未认识的东西,当我们能够认清并追踪内部连接线索时,未知的东西必定向我们揭示出它的必然性。而借助这种历史观,假如所有事件与认知的相对性与制约性不得不令人痛心地以现代精神来审视,那么同时也更加强烈地发展了对那些伟大的瞬间及人物的敬畏与钦佩,以及在限定与确定的历史之中突现出一个惊人的绝对之物。正如我们现代的人学会理解人类的伟大,它在于从被如此黑暗与多重事件吞噬的历史中发现目标与亮点;正如对于我们来说学会理解伟大的个人崛起的时代之风格与成就,所以我们的时代也以崭新的清晰度理解了事件的暗流与个人永远不可分割的伟大之间的联系,从而同时也理解了个体人类现象从已成为其人类本质的生活混乱中走出来的路径。

> 心灵与形式

"从偶然到必然，这是每个被问题困扰的人要走的路。"在格奥尔格·卢卡奇著作《心灵与形式》中，作者根据现今及过去的重要现象对这条道路做了激情与深刻的论述——不仅限于个别现象，它们对他而言一向只是心灵通往绝对的典型路径的详解。因为"批评家是在形式中看到命运的人，他们最强烈的体验是那些形式间接与下意识地包含的那些心灵内容。形式是批评家伟大的体验"。这是一位批评家（而且是那种最广义上的批评家）的著作，这里指的是：看透形式直至其形成根源的人之著作，同时也是形式作为人类的救赎与开拓的崇尚者之著作。他不是谈论已创造的事物，而是在此基础上总结出塑造方式的新见解。反之亦然，它们给他提供自己创造的认知作为验证：从心灵到形式的途径。这本严肃且冷僻的书籍深刻阐述了我们生活问题之路径的难点。它运用完全现代的、完全充满渴望与追求现实的精神来观察历史现象。而这种现代的批判精神对于任何生命的力量来说都是贫乏的，它接近于一个似乎最完美地排除它的幽灵：它离神秘主义就不远了。有人可能称他的书为一个现代人的书，毫无信仰的神秘主义者的书；因为它的主题纯粹围绕着心灵通往绝对之路。一个不同于那个伟大时代的心灵，那个时代里心灵自视这条路径为其生活内容，走上这条路被视为心灵之本能，心灵自觉呼吸自由畅通，因而同时将绝对当作心灵的真正上帝，并且相信——另一个心灵在此奋力走向另一个绝对。被遗弃的孤单心灵在其孤立的小镜子里已经无法捕捉到绝对的东西，巨大的上帝形态，于是它渴望得到被上帝遗弃的生活神性。

不言而喻，贯穿这本书的是绝望的悲剧，即现代人的心灵追逐着其内容本已消失的目标。正是这种悲剧将那些渴望追求现实的人引向生活，引向历史，令其视之为自己真正的家园，可是他的诚实却不容许他相信自己的信念会要求他去寻找上述的目标。生活与历史世界以无限大的强度赋予他的东西，比起给予过往时代虔诚的神秘主义者的要多得多。过去，它们是通往永恒的一个无关紧要的或需要攻克的通道，那时它们对他来说是给他创造永恒提供条件的，而他必须自己去创造永恒：创造所用的物质，开创所需的力量。正如他通往绝对的唯一道路是处理生活本身，在生活或工作中造型生活——因此，他与此同时看到的、人类所创造出来之形式成为生活神性的唯一见证。对于过去几个时代，其实对于所有时代来说，形式都只能是"最短的路径，最简单、效果最强的表达方式"，对于没有信仰的神秘主义者来说，它已变得具有宗教意义。心灵必须实现其与生俱来的方向：任何时候都必须实现通往绝对之路——无论他是否已经拥有信仰的目标或是对此存有疑虑——最后一个可以实现的目标就是自己对世界理解的绝对必要性：它成为任何意义上的形式。因此，形式同时成为心灵最纯粹的表达，从救赎到开拓方面。

现代人的心灵在通往形式之路上的知性悲剧是既神秘又微妙的。我们比较混乱的生活不是通过某些明确的联系预先形成的，因此它本身是完全没有形式的，与它相比较；形式既有更为强烈追求的东西，又有极为难以实现的东西——无论是生活中的形式还是作品中的形式。为自己的形式而生活，这是现今有才智之人的实际生活形式，它包含着无法忍受的东西，是一种用自己的力量有意识地吞噬自己的力量——一个围绕自己的可能性之循环，只有十分伟大的人物才能应对得了。尽管如此，这就是我们的命运，是我们必然的命运，因为我们需要如此多的形式，比所有过往时代的总和还要多得多，同时在追求它的时候不得不如此无限度更加粗暴。像克尔凯郭尔、诺瓦利斯、斯特凡·格奥尔格等绝望而伟大人物的出现，形象地说明了现代人的知性悲剧——一个时代的悲剧。在这个时代里一切都变得不可捉摸、毫无依据、空洞无物，言语与行为变为空泛的眼神与姿态，天才不得不从虚无之中创作虚无，并且他自己创造的形象作为他唯一的判断而凌驾于他之上。贝尔-霍夫曼[①]的超大量的、脆弱的艺术，他基于最欢乐的印象主义生成的泛神光辉将所有偶然的东西纳入事件的永恒必然性中：与其所有震颤与开拓的偶然事件之不朽巨作，以及对这些不可捉摸的启示之风格的艰苦求索，出现在现代梦想与希望的浪潮中，犹如一座仍旧半遮其面而却已发出圣洁之

---

① 里夏德·贝尔-霍夫曼（Richard Beer-Hofmann），奥地利小说家、剧作家兼抒情诗人。详见《瞬间与诸形式》一文的译者注。——译者注

光的岛屿。与他形成对照的是查尔斯-路易斯·菲利普①的平静的、罗马式的简约与完美，它将心灵的内在全然以外部现实的清晰与刚劲的轮廓来描绘。这些相互抗衡的现象也围绕同一目标结合在一起了：它们也是现代心灵走向形式与纯净之路的见证。

这些人物中的每一位都在这本书中单独与作为一个特殊的问题呈现出来了，而将这些人物分别论述的随笔形式，只会将他们分析得更清晰，单独论述则避免了在同一的背景下的综述；因为无处可以找到这些人物为自己留下的记载，到处充斥的只是想象，有关心灵与形式的互相转换关系议题的各种说法，没有背景可考的雕像，有的是始终一律的热闹浮雕，它们包含着共有的背景与共有的节奏。——即使我们不能同意卢卡奇将所有个别现象都作为依据以支持他关于形式与形式生成之路的信念，但是这些信念以及他向这些人物注入的活力不会因此而失去它们的重要性。

这本书包括两篇关于随笔与悲剧、随笔家与悲剧人物的论文——这两种决然不同的艺术与人物的形式。生活形式与心灵形式在此以完美的清晰度与力度分道扬镳：活在现实中、生活中与事物中的人物之心灵方式以及他从中自我感悟的命运与福祉，他的审判与永恒，以及那种只生活在事物关联中与苏格拉底、柏拉图式概念中的人物的方式，

---

① 查尔斯-路易斯·菲利普（Charles Louis Philippe），法国作家兼诗人。详见《渴望与形式》一文的译者注。——译者注

他们同样充满活力与内容丰富的命运只出现在智者行列之中。而同样清楚的是，具体生活中遭遇悲剧的人（随笔写作之前业已过世的人）在抽象与创作中找到的形式揭示为这些命运的结果。同样，随笔家、最深刻与广义的批评家总是深入事物的背后，仅试图抓住事物之意义的人，然而诗人则自己观察并且再现事物，因此生活在事物的图像中而不是它们的意义里——另一方面遭遇悲剧的人，仅在生活中自我生成形式的悲剧诗人，他塑造着这些命运的生活，就像批评家泛泛论及人类生活一样。

所有这些表面上的抽象——它们的混合体在现实生活中，尤其在现今的生活中都能清晰地辨认并塑造出来——在最深刻的意义上是具体的，因为它们从不回顾，而总是谈论什么已经在所有个人形式的生活与艺术的基础，这是摆在他们面前的形式生成的原则。所有这些把思想的光芒带入各个形式、作品与人物之中，以最终需求的不言自明之纯净照亮了存在的一切。因此，这些随笔纯粹是满足了它们自己对随笔的要求。"这个想法是所有人的标准：这就是为什么批评家也会写出唯一真实与深刻的批评，其实他'偶尔'会透露他对作品的想法……根本没有必要被'批评'，这个想法的氛围就足以进行判断了。"

这就是为什么在论及各种形式的随笔中一再出现形式一词。通往形式的各个路径的所有表述都必须服务于它的本质以及它与心灵的关系。形式被认可与尊崇，它是无信仰者的救赎者，是在真正意义上被问题困扰的人的救赎者，

【附录】

它本身在面对心灵的时候又成了问题。它"只能忘记所有被问题困扰的人的存在,并将其永远赶出它的疆界——而不会为此变得盲目与贫穷——只是在伦理上变得纯净的形式"。可是,人性的所有问题都反映在形式中,正如它独自面对并解决我们的问题一样,当净化与救赎面对心灵时,心灵也总是被重新召唤来接受与解决形式本身的问题。

1912 年 9 月 5 日发表于《法兰克福报》